宋健华　王惟清

中国人取名的学问

唐明邦

学林出版社

图书在版编目(CIP)数据

中国人取名的学问/宋健华,王惟清著. —上海:
学林出版社,2013.12
ISBN 978 - 7 - 5486 - 0566 - 9

Ⅰ.①中… Ⅱ.①宋… ②王… Ⅲ.①姓名学-中国
Ⅳ.①K810.2

中国版本图书馆 CIP 数据核字(2013)第 231990 号

中国人取名的学问

著　　者——宋健华　王惟清
责任编辑——吴耀根
特约编辑——郑明宝
封面设计——周剑峰

出　　版——上海世纪出版股份有限公司　学林出版社
　　　　　　地址:上海钦州南路81号　　　电话/传真:64515005
发　　行——中国图书进出口上海公司
　　　　　　地址:上海市广中路88号　　　电话:36357888
排　　版——南京展望文化发展有限公司
字　　数——29万
书　　号——ISBN 978-7-5486-0566-9/G · 184

华夏取名多考究

此书论述甚精详

二〇一三年八月二日

唐明邦

序

张志哲

2005年，宋健华第一次来看我。当时他告诉我，任职于一本杂志，曾单独或合作出版过十多本书，对于写作和出版有一定经验，计划撰写几本书籍。看得出他很有自信。

最近，宋健华找到我，给我一叠厚厚的《中国人取名的学问》书稿，说是他和王惟清合作完成了这本书，希望我能为它写序。他告诉我，2010年10月，他就和王惟清两人确定了出版选题。经过两年多的努力，查阅了上百本的姓名著作，精心构思了写作思路，同时结合各自取名个案实践得失，终于完成这本全新概念的取名著作。因为他们很低调，所以知道他们写书的人几乎没有，其中包括我。如今我成为得知此讯的第一人。

由于上海出版的姓名学书籍接近空白，这本书的出版就具有一定的意义了。所以我关注他们的成果，并在这个炎热的夏天认真翻阅了一遍。我的感觉此书非常新颖，概括有以下三大特色：

1. 新

概念新。本书第一次提出"取名学"的概念。取名方面的书籍现在为数不少，但没有人提到过"取名学"的说法，《中国人取名的学问》一书完全采用了全新的体例，形成了一门学科的框架结构，将目前取名书籍的质量提升了一个层面。其次，本书对于取名方法进行了一次全新的分类，并采用了新的命名，都比较客观和贴切，对揭示取名的规律具有重要意义。

2. 细

这是本书的第二个特色。其将取名法分为民间法和专业法两大类。民间法又分为十类一百法，而专业法也介绍了八种。综观目前取名书籍，分类非常混乱，界定不清楚,命名不统一,尤其是各个取名法的名称、概念、特征、内涵等皆不明确。所以本书对于普及取名文化、提高人们对于取名质量的辨别能力、进一步提升中华民族整体姓名文化品质都具有一定的现实意义。

3. 实

姓名学是两位作者的强项,本书体现了很"实在"的特色。他们理论联系实际,没有空洞的理论,也不存在"故弄玄虚"的通病。在概论篇中,不仅梳理了中国取名的历史,而且经过了社会调查,获得大量的素材实例,第一次高度概括了我国当前的取名现状。在方法篇中,则详细阐述了所有取名(包括改名)方法的特点、内容和典型实例,同时介绍了取名必须注意到六大方面的忌讳,极具操作性。文化篇的"名人取名法"和"名字背后的故事"两章节,选择了许多名人和事例,形象地诠释了取名法的类型和取名质量的重要性。

八年后的今天,宋、王两位终于出版了他们的第一本文化类书籍,我欣然为之作序,以祝贺两位作者的新成果。我更希望他们今后继续努力,有更新更多的著作问世。

2013 年 8 月 8 日
于华东师范大学

目　　录

中篇 取名技法

下篇　取名文化

上篇 取名概论

宇宙间万事万物皆有名称,包括人类自己,但惟独人类的名称专门谓之姓名,因此姓名是世上最伟大的名称。宇宙间任何名称皆为人类所取,也惟独人类才会取名,所以取名也是人类文明肇始的标志之一。

中华姓名学和姓名文化,是中国传统文化的重要组成部分,在世界姓名文化之林中独树一帜,独占鳌头。

中国人的姓名,包括姓氏和名字两部分。姓氏是生前固有的,沿袭数千年"子随父姓"的习俗,一般不可选择和不能更改;由于数千年儒家"正名"思想的影响,名字更显重要。中华民族取名历史漫长,中国人重视取名,将其作为一门学问来研究,所以中国人的取名学和名字文化,自然成为姓名学和姓名文化的主干,取名法也自然成为其中的精彩主体。

目前,我国还没有"取名学"这门学科,但没有人会说没有这门学问。本书试图从取名的基本理论、基本技法以及取名文化现象三大板块,尝试构建"取名学"的基本框架,让"取名"成为一门学科。

第一章　取名学的基本理论

在姓名文化研究中，至今没有人提出过"取名学"的概念。中国人的姓名历来分为姓氏和名字两部分，但在历史上一直偏重于姓氏研究。其实作为姓名文化的主体——名字文化，尤其作为名字文化的前提和基础——取名技法，其起源、形式、分类、特色、历史及其丰富的内涵，本身具备了成为一门独立学科的条件。笔者试图从理论、历史及现状三个方面阐述取名学的基本理论。

第一节　取名学的基本概念

一、取名学

中国人取名学，是研究中国人取名方法及其取名文化的新学科。

中国人取名学属于中国姓名学的范畴。包括三大部分内容：第一部分是中国人名字的类型、特征、功能和意义等基本概念，中国人取名方法的发展历史和现状的阐述。第二部分是取名学主体部分，即取名（包括改名）的技法、分类及其取名须知。第三部分是取名文化。

二、取名法

中国人取名法，是构成中国人名的方法。

取名法包括民间法和专业法两大类及其他分类，以及保证名字质量而必须遵循的法则。

三、姓名类型

姓名是人类用于个人识别和称呼的专用名称。中国人姓名是以汉族为主体的中华民族特有的姓名。按照我国的取名传统习俗，中国人名字还有其他的多种形式，共同构成特有的中国姓名系统，在历史发展中有所变化。现代人名一般包括姓氏和名字，是我国现行法律规定的公民个人身份的唯一识别标记，其他传统形式的名字不受法律保护。

1. 姓氏

姓氏是姓名的前缀部分,我国现行法律法规规定,婴儿出生可以随父亲姓氏,也可随母亲姓氏。我国现有姓氏分为单姓和复姓两种类型,单姓有赵、钱、李、孙等,复姓有欧阳、诸葛、司马、上官等。

在上古时期,姓和氏分别是两个概念。专家认为先有姓,是一种具有"公名"性质的名称,产生于母系社会,姓不仅具有氏族部落识别功能,还具有别婚姻(即不通婚)的作用。氏产生于出现阶级的奴隶社会,成为社会地位贵贱的标志。自秦汉以后姓氏开始合一,一直延续至今不变。

2. 名字

名字是姓名的后缀部分,俗称学名、大名。我国现行法律法规规定,婴儿出生后必须在规定的日期内到父母户籍所在地的公安户籍部门登记。改名也必须按国家规定程序进行申请和登记,才能得到法律的保护。我国人名有单名和双字名,如今也出现少数的多字名,甚至更多字数的名字。如单名有陈毅、诸葛亮(诸葛为复姓),双字名有章子怡、上官云珠(上官为复姓);除了复姓,还有单姓的四字姓名,如孔春奥博、杨柳长青等,复姓的四字姓名,如欧阳震华、上官文青、司徒志岚等。

我们现在所说的名字,从古至今,分别是"名"和"字"两个概念。

3. 小名

俗称乳名,是家人为婴儿所取,一般局限在家庭或亲属之间称呼,与名字共同使用。即使现代社会,大部分家庭仍然保持这一习俗。

4. 字

我国古代名字组成部分,字是名的补充部分。古时男子到了二十岁,女子到了十五岁,需举行成人仪式,并且取字,字即是成人的标志之一,并且约定俗成范围或对象不同而在使用上与名有所区别。

现代人没有举行传统成人仪式和取字的硬性规定了,但是还有许多文化人,特别是书画艺术家喜欢给自己取字,作为自己书画作品上的题跋。古代如周瑜,字公瑾;李白,字太白。近代有毛泽东,字润之;蒋中正,字介石。著名现代画家刘海粟,字季芳;京剧大师梅兰芳,字畹华。

5. 号

又为别称、别号,也是我国传统名字的组成部分,不一定与名、字之间有着必然的联系。号的实用性很强,除供人呼唤外,还用作文章、书籍、字画的署名。一个人可以起许多号,分为多种类型:

(1)自号:自己所取,如东晋陶渊明自号"五柳先生",欧阳修自号"醉翁"。

(2)雅号:又称尊号,一般都含有褒意,是旁人因尊敬某人而为其取的号。如春秋战国时期的范蠡,到了越国之后被尊称为鸱夷子。

（3）绰号：也称诨号、外号。与自号的区别,多是由他人在综合概括了主人的姓名、身体、德行及技能等情况的基础上而取,并得到大家认可。如《水浒传》中李逵的黑旋风、时迁的鼓上蚤等,一百零八将的绰号无不贴切传神。

（4）法号：又称戒名、法名,是佛教僧人所用的名字。"法名"不可随便称呼,唯出家僧人的师傅或长辈可以称呼,外人只能称呼"法号"。

（5）道号：是道士所用的名字,如道玄子,一般都带"子"字。

（6）谥号：在中国古代皇帝死后,后世的皇帝要另外给他一个特殊的称号,太宗李世民谥号为文武大圣大广孝皇帝。普通人也有得到谥号的,如诸葛亮死后被加封的谥号为忠武。

号具有强大的生命力。沿袭至现代社会,许多文化人或艺术家仍然喜欢给自己取号,现代以来文人的号逐渐被笔名所代替。现代社会还普遍存在着公众为特定的对象取雅号或绰号的现象。如根据人体特征所取的绰号有四眼、长脚螺丝等,又如"四人帮"中的张春桥,人称"狗头军师"。

6. 笔名

源于清末,盛于民国,大多是文人、学者发表作品时的署名,如鲁迅就是周树人的笔名。现代社会仍然流行笔名,现在报刊上发表文章的署名很多为作者的笔名。

7. 艺名

为专门以某种技艺谋生的人所使用,具有悠久的历史,或自己所取,或师傅所定,或公众所誉,当今的戏曲界仍然保持这一名字形式。我国许多戏曲大师,如梅兰芳、盖叫天等都是艺名。其实当今许多明星的名字大部分属于艺名。

8. 网名

网名,属于信息社会出现的最新名字形式。一般是指网友在网络世界里的一个虚拟名称,具有随意性,不稳定性和不真实性。同时具有可叙述性,可以表现人们的心情等。

第二节　中国人名的特征

中国人姓名的风格和特点与其他民族和国家迥然不同。历史上,中国人的姓名文化还传播到了东亚及东南亚地区国家,至今这些国家的人名依然明显保留着中国人姓名的痕迹。加以中西方姓名的比较,我们可以清晰地发现中国人名具有6大特征:

一、前姓氏

中国人的姓名历来是姓氏在前,名字在后,与西方国家,尤其是英语系国家的名字在前,姓氏在后的姓名结构正好相反。

如孔丘,孔是姓,名是丘;李世民,李是姓,世民是名;又如诸葛亮,诸葛是复姓,亮是名。所有中国人的姓名都是先姓后名结构。

中华姓名文化认为,姓氏为公名,名字为私名。中国传统文化是将家庭、家族置于个人之上,所以公名在先,私名在后,即姓前名后。西方人是强调个人的独立地位和价值,名前姓后,如卡尔(名)亨利希(父名)马克思(姓)。所以从姓名结构上,我们就可以明确区分出一个人是否是中国人。

二、姓氏少

中国人的姓氏起源历史悠久,要比西方国家早了数千年,但是中国人的姓氏数量却比其他国家少得多。中国拥有 13 亿人口,为世界之最,而目前使用的姓氏只有 4 000 多个,相比其他许多国家要少得多。据了解美国现有的姓氏多达 150 万,就连日本的姓也有 12 万之多。而且中国人的姓氏数又集中在大姓上。据我国前几年的人口统计,在 11 亿人口中有 9.6 亿人集中在 100 个姓氏中,1998 年国家统计局资料显示,李、王、张三大姓人口竟分别占了汉族人口的 7.9%、7.4%、7.1%。中国人的姓氏少和大姓集中,是造成中国人重名现象的最主要的原因。

三、音节短

汉字是单音节,而且能够独立成义,寥寥数字就可以表达一个完整的意思,所以中国的人名字数简略,连姓带名皆为二或三字,少量为四字,即使复姓,短短数字,既可完成识别功能,又表达了一个完整的语意,甚至包含着丰富的含义。如单名朱德,两个汉字就代表一个人物;朱代表姓氏,德代表名字;朱德又表达了红色品德的信仰,做人要做君子的理念等内涵。

无论是汉字或汉语,一字一音一形一义,所以中国人姓名是世界上最简明的人名,音节最短。与中国人名相比较,外国人的姓名总是一大串,长的要超过十个音节。如名著《钢铁是怎样炼成的》作者为尼古拉·阿列克谢耶维奇·奥斯特洛夫斯基,竟长达 17 音节。美国前总统小布什全名为乔治·沃克·布什,至少也有 6 个音节。

所以中国人名简短明快,一目了然,易读易记,具有独特的优势。

四、方法多

中国人在长期的姓名文化创作中积累了丰富的经验,形成了一整套的取名方法,既有民间取名习俗,又有专业起名的技术,在世界姓名文化中独占鳌头,堪称一枝独秀。本书总结的取名方法就多达百余种,也可一窥我国丰富多彩的取名方法。

五、要求严

中国人名除了起名方法众多,在长期的实践中,还总结了一整套的基本原则及取名忌讳,既有"政府行为",又有民间习俗,其中也包括许多"术数"上繁多复杂的规定。早在历史上,我国取名就有许多严格的内容和要求,甚至还出现名讳、限制单名一些奇特的历史现象。当今人们虽然早已摒弃了封建时代的许多旧俗,但随着社会的进步和生活水平的提高,对取名的重视则有增无减,始终没有放弃追求取名的质量,除了遵守国家有关规定,依然自觉按照约定俗成的种种要求,并且最大可能地避免有关忌讳,以求提高取名的质量。

六、内涵丰

中国人的姓名,由于姓氏是以共性为特征,而名字则以个性为特征,其文化内涵更加丰富。所以中国人名已经完全超越了姓名本身符号功能的范围,在寥寥数字中承载了极其丰富的内涵,这应该是中国人名最大的特征。由于汉字具有音、形、义三合一的独有的特殊优势,才能承载起极为丰厚的内容,我们从姓名中可以看到其中体现出的姓氏历史、家谱线索、血统关系等家族文化,可以反映出人们的文化素养和价值取向,也可以感受到其中蕴含的父母厚爱、期盼及希望,其主人情调、志向及追求,甚至可以辨别出有关性别、职业和文化层次,其表达功能丰富多彩。尤其一个佳名能够兼具实用功能、文学功能和艺术功能,是一种艺术学和心理学的完美结晶,从中我们可以享受到中国姓名文化的艺术魅力。

第三节　取名的建制

一、取名人选

在先秦时期,贵族家的孩子生下来,都要到祖庙里去烧香告诉祖先,称为"告庙",然后由母亲或保姆一起,抱着孩子去见孩子的父亲。父亲详细询问了有关情况后,就拉着孩子的右手,为孩子取名,母亲则把名字记下来,并将孩子交给老师,并让老师把孩子的名字告知家中的女眷和女客人。而父亲则把孩子的名字报告给族长,再由族长告诉给全族的人,并把孩子的名字及出生年月日告知当地主管部门备份存查。所以在封建宗法社会里,名由父取和子随父姓是正统做法。一般家庭,也必须由祖父、族长或族内的饱学之士根据孩子所在字辈范字取名。

现代社会,给孩子的取名的风俗、礼仪和方法有了很大的变化。随着封建社会男尊女卑礼教消亡,不仅子随父姓的习俗改变在法律上得到了保证,既可名由父定,也可名由母取,更多的是父母双方商量而定。由于独生子女原因,祖父母和外祖父母都加入了孩子取名字的行列。同时也有不少人会邀请其他亲朋好友给自己的孩子取名。现在越来越多的人肯花钱请取名专家为孩子取上一个吉祥的名字。

给孩子取名最有资格的人选还是孩子的父母,因为孩子是父母双方爱情和精血的结晶,由自己给孩子取名,这样才最有意义。即使邀请专家取名,也一定要仔细和详细表达父母自己的期望和要求。

二、取名时限

关于取名的时间,在历史上有以下数种:

1. 满月取名

在孩子出生满月时取名。

2. 三月取名(百日取名)

古制要求,孩子出生三个月之前,家庭内部一般使用乳名。三个月(百日)后,孩子会经常与来访者相见,有时小名不便让人知道或呼唤,为让客人便于呼唤,所以必须取个公开使用的正式名字。

3. 周岁取名

这是汉族特有的取名习俗,即民间风行的"抓周"取名。抓周起始于南北朝,其时称为"试儿",明清时期又称为"抓周"或"试周"。即在孩子周岁生日时,家人在其面前摆放许多种不同类别的物品,由孩子任意抓取,并以孩子抓取物品类别及性质进行取名。

4. 现行规定

我国现行的法律法规规定,要在规定的日期内到父母户籍所在地的公安户籍部门登记。

根据我国目前的有关规定,新生儿在出生后一个月内领取出生证,然后凭出生证及相关证件报户口,所以古代满月、三月、抓周等习俗已经不再适应现代社会的节奏,完全不可取。目前一般有两种:

(1) 产前备名

现在有许多父母,在孩子生命还在孕育中的时候,就时刻期待着新生命的诞生,憧憬新生命的未来,会精心准备孩子的名字,作为新生命的第一份礼物。

由于我国规定怀孕后不准进行性别检测,所以孩子出生前备名,必须预备男女两个性别或都可以用的名字,待时依性别而选定。此法有一定的局限性,因为孩子的相貌、特征以及出生时发生的种种特殊情况,与事先所备名字不一定相符,所以一般可以多备一定数量的名字,或者临时进行适当的调整。

（2）生即取名

国家规定孩子出生 15 天（一个月内）要到父母户籍所在地的公安登记机关进行婴儿户口登记,即视为同时办理姓名登记,所以也有不少父母等待新生命一旦诞生,即可根据当时的各种情况和心愿抓紧为孩子进行取名,以便及时提供给医院办理《出生医学证明》和出院到户籍机关申报户口之用。现在许多取名公司通常规定三天内为客户提供三至五个名字。父母应该抓紧时间操作,最好事先选好具有一定声誉的起名公司或专家,以便顺利地在规定的日期内完成取名大事。

第四节 名字的功能和意义

一、名字的功能和作用

不管人们对名字认识和研究的深浅与否,名字的功能始终客观存在着,并发挥着本身所固有的作用,不为人们的意志所左右,而对名字主人及其与名字发生关系的人员产生一定的作用。

1. 符号功能

一个人的姓名是由两或三个（也有四个）汉字所组成的符号形式。名字既供主人自己一生使用,同时也供家庭成员和其他社会关系识别和称呼。无论在何时间、空间,名字这个符号始终作为名字主人的一个外在特征,并代表着名字主人的身份,发展到一定的时期,甚至可以代表名字主人的形象、品牌乃至于精神和象征。

在人的一生之中,凡是重大活动和事项,都必须以其姓名作为一个符号以证明自己的身份。小到银行存取款、乘坐飞机和住宿宾馆,大到入学、就业、婚姻、出国,乃至于人生最后一程——逝世殡葬,都必须出示身份证进行登记,其姓名必须与本人相符,这就是姓名的符号功能。

在有家谱的家族中,其名也是一种辈分符号,什么名字就代表哪一代。在家庭中,其名是一个家庭成员的符号,什么名字就代表哪一个角色。在社会上,邻居、同学、同事、朋友等,一个名字就是一个符号,闻其名就知其人,就可对号入座。

当你成为公众人物,这个符号的内涵就会更加宽泛,不管与其人认识与否,见过没有,一个名字符号就是一个人物,而且就是一个形象、品牌、精神和象征。比如,当我们看到或者听到刘翔这个名字,就会在自己的脑海里出现一个百米跨栏的世界冠军的形象;成龙名字就是华人电影明星的一个品牌,雷锋则是助人为乐的一种精神,毛泽东更是一个时代的伟人象征。

不管是凡人、名人或伟人,不管是谁的名字,不管名字的质量如何,名字首先是一种符号,名字的符号功能是第一功能。

2. 区别功能

一个人的外表特征有体形、脸形及声音,有专家认为,区别功能是名称的本质功能,名字也是如此,人名是其人在社会空间中的一个独立的标记,所以也是一个人的重要外表特征之一。

无论是从取名的滥觞,还是取名的现实;无论是家庭小环境,还是社会大范围,取名的目的之一,不仅是为了证明自己,更是为了自己区别于他人,或者让别人能够识别自己。如果失去名字的区别功能作用,就会出现重名的现象,大量的重名,甚至重名泛滥必将给自己和社会带来极大的不便和麻烦,这样的例子举不胜举。

名字的区别功能作用,主要包括如下方面:

(1)国籍的区别

中国人名与外国人名在文字符号形式、风格特征、文化背景上截然不同,我们可以从名字上就轻易地区别出中外的差异。所以我们在起名时,尽可能避免"洋名"这种不伦不类的方法,以免有损自己的形象。但是由于生活或工作上的需要,给自己增加一个英文名字,则另当别论。

(2)民族的区别

我国是多民族的国家,少数民族有着自己民族独特的取名方法和特点,一般都是以取自己民族的名字为荣,莫名其妙地给自己取个其他民族的名字,实在大可不必。所以我们从名字上也可以辨别出民族的区分。

(3)性别的区别

在取名上男女有别,一贯是我国起名传统习俗一大特点,也是现代社会起名中一大原则。如果在取名上不分男女,名不副实,在现实生活中肯定会给自己带来诸多不便和麻烦,这样的例子同样很多。据我国传统的阴阳理论,阴阳之道,乃宇宙大道,阴阳平衡,则吉则顺,阴阳失调,则祸则难。名字男女不分,且是一种严重的阴阳失调,万万不可取此方法。还有一些中性化的名字,男女都合适用,则例外。

(4)辈分的区别

辈字取名是我国传统姓名学中一种特殊的形式和方法,在现代社会大中城市中已趋式微。但在当今社会,仍然还有按照家谱起名的。如孔裔后代等显赫氏族依然严格按照上辈所定的家谱字辈起名;还有不少古镇村落的一些大族继续按照辈分谱字(辈分家谱)起名。对于这种按照辈分家谱所起的名字,在特定的环境里,其在嫡旁辈分上的区别仍然发挥着很大的功能作用。

（5）个体的区别

名字的最大的区别功能作用，主要还是体现在广大的普通人中，其作用绝对不可小看。一般来说，在家族中，在家庭中不可能发生重名的现象。人生在世，主要还是社会人，所以名字的区别功能主要是体现在社会活动中。从小孩上幼儿园开始，一直到退休，人一生需要经历各级（类）读书的学校及各种工作的单位，还要参与各种各样的社会交往和活动，一个社会人其生存和发展，不可避免地要与人交际，名字无时无刻地要与他人发生关系。所以，名字的目的首先就是让人识别和区别。与人重名小则不便，大则麻烦，甚至带来灾祸。

3. 载体功能

名字还具有载体功能作用，这是一个往往容易被人忽视的功能作用。名字虽然是个文字符号，区区数字，但这是一个特殊载体，而且是一个具有无比容量的载体。它可以记录家族血统的烙印，甚至一个家族几千年来的形成、变迁、兴衰的历史。它可以凝聚父母对孩子的深情厚意，浓缩长辈的殷切希望，隐寓和体现人们对人生的良好期望与祝福，以及对理想、道德、信仰、情操、修养等精神世界的追求。它又可以铭刻文化观念，体现价值取向，传播时代的信息。姓名中还记录着蕴含着不同历史时期的民族文化、政治、经济、风俗、礼仪等时代特征。名字还存储着人生历程的各种信息，姓名背后衬托着一个活生生的人生，姓名实际所代表的是此人的品德、情操、功勋、名声等。

名字，以其字音、字形、字义这个载体展现了艺术的魅力。专家们认为有些名字深含哲理，是一句箴言；有些名字赏心悦目，是一幅画；有些名字意境优美，是一首诗；有些名字抑扬顿挫，是一首歌。甚至有人将名字誉为世界上最小的文学体裁，最微型文学作品。上佳的名字堪称艺术品，给人以美的享受。

人们关注自己的命运和前途，此乃人之常情；取个佳名以求一生吉祥，也是无可非议。许多取名专家认为，人名蓄含着人生数理和生命信息，如果没有这个载体，没有这个前提，数理信息就成了无本之木。也是这个载体承载的所有象数信息，才能起到或吉或凶的作用。综上所述，我们应该要给名字的载体功能一席之地。

姓名中蕴藏着极其丰富的信息，寥寥数字，其所含的信息和意义已经远远超出了姓名中几个字所具有的本来字意。

4. 心理作用

（1）心理联想作用

联想是人们日常生活中常见的心理现象，许多事物都会引起人们的心理联想。现代心理学的理论证明，一个人的名字同样也会产生这样的作用。

一个人的名字，在字音和字义上会给别人带来联想，甚至会影响人们对这个名字的态度,从而影响对于这个名字主人的态度。在历史上,这样的事例为数不少。如清朝年间,在慈禧太后的眼里,"王国钧"就是"亡国君",虽然才华出众,但是必须打入冷宫;而"王寿朋"乃是"王寿硕大无朋",尽管学问一般,然可荣至状元。

英国赫特福德大学著名心理学家理查德·怀斯曼,通过实验调查,发现名为瑞安的男性和名为索菲的女性最具吸引力,名字为詹姆斯和伊丽莎白的人最容易获得成功;杰克和露西的名字能够给人带来好运。他的研究成果还表明,人们对名字的直觉看法可能影响他们对名字主人的第一印象,特别是女性无意识地对于名字有一定固有偏好。如教师在批改作业时往往会给名字具有吸引力的学生打高分;企业老板会提拔那些名字代表成功的员工,认为他们更有前途。

在现实生活中,"以名取人"的现象是客观存在的事实,这就是心理联想的结果。

(2)心理暗示作用

暗示也是人们日常生活中最常见的心理现象,许多事物都具有心理暗示的作用。现代心理学的理论证明,名字同样具有自我暗示作用和他人暗示作用,同时也具有积极的暗示作用和消极的暗示作用。一个人的名字对于自己和他人的心理具有直接或者间接的暗示作用,这种作用长期潜移默化必将影响情绪和意志的变化,从而造成学习、工作、生意、婚姻及事业等各方面的变化。

中国人的名字由汉字组成,有声有形有涵义,通过听觉、视觉、意觉产生暗示作用。所以一个美感、积极、个性和吉祥的名字,一个声音响亮,顺口好叫、好听易记的名字,一个字形优美、结构平衡、好写好认、便于签名的名字,无论对己对人都会有一个直接美好的感官作用,从而产生一个良好的心理作用。一个好名字,自己觉得满意,大家都说好,人们就乐意接受,自己在心理上就会得到安慰,终生感到骄傲,充满自信。好的名字,能够给我们好的暗示导引,给我们增加能量,激励我们上进,使我们奋发图强,力争上游,为我们事业成功助一臂之力。

反之亦然,一个字面意义不吉、不雅、不良的,叫唤拗口、难叫难听的,视觉上难认、繁琐,以及难写、相同的名字,对于人们的心理暗示、情绪影响和意志变化,会产生不良的信息暗示导引。一个差名字,不好听,人们容易拒绝和排斥。不良名字能够让自己心理产生障碍,精神受到压抑,性格偏激,颓废自卑,萎靡不振,以致我们的学习、工作和事业不能伸展。

所以一个名字质量高低对于自己会产生激励或者自卑的心理作用,对于他人也会产生愉悦或者反感的心理作用。特别是起名专家的宣传大大提高了名字对于人生命运作用的程度,这无疑又增强了名字心理暗示作用的内涵和"含金量"。

所以如果你的姓名吉祥如意,就要坚定信心,努力奋斗,去实现姓名所包含的成功的暗示。如果你的姓名含有灾难的暗示,就应该改为一个美好的名字,使得自己的人生变得顺畅吉祥。

5. 吉凶作用

自古以来,我国传统文化一直有着"一命二运三风水,四名字五读书"的观念,认为一个人的名字对于自身的吉凶具有一定程度的影响作用。

还有一首古代民间童谣,也比较形象地反映出一个人名与命的关系:

谁家都有难念经,究其原因是姓名。

年月日时是天命,姓名数理定吉凶。

后天有个好姓名,调理命局搞平衡。

年月日时八字好,还须取个好姓名。

好比猛虎添双翼,锦上添花更富荣。

年月日时若为凶,本人再没好姓名。

腿跛棍打难行动,凶灾祸事频繁生。

不怕先天生坏命,就怕后天取坏名。

总而言之,不怕生错命,就怕起错名。一个人的名字是非常重要的,名与命是息息相关的,名者命也。一个人名字的好坏将影响一个人终身的性格、健康、事业、婚姻、命运乃至人生的祸福夭寿。

汉字五千年流传下来,从甲骨文、金文、小篆、隶书、行楷,每个字都有其特有的信息场,能量场。如看见"吉"上面一个士下面一个口,在开口笑,快乐的信息来了。如"皱"字给人打了很多的褶子一层层的感觉。常用的汉字 3 500 个,但是 1716 年编撰的《康熙字典》有 47 035 个汉字;1994 年出版的《中华字海》有 87 019 个汉字。很多我们不认识的字,却可以从字的形来分辨出音及褒贬义,大致意思等,大多八九不离十。这就是字里所包含的信息。有些取名专家认为,这些汉字结合在一起,所产生的信息及数理的好坏,通过周围人的呼唤和自我意识的强化,那种信息场对人一生的运势有种推波助澜的大作用!

关于名字对于人的命运是否具有吉凶的功能,至今尚未得到现代科学的证明,也是目前争议最大的一个命题,先人已经做过长期艰难的研究,所以更加需要我们努力地去探索。

二、名字的意义

名字如影随形,相伴诸君一生,无论从哪个高度衡量名字的重大意义也不为过,名字的功能和作用决定了名字意义。名字的意义主要有三个方面。

1. 决定一个人的身份

由于名字具有符号功能和区别功能,所以名字具有决定一个人身份的意义。

新生儿出生后第一件事情必定是起名,有人誉为这是父母赠送给孩子的第一个礼物。孩子取名后必须要到公安户籍部门申请登记报户口,从此这个名字就成为一个特定对象的身份标识,户口簿就是这个名字的物质载体和证明物体。到了成年,名字又增加一个证明物体——身份证,户口簿和身份证上的名字具有真实性和法律性。同时在社会上,签名、印章,甚至名片等也成为名字的特殊载体,具有证明一个人身份的作用和效果。

一个姓名只代表一个人,为一个人所专用,而且受到我国法律的保护,任何人不得侵犯你的姓名权。在法律上,"公民享有姓名权,有权决定、使用和依照规定改变自己的姓名,禁止他人干涉、盗用、假冒",所以这个具有法律效果的名字就是一个人的正式身份。即使名字的主人告别了这个世界,户口注销,身份证作废,这个名字将不再具有证明身份的意义,但是还会被家人铭刻在墓碑上,继续代表着死者的身份。

在生活中,一个人除了自己真实名字以外,可能还有字、号、别名、笔名、艺名以及网名等。有时可以用别号进行创作题跋,有时可以用笔名发表作品,也可以用网名上网聊天,但是真正的身份只有一个,就是以受法律保护的姓名所代表的身份。人的一生之中,有无数的事情需要使用本人的真实名字来表明身份,并且需要户口簿、身份证等证件,来证明自己的身份。如乘坐飞机,住宿宾馆,银行存取款,保险购房等,凡是需要实行实名制的事情都要真实姓名。还有人生重大活动,如上学读书、就业工作、婚姻成家、参加选举、出国旅游等更是少不了真实姓名。

据了解,社会上许多人为在业界和市场上树立起自己的形象,由于其原来姓名连自己都不太满意,所以往往对外公开的都是化名或别名。此时,这些化名虽然起到新身份的作用和意义,但是在他们收费的银行卡上就必须使用他的真实的名字,也就是说收费的姓名才代表真实的身份。

一旦失去了自己的真实姓名,也就失去了自己的身份,也就失去了自己的许多权利,从媒体上所披露的许多新闻案例已经充分证实了这一点。如2009年,湖南大学生罗彩霞因为自己名字被别人冒用,结果申办银行业务被拒绝,大学毕业后无法办理毕业证、教师证等相关证件,此事成为当时网络上一大新闻。

社会上许多不法分子,也是鉴于名字具有证明身份的作用,不能也不敢暴露自己的真实身份,往往采用假身份证假名字从事违法活动。每年新闻都有披露冒名顶替的假大学生或非法出入境者,还有用假名字参加招聘、甚至献血者。当然一旦东窗事发,就要付出代价。如浙江永康市委原常委、政法委书记朱兵因故未获批准出国申请,竟然策划找到与其年龄、身高、相貌等相似的外地人冒名顶替办理护照企图出逃,结果被识破导致刑事拘留。

2. 决定一个人的形象

由于名字具有区别功能和联想、暗示等心理作用,所以名字具有决定一个人形象的意义。有人说，一个人的名字就是名片，名字是我们每个人人生的第一张名片。这非常形象，也的确如此。人在社会，需要交际，姓名就是供自己使用和别人称呼的。

在社会交往中，一个人的姓名或名字，有时与本人是同时出现的，有时则不是同时出现的。在不同时出现的时候，人们见到的是名字，而不是实实在在的人，如花名册、招聘报名表、候选人名单等各种名单。在这样的情况下，往往是只见其名，不见其人，"先知其名，后知其人"，这时名字就给人一个最初的印象，会产生一种"先入为主"的效应。好名字有好的联想，有好的暗示作用，反之也然，差名字有差的联想，有差的暗示作用。一个好名字，好听，响亮，人们就乐意接受。一个差名字，不好听，人们容易拒绝和排斥。特别是一个富有个性的名字引人注目，更加容易得到意外的收获，而越是古怪的名字越是使人小心，甚至会使自己失去很多，这样的实例屡见不鲜。可以肯定地说，一个佳名就是良好的公关形象。

在名字的背后，名字主人的所作所为又为自己的名字不断赋予实质的内涵，所以名字与本人相辅相成，长年累月，名字就是一个人的形象。有的名字是诚信的形象，有的名字是虚伪的形象，一个人的名字就会在社会上产生客观效应，别人根据其名就会作出判断和决定。如某人向人借钱，别人一听此名会摇头拒绝，绝对不会借钱与他。而如果是李嘉诚本人，单凭这个名字就可以成功进行巨额贷款和融资，因为人们谁也不会怀疑他的实力和为人，这就是名字形象意义所在。所以一个人树立了口碑，其名字也会带来巨大的物质财富。

当一个人的人生在社会上产生了巨大的影响，其名字就会在人们的心中引起特殊的反响，这样的名字就会含有特殊的社会含义，有的流芳百世，有的遗臭万年。古有岳飞，是民族英雄的形象；秦桧则是民族罪人的形象。今有周恩来，是人民总理的形象；"四人帮"江青则是祸国殃民的形象。而钱学森是科学家的形象，鲁迅是大文豪的形象，李嘉诚是大富豪的形象，等等。乃至我国许多成语、俗语中，凡是含有人名的，一个名字就是一个形象，一个名字就是一种精神。人们将永远记住这些名字，因为这些名字已经成为社会永久的精神财富。

好名字不一定成为名人，但是伟人、名人及成功人士的名字一定很有个性。我们努力取个好名、佳名，给自己创造一个良好的公关形象，充分发挥名字本身所固有的功能作用和意义，为自己争取巨大的物质财富和精神财富。

3. 决定一个人的命运

由于名字的心理作用和吉凶作用，所以名字具有能够决定一个人命运的意义。如果一个人的身份和形象具有一种社会意义，那么姓名这一点意义完全和专门是对于本人而言。

传统姓名学认为，一个人的名字对于一个人的命运吉凶具有重要的意义，而且这种理论一直影响到今天的起名方法。近年来,一些姓名学专家试图从现代科学结合传统命理理论的角度,来探索名字与人生命运的问题。

(1) 八字命理理论

名字与命运有关,主要与人的八字有关。传统八字学说认为,人是宇宙的一部分,人在出生的年月日时那一刻,其四柱八字中即含有宇宙的全部信息。一个人含有特定的宇宙信息,决定了其一生命运的吉凶。传统姓名学专家认为:许多人的名字,大部分与他们的先天命运基本吻合。名字好的人,其大部分生辰八字基本比较好;名字不够好的人,其生辰八字大多不好。名字为父母所赐,它在刚开始定下来时就包含着个人命运和人生特征的全部信息。这种信息和特征是固有的,即使能改变,也是注定的。

传统姓名学还认为,一个人先天命运不理想,但是可以通过某些办法进行弥补,其中包括起一个好名字。所以人的名字可补八字之不足,对于人生吉凶缺憾可以达到有利的弥补,有百益无一害。

(2) 阴阳五行理论

传统姓名学认为,名是有形的,有音的,有义的文字符号,属于阳性物质。命是无形的,无音的,但具有一定灵性的阴性物质(科学家称为"暗物质")。这两种物质组成了名,也代表人的命,所以古人一直坚持"名命合一"的观点。

阴阳五行理论是我国传统的哲学思想,具有朴素的辩证法,这个理论涵盖这个宇宙,人类本是宇宙一部分,姓名是人生一部分,所以取名也要按照"天人合一"的自然规律。目前流行的取名方法,大多数也是根据五行的原理进行操作的。中国人名字是由汉字组成的,而汉字笔画就是数,有数就有五行,名字数理五行讲究宜生宜助,忌泄忌克;追求五行中和平衡协调。如果名字中的五行失衡,失调及不和,五行失缺和严重相克,就会影响人生的性格、健康、婚姻、事业及财运,好名字带来吉祥,差名字带来灾祸。

(3) 汉字能量理论

一些姓名学专家提出,世上万事万物都相互关联,名字与人生也不例外,宇宙的全部信息场的能量,通过名字对于名字主人发生作用,而且伴随一生,天天使用,作用不可忽视。专家们认为,名字含有丰富的信息能量。这些信息包括声音、字形、义蕴等。

汉字具有声、形、义三要素。其字的声音是称呼时发出的声音,可以形成一种物理声场。

名字被称呼时发出的声音具有一定的音律波动,音律波动有高有低有长有短有强有弱,名字的音律波动一经组合,就像乐曲一样有优美难听之分。所以具有美妙动听的音律波动的名字,即名字中音信息关人体气脉场产生有益的感应辐射,反之,具有不良音波信息的名字,则诱导人向消极发向发展。其字的形状,一旦书写下来,就有象,有象就有数,有数就有理,所以具有一种数理场。义蕴是字的含义,字义会使人产生念头,所以具有一种意念场。所有这些信息组合成的能量,包含着祖宗、宗族以及与之相互联系的各种社会关系神秘属性,包含着主人的精、气、神,传承着主人的情、意、志,也包含着主人独自具有的特征,即个性。姓名是人生的有机组成部分,并且相互作用,这就是名字的真正的内涵和本质。

还有姓名专家提出,方块汉字,有象、有数、有音、有义,他们都有阴阳五行的内容。中国汉字不是随意乱造的,而是宇宙自然物的符化符号,所以每个汉字就是一个小太极,经过数千年无数人的使用,都已经存储了一定的信息能量。

字形——相当于佛教和道家的符——写字等于画符;

字音——相当于咒——叫名等于念咒;

字义——相当于气功的意念——自觉或不自觉地给名字加上意念。

据说中国汉字可以测病、治病和开发智力,这已经引起美国科学家的重视。

总而言之,名字具有强大的灵动力、心理暗示力、诱导力,对于人的一生起着潜移默化的作用。好名中的好信息,顺天应,有好的,吉祥的,顺畅的诱导;凶名中的凶信息,逆天应,有凶的,灾难的,不顺的诱导。它们对于人生的性格、健康、婚姻、命运等都有很大的影响。如有专家认为,女性的名字如果属于孤寡数,大部分具有婚姻不顺的信号。

名字对于健康的影响,国外专门研究成果似乎更有说服力。据有关资料显示,2002 年,美国行为医学会(SBM)第 19 届年会上,专门讨论了"姓名与寿命的关系",详细研究了加州 1969 年至 1995 年的死亡者的死亡证明书,排除了种族、性别、死亡时间、社会经济状况以及父母忽视等因素,最后得出的结论如下:姓名缩写含贬义的男性(如猪、酒鬼、死、悲伤)要比姓名缩写含义中性者,平均短命 2.8 岁。姓名缩写含褒义的男性(欢乐、爱、赢、幸福、巨大成功、生活等)比上又增了 4.48 岁。这样含褒义名字者要比含贬义名字者寿命长达 7.28 岁。会议报告还指出:惊人的发现是,父母给孩子起的名字几乎可以改变孩子今后的死亡原因及时间。姓名缩写贬义者,不仅寿命较短,而且所患疾病的种类也更多,意外死亡发生率最高。

无独有偶,美国加利福尼亚大学心理学教授尼古拉斯·克里森费尔德博士研究成果也显示了同样的结果。他通过大量的调查统计发现,凡是姓名含有明显褒意的人要比姓名中明显含有贬义的人更长寿。前者寿命比后者平均长 4.48 岁。他分析,一个人心理上整天以"胜利"或"要人"自居,别人经常这样称呼他,他的内心自然受到积极的诱导暗示,心情好,天长地久,就长寿。而一个人名字为"猪"、"流浪汉",别人长期这样呼叫他,他的潜意识总有些消极的东西在作怪,情绪扫兴,长期以往,自然就短寿。

名字还能够决定一个人的性格。如英国著名心理学家海伦皮特里的研究成果表明,英国女孩子的常用名与性格的关系十分密切,如取名"黛安娜""露茜"的女孩子,具有比较多的女性温柔之气质;取名"埃伦"的女孩子,其性格就像假小子。所以她忠告英国父母,给孩子起名,可能对他们的未来和个性形成起着决定性的作用。

小   结

中国人名堪称负载中国传统文化内涵的巨舟,中国姓名文化是整个中华民族传统文化一枝独秀的组成部分,我们每个人都拥有一个中国人名,我们应该为此骄傲。

我国传统姓名学关于名字对于人生命运的意义,流传了数千年,生生不息。我们应该敬佩前辈学者的探索精神,并应该以现代科学的精神和方法继续努力探索。

我国传统姓名学的理论和成果,带有很大的神秘性,它是在长达数千年的封建社会产生和发展起来的,不可避免地带有许多封建迷信的糟粕。我们应该破除迷信,摈弃封建糟粕,取其合理内核,传承、弘扬和发展中国传统姓名文化,建立具有现代中国特色的科学的姓名学系统。

姓名对于命运是否具有作用,目前科学没有作出证实,但是对于我国传统姓名学的理论,全面否定和全盘继承都是错误的。而且事实已经证明,名字在长期使用中具有一定的心理作用,取个好名字能对人的心理和生理进行有益的调节,不失为是一种趋利避害的好形式和好方法。

总之,姓名作为人的呼叫和记录符号,是人们相互区别的辨识标志;作为社会交际的工具(如名片),它是人们信息相互传递的主要载体,与外界联系融通的链接端口;作为个人门面形象和内心表达,它是名字主人高扬的旗帜与宣示的意念;作为起名者寄予特定寓意或厚望的载体,好名字是美好人生的开端。名字伴随一生,姓名信息场对于人的一生始终起着潜移默化、推波助澜、润物细无声的作用。所以我们必须重视取名的重要性,一定要取个佳名,以伴终生。

第二章　中国取名简史

中华民族的人名起源历史悠久,第一个中国人名的出现,标志着中国取名法的诞生。然而作为中国姓名文化和姓名学不可或缺的部分——取名方法,历史上却鲜有系统研究和专著,甚至至今仍然没有得到应有的重视。马来西亚的萧遥天先生于 1970 年在马来西亚槟城出版的《中国人名的研究》一书,被世人誉为中国人名研究领域的开山之作,而且还不是重点研究取名方法的,可见取名方法研究历史之短,成果数量之少。

笔者试图从现有各种资料中梳理出一条简明扼要的"中国人取名法简史"的线路图,以展现中国人取名方法、特色现象及理论的历史发展脉络。

第一节　上　古　时　期

我们的祖先开始是没有姓名的。在名字没有出现之前,氏族制时期人类需要交往,交往就必须识别,识别肯定还有其他形式,比如依靠形体(高矮胖瘦)、脸庞(圆方黑白)和声音(响弱脆哑),来相互识别对方。到了氏族公社后期,人与人的关系更加扩大、复杂和密切,依靠形体和声音相互识别已经不能满足交往的需要,特别是到了晚上,这些形式就不能有所作用,于是逐渐以不同的、特定的声音作为区别的标志,以证实对方的身份,于是产生了一个新的识别形式——名字,以双方的声音和听觉系统的互动进行识别和交流。

我国第一部字典,东汉许慎的《说文解字》就是这样解释"名"的字义的:"名,自命也。从口,从夕。夕者,冥也。冥不相见,故以口自名。"也就是说到了晚上,天色昏暗,两人相见,已经无法辨认对方是谁,这样双方就用一种特殊的声音来让对方知道自己是谁,以免发生不必要的误会。久而久之,大家就将这种声音符号称为"名",所以从口从夕。许慎告诉我们,中国人名呼唤形式早于书写形式,还告诉我们取名的原因,其实也间接告诉我们,先人们第一个取名方法,就是取人体特征为名。

专家认为,中国人名产生于母系氏族制时期,社会发展到母系社会阶段,部落与部落之间需要交往,特别是人类已经发现同一血统之间通婚不利于健康,于是产生了"公名"——姓。而名是人们个体意识的产物,所以个人私名是出现在公名之后。先有公名(即姓),后有私名(名)。

专家考证,中国的姓产生于母系社会,所以"姓"字本身是由女和生组成,这是知其母不知其父,世系按母系血缘计算的反映。许多古老的姓氏中,如姜、姚、妫、姞、安、晏、娄、嫪、妘等,多从女旁。有专家研究,姓来源于某种图腾,如简狄吞玄鸟之卵而生契(商朝祖先),今天仍有人称鸡卵为"鸡子",商人以子为姓。姜嫄履巨人迹而生周朝祖先弃,周人以姬(迹)为姓。秦人祖先女修吞玄鸟之卵而生大业,为嬴氏。这是他们的母系与某种图腾的结合而生人类的见证。

但是,母系社会还没有产生汉字,所以以汉字结构论证,这个论据属于论证不足。而关于姓的来源,专家们还有其他的研究说法。其实先有姓,还是先有名,姓的起源和诞生的年代,姓是口口相传的,还是有了汉字后人所起的,那都是姓名学专家的研究的课题。公名私名都是名,姓不过是名字的一种特殊形式,都是人类自己所取,已经产生了一定规律的取名法,我们从姓(包括后来出现的氏)字中已经看到了取名法的影子。

专家研究,我国是先有姓后有氏,氏是父系社会的产物,妇女称姓,男子称氏,姓是别婚姻,氏是分贵贱,同姓不婚为了优生优育,男子称氏是为了表示社会地位。当时只有拥有土地的人,才有称氏的资格。所以前者是生物学范畴、而后者是政治学范畴。我们所知的早期历史人物基本上属于父系社会阶段,而且上古时期的人名,与其发展的历史过程大致符合,基本上代表那个时期各个不同阶段的文化特征,甚至是那个特定时期的象征,所以属于"公名"的性质,同时也显示了逐步向"私名"过度的痕迹。如第一阶段的有巢氏、燧人氏、伏羲氏、神农氏等,从名字上就反映了我们的祖先从穴居发展到巢居,发明了钻木取火,养牲畜,进入农耕社会各个历史时期。第二阶段:炎帝、黄帝、蚩尤、共工、祝融,每个人物都代表一个强大的氏族,也就是族的名号。第三阶段:尧、舜、禹都建立了光辉的业绩,个人的名字与他们的人格和声望已经紧密联系在一起,公名——私名发展的脉络十分的清晰。

伏羲,是我国古籍中记载的最早的王,中华民族人文始祖,也是中华民族"正姓氏"的始祖。伏羲氏姓"风",是有史记载的"姓"之始,"氏"之始。伏羲氏开辟了中国的"姓氏"文明,"风"是中国第一姓。自古及今,关于伏羲氏的名号、时代、地望、族系等问题始终争讼不已。如果按照古籍的说法,伏羲是中国姓名学的"鼻祖",而伏羲的母亲华胥才是有文字可查的第一位中国人名。也有后人说伏羲其实就是一呼一吸,呼吸的谐音。他日观天象,画下了八卦,分开了阴阳,呼为阴吸为阳。

黄帝是中华民族的始祖,黄帝时期发明了文字,姓名开始具有个人文字标志的功能,成为中国的姓名文化发展史上一个里程碑,所以黄帝又是"正名百物"的祖师。从此在漫长的历史中,中国人的姓名文化成为中华民族物质生活和精神生活的主要环扣之一,在政治、文化及社会活动诸领域中,都发挥着极其重要的作用。

我国自黄帝时期开始,一直到奴隶社会结束,奴隶有名无姓,没有姓和氏的资格。而统治阶层的姓、名、号基本齐全。如黄帝名轩辕,本姓公孙,后又改姓姬,因以土德王天下,土黄色,故号黄帝。其父少典的名字为祁昆,其母名字为附宝,正妃的名字为嫘祖,两位次妃的名字为女节和嫫母,古籍所记之人都是有姓有名(也有专家考证,皆为后人所取)。在这段时期中,古籍中所记载人物的名字,往往是由一个或者两个字的结构,如尧、舜、禹、契、风后、力牧、嫘祖等,而且都是独立使用的,一般不与姓氏连称。

氏也是特殊的名字,命氏即取名。史书记载命氏共有 34 类,有以爵为氏(如王叔、王子、王孙),有以国为氏(如蔡、滕),有以官为氏(如司徒、司马、史),有以邑为氏(如毛、樊、甘),有以地为氏(如曹丘、狐丘),有以谥为氏(如庄、严、敬、康),有以技为氏(如屠、陶),有以事为氏(如车、冠、蒲),等等,可以说这就是当今许多取名法的前身了。炎帝姓姜,黄帝姓姬,是出生地名称而来。其实不管对于姓、氏,还是名的命名,我国在上古时期已经形成了丰富多彩的取名法。

第二节　三　代　时　期

我国的夏、商、周也被称为三代时期。商朝代的甲骨文保存了许多完整的人名记录,为我们提供了新的取名法的证据。如汤建立了商朝后,历代皇帝都以天干为名,成汤的名字为天乙,儿子为大丁、外丙、中壬,孙子为大甲、沃丁,曾孙为大庚、小甲,一直到臭名昭著的纣王为帝辛,一共三十三代莫不如此。以天干取名在臣民中也有,出土的青铜器上的铭文有很多这样的人名。专家有的认为是以生日取名,有的认为是以死日取名,但有一点是没有疑问的,就是出现了纪念时间的取名法。

周朝是我国姓名系统基本形成的时期,不仅我国传统的姓名系统已经完备,取名方式已经形成,而且出现了取名学的理论。到了周武王时期,开始了氏名连称,以后又发展到姓氏合一,于是姓名合一,姓名连称就成为了社会习惯。到了战国以后,姓开始为一般平民所使用。周代贵族的全称包括:

1. 姓——已经基本稳定。

2. 氏——周代一般不称姓,而称氏,氏按照封地、爵位或其他方式获得,数量大量增加。

3. 名——婴儿出生 3 个月(或百日),由父亲命"名"。

4. 字——男子 20 岁举行冠礼,结发加冠表示成人。字最早见于西周,比名稍晚。

5. 谥号——周初产生。

在远古时期,人们在起名上没有什么限制。在二千七百多年前的春秋时期,已经有一套比较规范的起名规定和要求,这些规范对于后代影响很大,有的已经不复存在,有的至今仍在使用。当时有以贱取名的,如鲁文公儿子取名为圉(养马的地方),女儿取名为妾;有以丑取名的,如鲁文公儿子取名为恶,齐田桓子儿子取名为乞;还有男取女名——鲁隐公取名为息姑、冯妇等;还有加"之""不"字的,如申不害、孟之反等。

《左传》记载:鲁桓公六年(公元前 706 年)九月丁卯日,鲁桓公儿子出生时,特别向大夫神缙询问起名的方法。当时神缙就提出了五种起名方法,其方法是有信、有义、有象、有加、有类。

1. 以名生为信。依据新生儿出生时的特征起名。唐叔虞(手纹似虞字)、公子友(手纹似友字)、卫公子黑背、楚公子黑肱、晋公子黑臀、郑庄公寤生(其母生他时受到了惊吓)。

2. 以德命为义。用美德吉祥的字起名。文王名昌,令昌盛周;武王名发,必发诛暴。寄托某寓意。

3. 以类命为象。以类似的事物起名。孔子出生时头顶象附近的尼山,故名丘,字仲尼。

4. 以物为假。假借万物的名来起名。如孔子儿子出生时,正好有人送鱼,遂取名为鲤。

5. 取于父为类。以父亲类似的情况起名。如父子同一生日,取名同。

周朝起名还规定六不:

1. 不用国名。

2. 不用官名。

3. 不用山川名。

4. 不用隐疾名。

5. 不用牲畜名。

6. 不用器币名。

据《礼记·内则》记载,取名是孩子一生中的第一件大事,孩子命名仪式非常隆重。在我国传统习俗中,"名"是在婴儿出生百日之后由父亲取定的,这种习俗现在虽然没有了,但给孩子过"百岁"的风俗依然长盛不衰。《礼记·檀弓》云:幼名,冠字。冠礼是为氏族成员举行的成人礼,而且在冠礼时命字,两者仪式同时进行。《仪礼·士冠礼》云:冠而字之,敬其名。成年人的名字是不能轻易地被地位平等的人或低下的人提及,这些人只能称呼其字,这就是敬其名。名与字的关系也比较明确,《白虎通·姓名》云:闻名即知其字,闻字即知其名。两者之间的关系,即取名取字一共有 5 种体式和方法:

1. 同义互训——孔子弟子宰予,字子我(予、我都是第一人称)。
蔡黯,字墨(黯、墨都为黑意)。
2. 反义相对——孔子弟子端木赐,字子贡(在上和下跌意义上相对)。
3. 字义连类——公子侧,字子反(如辗转反侧)。
4. 虚实相生——公子固,字子城(实物城墙与坚固印象)。
5. 部分整体——孔子儿子孔鲤,字伯鱼(鲤是鱼的一种)。

春秋时期,取名方法十分丰富,如辨物统类、见贤思齐、因生记瑞、伯仲排行、君卿称美、原名加辞、干支五行、喜欢加助字不(申不害、吕不韦等)。

更可贵的是,古代诸多先贤的哲学思想开始进入到中国的姓名学,而且许多圣贤都对姓名做过研究,所以姓名学是我国传统文化中一颗璀璨的明珠。如老子提出了"名可名,非常名"和"无名万物之始,有名万物之母"的理论。孔子提出"名不正则言不顺,言不顺则事不成"的儒家思想。春秋时期,姓名名家还有众仲、胥臣、行人子羽等。稍后,还出现了专门研究姓名源流的著作《世本》,"记黄帝以来,迄春秋帝王公卿大夫谱系",可惜已佚。《离骚》:"皇揽揆余祁度兮,肇锡余以嘉名。"意思是父亲仔细端详我的生辰,于是赐给我相应的美名。可见好起嘉名,古已有之。尹文,齐国人,战国时期名家代表人物之一,著有《名书》。战国时期赵国人,先秦时杰出思想家荀子的《荀子·正名》提出"名无固宜,约之以命,约定俗成谓之宜,异于约则谓之不宜",其书是中国古代取名学建立的标志,论述了名的实质、作用、目的、种类及起名原则。

第三节　秦　汉　时　期

公元前三世纪,秦统一中国后,最初来源于母系氏族社会的"姓"与来源于父系氏族社会的"氏"开始一体化,统称为"姓氏"。在中国长达两千多年的封建社会中,姓氏成为阶级地位的标志,并以姓名为中心形成了独特的文化。到了汉代,姓氏一体,表明了宗法分封制的瓦解。原来姓氏的功能已经转变了,姓氏等第渐渐消亡,于是成为今天的单一功能,即由血缘关系决定的,为父系家族的符号。由于姓名中的姓氏基本上固定下来,所以人们在取名上更加重视,取名法更加丰富,名字的特色更加显著,名字更加带有时代痕迹。

汉代是中华大一统帝国的初始阶段,处于封建社会的上升时期,经济繁荣,国力强盛。所以当时的名字显示了阔大气象,反映了对国家的积极态度及个人的英雄豪情和阳刚之气。西汉时期,由于人口增长,重名增多,开始出现双字名;由于双名增加了名字的容量,人们开始讲究名字的寓意。

1. 对国家积极态度的:韩安国、于定国、孔广汉、赵充国等。

2. 反映豪迈气概的:黄霸、杨雄、赵勇、孔奋、班超、王逸、王莽、董卓等。

3. 反映尚武精神的:苏武、夏侯胜、邓彪、班勇。

4. 对伟大人物的景慕:张禹、赵尧、周昌、陈汤、王昌。

到了王莽时期,下令中国不得二名,实行禁止使用两字名,提倡单名的政策,据说这与其托古改制有关。在当时,两字名地位低贱,所以《三国志》《后汉书》里的人几乎是清一色的单名。至东汉依然盛行单名,此风延续 300 多年至魏晋时期。

汉人取名讲究排行,如长、季、诸、次、叔、少、仲、元、孟、细、弟、幼、伯、仲、子、父、君、公、卿、侯、翁、祖等字,而且喜欢用尊老字加在排行上,有时还喜欢采用谦逊词取名。专家还从汉代史籍上整理出关于美辞取名法的分类:

尊老美辞——公、翁等。

称谓美辞——卿、君、侯、宾、兄、郎、孙、房等。

身份美辞——士、民、公子、公孙、王孙、倩、彦等。

形容美辞——孔、景、大、巨、伟、威、灵、茂、曼、世、永、长、初、休、玄、令、宝等。

德性美辞——道、德、圣、义、惠、孝、慈、恭、敬、正、文、允、思、宣、方、逸、仁等。

行为美辞——承、奉、务、处等。

赞叹美辞——叹、然、哉等。

到了魏晋南北朝,张道陵的五斗米教盛行,上层贵族和文人起名最大的特色——就是喜欢用"之"字,尽管南北朝最讲究家讳,却同时出现父子不嫌同名的现象,甚至父子兄弟数代相袭,并不避讳。有数代一贯相袭的,有两世相袭的,有隔断的,也有兄弟相袭的:最典型的要算书圣王羲之——玄之、凝之、徽之(桢之)、操之、献之(静之),父子四代人都用之,其王氏家族,据统计,用"之"字取名的多达 30余人。

南北朝名字的宗教气氛浓郁,其间崇尚老、庄,多用道、玄、真等"玄学"字取名;当时佛教盛行,以僧取名很多,如周法僧等。特别是东晋六朝开始崇尚双名,晋南北朝以后,单双名已经不分上下。

值得一提的是刘熙的《释名》、杨雄的《方言》、许慎的《说文解字》及《尔雅》,历来被视为汉代 4 部重要的训诂学著作,在训诂学史上占有重要地位,具有较高的学术价值。虽然不是姓名学专门著作,但从汉字的字音、字义上看,在中国姓名学的发展史上具有划时代的意义,绝对应该占有一席之地。

第四节　唐宋元时期

从唐朝开始,双名成为主流,并开始流行别号、排行的名字,女性都用娘字取名。宋代是我国姓名学的黄金时代。老年人在中国社会素有比较高的地位,但以老取名者是言老不老,用以表示成熟、抒发自尊心。有命名的,命字的,命号的,如赵学老、德老,徐荣叟、定叟,刘辰翁、刘昕父、王吉甫等。

宋代开始运用五行理论取名,喜欢用"木、火、土、金、水"五行加以取名,如朱熹,其父松,次子野,季子在,孙名不显,曾孙凌。

尤其是北宋开始了辈分规范字。随着宗法家族制度的发达和完善,按照辈分定名日渐完善和规范,特定的字也表明辈分,所以只能双名,双名越来越多,单名日趋减少。同时出现修续家谱之风。

五代人多以彦取名。彦本美辞,故多以为名。如徐彦章、李彦威,史书上屡见不鲜。到了元朝,汉族多取蒙古名,辽金元多用奴哥字,金人甚至多加汉名。而对于汉人起名有严格的法律规定,规定没有地位的汉人是不允许起名,只能够以排行为名或者以数为名。如朱元璋,曾祖朱四九,祖父朱初一,朱五四,有四子,重五、重六、重七,朱元璋最小为重八。张士诚兄弟九四、九五、九六。

同时在周朝卅始出现的名字避讳现象,秦汉时期基本形成,到了唐宋大盛。

第五节　明清时期

以族谱辈字取名方式明清时期进入高潮,双名在明清占了主导地位。特别是在公元1716年(康熙五十五年)《康熙字典》完成。对于我国姓名学发展起了极大作用,为字数派奠定了基础,至今许多姓名学派仍以《康熙字典》作为取名用字的范本。

据专家研究,目前流行的"五格取名法"其实来源于我国的三才取名法,其法远远早于《康熙字典》。大约在1722年,此法与《康熙字典》一起传入日本,被称为"汉流"。19世纪初,日本学者雄崎健翁对姓名学进行了系统的整理,1928年(昭和三年)创立五格派,称为"圣学",1936年由台湾留学生白惠文把其带回台湾发展,之后传到香港、澳门、新加坡和韩国,之后又传到中国的东北地区。

到了近代,开始出现笔名。由于封建社会的崩溃和思想解放,改名成为上层和文化人士的普遍现象。解放以前很长一段时期内,人们又受封建思想的影响比较严重,大多取义于荣华富贵、福禄长寿,寓意比较陈腐。

新中国成立以后,中国人的名字现象发生变化巨大。封建色彩的名字日趋减少,同时政治色彩的名字开始流行。

小   结

中华民族历朝历代的取名技法丰富多彩,文化现象各有特征,并且都留下了鲜明的时代烙印。我们应该珍惜这些传统文化遗产,深入研究,承传继薪,发扬光大。但是千年的封建社会也给我们后人留下了许多糟粕。我们在继承优秀传统文化的同时,也应该与时俱进,将中国人的姓名文化千锤百炼得更加绚丽多彩。

第三章　我国取名的现状

第一节　日趋重视取名质量

一、历史传承的延续

《论语》曰："名不正则言不顺,言不顺则事不成。"由于我国传统文化正名思想观念的影响,绝大部分家庭继承和延续中华民族的优秀传统和习俗,所以中国人历来十分重视取名,当代社会依然如此。近年来,随着中华传统文化地位的日趋提升,更多的年青父母接受传统文化,并融入进现代生活中,包括取名字。由于姓氏已经无法改变,中国人只好赋予名字更多的意义和信息,而不满足于仅仅把它作为一个符号。由于取名任务多数落在做父母的身上,孩子的名字往往成为大人表达自己文化素质、思想水平、审美观念、理想志向和亲情爱意的计划和载体。天下父母无不期望自己的孩子健康成长,成为一个受人尊敬的有用之材,而且趋吉避凶,一生平安。在今天每家多数只有一个孩子的情况下,取名更是家庭乃至家族的头等大事。尤其是城市人口的急剧增长,重视取名已成普遍的社会现象,越来越多的人追求名字的质量,而且已经成为普通人的生活追求。

二、独生子女的因素

独生子女是我国基本国策,近四十多年来,绝大部分家庭的孩子都是独生子女,特别是最近数年中,独生子女进入结婚生育的高峰期,使得新生婴儿在家庭中,甚至在父母和祖辈二代中更显得重要。我国五六十年代时,国家鼓励多生多育,"光荣妈妈"的称号影响了一代人,那时哪一家不是三五个孩子,于是取名也就马虎了,什么小二小三都有。如今两个亲家加在一块,两个家庭三代人六个大人一个小孩,孩子自然成为"小皇帝""小公主",全家人都把孩子当作心肝宝贝,疼爱的不得了。家庭新生命的诞生,头等大事就是给宝宝起一个好名字。人人期盼小孩健康成长,平安吉祥,前途辉煌,怎么不希望小孩有个好名字? 为了给孩子起个好名,举家上下冥思苦想,翻遍辞书,或求助起名公司,上网查寻,堪称费尽心机。如此现象,比比皆是,不足为奇。

三、生活质量的提高

　　随着社会的进步,经济的迅速发展,人们的生活水平得到了大幅度的提高。物质丰富了,精神需求自然而然也水涨船高。人们的精神追求得以迅速的提高,必定也将反映在婴儿的取名上,愿意,也有条件加大经济投入。我国改革开放以来,随着交通工具的发达,通讯手段的先进,社交范围的扩大,生活工作的不断变化,特别是人口的大流动,城乡差别的缩小,人们的审美情趣和取名的观念也发生了巨大的变化,越来越多的人认同取名的文化内涵和品位。其实正是在取名的社会现象上,人们对于名字质量的追求和期望值的提高,充分体现出社会的进步。

第二节　个性名字的突破

　　名正是金,好名是福,好名带来好运,名字是人们在社会成名的标志。近年来,中国人越来越追求个性,名字敢于突破传统,各种富有个性的名字层出不穷。

　　1. 敢于生僻

　　大家都知道生僻字取名的弊端,却还有人“明知故犯”,“一意孤行”,就是以生僻、冷僻字取胜。据有关资料显示,目前中国有六千多万人的名字中有冷僻字。

　　2. 字数增加

　　中国的姓名字数也正在发生变化,四个字以上的名字开始出现,如孟庆奥博、孔庆熹保等。据有关资料显示,我国目前四字及以上的名字绝对数也有 197 万多人,甚至姓名字数在 10 字以上的也有近千人,其中 10 字姓名者达 594 人。

　　3. 字母出现

　　江西鹰潭市一市民,给儿子起名为赵 C。还有的给孩子取名为“@”、“毕必 A”的。河南登封市民胡域(化名)为新生的宝贝儿子起名“胡 D”,结果医院拒绝办理婴儿出生医学证明,派出所也表示不能用这个名字给孩子办理入户手续。胡先生无奈地给孩子改名为“胡镝”。

　　4. “搞怪”趋多

　　随着生育高峰人群的“崛起”,作为改革开放年代出生、成长的一代人,“80 后”较上几辈人思想更加开放、前卫,更热衷于追求个性化。在给自己的孩子起名字的问题上,他们的“无厘头”和“搞笑”神经也在无限发挥。

　　如许先生的太太姓钱,给儿子取名“许多钱”,朋友们对这个名字都赞不绝口。还有孙姓男子娶了侯姓女子,儿子名字就是“孙猴子”。郑先生和钱太太的宝宝就叫"郑大钱"。一姓乔的干脆给孩子取名为乔治布什。北京一位王姓老红军,为了纪念自己当红军那段革命经历,给儿子取名字为"王二万五千里"。"钱多多"、"易拉罐"、"马陆雅子"、"孙悟空"、"毛绒绒"、"吴所谓"、"黄果树"等"怪名"不绝于耳。还有四个字的,如"杨春白雪"、"何日君来"、"赵钱孙李"、"何雨清纯"等。一些年轻父母给孩子取的名越来越怪,以致有人担心,若是照此发展下去,重名的现象固然革除,但会否名字中的文化品位越来越低,叫起来也越来越难听。

第三节　姓名官司的产生

现在公民维护自己的权利,包括姓名权利意识增强,学会了运用法律的武器保护自己的姓名权,姓名官司经常出现在报端,这一方面说明公民的维权意识增强,另一方面也说明了姓名权的地位得以提高。

2002 年,北京市石景山区居民王某某申请将其姓名变更为"奥古幸耶",户口登记机关在多方权衡、难以胜诉的情况下,做出了同意其变更姓名的决定。

2008 年 6 月 6 日,中国首例姓名权案在鹰潭市月湖区法院开厅,法院采纳了律师的理由,作出赵 C 一审胜诉的判决。贵州某大学一大三学生取名赵 C,赵父说:在英语中"C"是"China(中国)"的第一个字母,又有与"西方"谐音的意思,希望儿子最好能到西方国家留学并学有所成,但又不能忘掉自己是中国人。但是其家乡公安机关以"C"为外文字母为由不给他换"二代身份证",为此,赵 C 将公安局告上了法庭。赵 C 并不愿意将这个已经用了二十多年并引以为豪的名字换掉,何况就要毕业参加工作。赵 C 不无担忧地说:"从小到大我都叫赵 C,万一要改名字,我连自己究竟是谁都解释不清。"这是全国第一起因为改名字而进入行政诉讼程序的案件。

2009 年 3 月,湖南大学生罗彩霞在建设银行申请开通网上银行业务时被拒绝,她这才得知自己的姓名和身份证等信息已被王佳俊冒用。同年 7 月罗彩霞大学毕业后,也无法办理毕业证、教师证等相关证件,罗彩霞因身份问题面临被取消教师资格的危险,为此她诉诸法律。王佳俊的父亲也因伪造公文罪锒铛入狱。

第四节　重名现象严重

其实,重名也是我国一个历史现象,如今随着人口的增长,更日趋严重。

一、情况严重

据 2007 年资料,公安部全国公民身份号码查询服务中心已经录入全国 13 亿人口的身份信息,其中重名前十位的排名为:

张 伟	290 607 人
王 伟	281 568 人
王 芳	268 268 人
李 伟	260 980 人
王秀英	246 737 人
李秀英	244 637 人
李 娜	244 223 人
张秀英	236 266 人
刘 伟	234 352 人
张 敏	233 708 人

名列前茅的张伟,竟高达 29 万人之多,令人咋舌。就连"春节"这样奇特的姓名,全国也有 290 人;名字叫春节的更有 13 469 人,而名字中带春的人多达 22 653 859 人。即使名人伟人也不例外。有新闻报道,甚至出现两户人家的父母小孩全家三口名字完全一样,夫妻姓名完全一样的稀奇现象。近年来,各大城市对本市重名都做过调查,情况皆不容乐观。同姓同名这种事,在日常生活中人们早已熟视无睹,习以为然,说明我国重名现象实在严重之至。

重名现象还引起电视台的兴趣,成为电视节目的题材之一。如天津卫视有一档广告《结识有缘人》,观众可以拨打电话寻找同名人。2009 年国庆前夕,上海电视台《阿庆讲故事》节目主持人明星陈国庆,也推出一台"寻找国庆同名人"的专题节目。

二、危害明显

1. 降低区别和专享性

名字的本质功能是区别,是区别个体的特定标志之一,具有专门的明确的指称,所以名字是一个人的专属符号,如与他人重名,也就失去与他人相区别的功能作用。名字的区别本质衍生了人名的专指性,所以人的名字一般是不能共享的,重名就失去了自己应有的独特风格,削弱名字独享的意义。而且混淆姓名的清晰度,降低了姓名在法律上的严肃性和稳定性。重名彼此不分,不仅容易造成交往中的混乱,并且严重干扰了人名的知名度和美誉度。

2. 造成个人的麻烦

重名很有可能给个人的生活、工作带来许多不便、麻烦及烦恼,甚至带来不幸和灾难。这样的实例举不胜举。

3. 增加社会负担

重名的现象尤其给公安、银行、邮电、通讯等系统造成很大的麻烦,增加了社会负担,甚至会给社会带来不良的影响。尤其改革开放以来,重名现象已经带来严重的后果,随着人口流动和经济、文化交流日趋频繁,大量的同名所引起的混乱更加突出,给储蓄汇兑、合同执行、邮政通信、邮件投寄、侨胞寻根、探亲访友、统计管理等带来极大的不便和麻烦,而且影响到户籍档案的登记和管理、民事诉讼、刑事侦察、社会治安,不法分子借此盗名、冒名,以致张冠李戴、造成假错案。如《北京日报》报道:北京每年邮政局有数以千计的信件由于重名而无法送达。据《法制日报》载:某年某市在缉捕一名李世荣的罪犯时,发现全市竟有 78 位同名,给缉捕工作增加了难度。一个歹徒因与商业局长同姓名,便冒充局长骗取几万元的商品……可见重姓重名已泛滥成灾。

三、原因众多

1. 姓氏太少

据统计,宋朝所编的《百家姓》收录单姓 408 个,复姓 30 个。同时代所编的《姓解》一书,其收录的姓有 2 568 个。1987 年出版的《中国姓氏大全》共收录 5 600 个。据专家估计,我国占今姓氏不过 8 000 个。据全国公安人口信息管理系统查询统计,目前我国共有姓氏 1 601 个,覆盖了系统内的 12.6 亿人。目前常用的姓氏大约在 500 个左右。这供当今我国十三亿人口使用,显然是远远不够的。

2. 大姓集中

据统计,目前,我国人数在 100 万人以上的姓氏有 153 种,占总人口 90.67%;人数在 1 000 万人以上的姓氏有 23 种,占总人口 56.61%。根据中华伏羲文化研究会华夏姓氏源流研究中心的最新研究,在"百家姓"排名前三位的王、李、张是中国最大群体的姓氏,分别有 9 500 多万人、9 300 多万人和 9 000 万人;三姓人群约占全国总人口的 21%,"王"姓是中国第一大姓;李姓人口约为 9 200 万,占全国总人口的 7.38%。

所以我国姓氏数量偏少是造成中国人重名的最主要的原因,而大姓集中也是重名现象更加严重的主要因素。

3. 取名用字集中

我国汉字使用频率最高的常用字 3 500 个,除去不宜取名的字,只有 1 500 个左右。由于从众心理加上文化趋同和地域趋同,取名用字容易集中。据统计:姓名中使用频率比较高的字有 200 个。所以我国人口与常用起名汉字的比例,是重名的基本原因之一。

4. 单名比例上升

由于文化大革命因素,其家长是文化水准整体下降的一代,独生子女家庭增多,血统关系网简化,导致取名简单化和单名热潮的兴起。

改革开放以后,文化百花齐放,明星闪烁,一般作家、艺术家爱好单名(有的是笔名、艺名),而且传播广泛,影响巨大,所以在无形中造成单名响亮、高雅、时髦的社会潜意识,甚至有人将单名看作是现代意识、社会地位、文化水准的一种标志,形成崇尚单名的从众心理,于是仿效日趋增多,90年代单名开始激增,加剧了重名。

5. 没有强制性的规定

世界上有的国家已经开展防止重名此类服务,有的国家已经立法,不允许重名。而我国没有防止重名这方面的规定和服务,所以这也是我国重名现象严重的原因之一。

四、解决对策

重名已经成为我国姓名目前的一个突出的现状,而且已经引起有关部门以及取名界的高度重视和广泛关注。

1. 引起重视

真正要重视重名的害处,首先应该引起国家有关部门的重视。

(1)建议有关部门加强重名危害性的宣传引导工作。

(2)建议有关部门在报刊上定期公布人名用字比例的抽样调查结果,提醒人们有意回避。

(3)建议户籍部门设立起名咨询机构,建立电脑档案,存储同一地区以及历史名人同姓同名的资料。同时建议公安户籍部门最好设立取名咨询机构,为公民在给新生儿申报户口时提供有关服务。

作为个人也应加以重视。为了减少孩子日后因为重名所引起的不必要的麻烦,减轻社会的压力,要有"重名"的忧患意识,要为共同革除我国"重名"痼疾作出应有贡献。首先要提高自己的文化素养;其次务必克服从众心理,不赶时髦,避免沿袭名人的名字,尽可能不要起单名;同时取名少用或不用高频率字、重叠字;并且扩大起名方法,大胆创新,为自己孩子取个与众不同的佳名。

2. 新造复姓

公安部起草的我国首部姓名登记单行法规《姓名登记条例(草稿)》现已完成,规定取名可同时采用父母双方姓氏。如按照目前1601个姓计算,可以增加128万个不会与人雷同的名字。

3. 四字名

目前有专家呼吁倡导四字姓名,这是值得提倡的起名方法。具体形式有:

（1）在姓氏后面加三个辅助字,姓氏＋□＋□＋□,如叶子春茂。

（2）在姓氏后面加辈谱字,再加两个辅助字,姓氏＋辈谱字＋□＋□,如朱光佳辰。

（3）在父母姓氏后面加两个辅助字。

如父姓梅,母姓林,可以分别取名为:

父姓＋母姓＋□＋□,如梅林成景。

父姓＋母姓谐音字＋□＋□,如梅琳成景。

父姓＋□＋母姓＋□,如梅成林景。

父姓＋□＋□＋母姓,如梅成景林。

采用四字名方法,如按照 3 000 个现代汉语常用字计算,取单名——3 000 个,取双名——600 万,而四字姓名——270 亿,这样基本可以解决重名问题。

第五节　取名文化发展迅速

根据目前公开出版的姓名学书籍及有关资料的研究,我国现代取名的规模性研究开始于 20 世纪 90 年代,最近十年达到高潮,包括民间社团的成立、姓名研讨活动的开展、姓名著作的出版、取名机构的兴起等方面。

一、姓名社团的兴起

目前我国姓名学团体比较著名的是成立于 2003 年 5 月的"中国姓名文化研究会",现在已发展了会员数百人,并在全国十多个省市、地区设立了办事机构。该团体还于 2006 年 10 月在北京人民大会堂成功主办了新中国成立以来的"首届中华姓名文化与品牌命名策划讨论会",并在大会上提出重名问题,呼吁提高起名水平,加强姓名领域的规范化。

2007 年 4 月在全国政协礼堂举办了首届中国传统文化与易学高峰论坛暨第二届中华姓名文化与品牌命名策划讨论会,为推动我国姓名学的发展作出了一定的贡献。

2007 年 5 月,河北省新乐市人民政府与中国国际周易联合会在河南和北京两地,共同举办了"中国·新乐第三届伏羲文化节暨中国姓名学文化节",具有一定的影响。之后每年都有相关姓名文化的会议和活动在各地举行。

二、姓名著作的出版

在 21 世纪前后,一些出版社开始出版姓名学著作,在书店里,各类起名出版物多达上百本,还有一些姓名学专家自行印刷发行自己的著作,广泛推销。一些文化人和高学历作者的加入,出现了一些质量比较高的姓名学著作。

三、取名机构的激增

以前,为人取名的"算命先生"不乏其人,但在人们的眼里都是"非法的"。到了九十年代,一些文化人开始公开挂牌,为人取名,开现代起名商业化的先河。

据有关报刊报道,在 2000 年时,我国大约只有七八家起名机构,而到了 2007 年左右,已经发展至 300 多家。如今在全国各大中城市里,专业的和兼职的注册起名机构外,还有许多文化策划公司,它们都有起名的业务。网上各种起名的机构更是多如牛毛。

第六节　取名市场的混乱

由于取名学习和市场需求的激增,取名市场应运而生。如今只要上网点击"取名"关键词,可以搜索的内容不下数万条。网上有取名、测名、改名、姓名讲座、姓名培训、取名软件、姓名书籍等各种信息,一片繁荣,但是由于这个市场至今没有行业协会和行业规范,所以在"繁荣"的背后也呈现出一片混乱,主要反映在以下几个方面:

一、标准混乱

目前起名机构提供的服务大多数是采用传统的起名方法,由于至今起名没有一个统一标准,这些方法标准各异,繁简不一,有的还相互矛盾,让人无所适从。如有的名字在"甲大师"这里是吉名,而到了"乙大师"那里却判为凶名。有的名字在这家公司获得高分,到了那家机构却又不合格。又如用字五行属性的标准,同样一个汉字,有的书上认为应以字音而定,有的书上却又以字形而定;不同版本,某字的五行属性不同,五行的数量不同,少则一个属性,多则四个属性。更有甚者,在此书中属"水",在彼书中又属"火",成了水火不容。

二、价格混乱

起名的价格标准更是混乱不堪,低的上百元,高的上千元。我们在起名市场上看到,最低的是 5 元钱,在一些城市车站里有所谓的起名电脑,只要花上 5 元钱,半分钟就会输出一份报告,告诉你名字的概况、质量和分数。

高的价格也不少,有的"大师"标价为 1 万,也有 2 万和 3 万。更有甚者在自己的取名店门口,张榜公示提供的是"稀世真名",一字值千金,名贵不还价;"天表——成名百物"一个名字的价格为 29 万天价。

虽然有的公司以免费测名的方法招徕生意,只要你输入姓名、出生时间,就能够算出这个名字对你的一生的影响,但是一般总是会给你罗列出一大堆的大凶之兆,最后的解决办法就是要你改名。说到底,还是要钱。

三、质量混乱

据了解,只要有台电脑,装上相关取名的软件,只要将顾客的生辰输入电脑,按照一定程序操作,三分钟就可以出来一份"名字报告书"。一些夫妻老婆店里的"大师"出差,老婆就可以操作;老板不在,打工的照样完成得非常出色。

专家强调,目前网上很红火的那些取名专家其实大部分都言过其实,有些纯粹是挂羊头卖狗肉,不要轻易相信。甚至令人不解的是,有些网络公司,一样的名字,换了几个出生时间,但是得出的结果仍然相同。取名市场是客观存在的一种现象,取名行业的形成也是发展的必然,目前我国取名市场,特别是取名质量的问题实际上已经到了有关部门必须干预的时候了。

第七节　我国现行取名法律法规

一、《民法通则》

1986 年 4 月 12 日六届全国人大四次会议通过的《民法通则》第九十九条规定:"公民享有姓名权,有权决定、使用和依照规定改变自己的姓名,禁止他人干涉、盗用、假冒。"

我国的《民法通则》是仅次于《宪法》的法律,在理论上即使公安部的《姓名登记条例》也不能与其冲突。

《民法通则》第一百二十条第一款规定:"公民的姓名权、肖像权、名誉权、荣誉权受到侵害的,有权要求停止侵害,恢复名誉,消除影响,赔礼道歉,并可以要求赔偿损失。"

二、《中华人民共和国婚姻法》

根据 2001 年 4 月 28 日第九届全国人民代表大会常务委员会第二十一次会议《关于修改〈中华人民共和国婚姻法〉的决定》修正,《中华人民共和国婚姻法》第二十二条规定:子女可以随父姓,可以随母姓。

三、《中华人民共和国户口管理条例》

1958 年 1 月正式实施的《中华人民共和国户口管理条例》第九条规定：婴儿出生后一个月以内，由户主、亲属、抚养人或者邻居向婴儿常住地户口登记机关申报出生登记。

第十八条规定：公民变更姓名，依照下列规定办理：

未满十八周岁的人需要变更姓名的时候，由本人或者父母、收养人向户口登记机关申请变更登记；

十八周岁以上的人需要变更姓名的时候，由本人向户口登记机关申请变更登记。

第二十条规定：有下列情况之一的，根据情节轻重，依法给予治安管理处罚或者追究刑事责任：冒名顶替他人户口的。

四、《姓名登记条例（初稿）》

公安部 2007 年 6 月出台了《姓名登记条例（初稿）》，已由公安部研究起草完成，并下发各地公安机关组织研修。公安部相关业务部门人士称，"条例"还在研究过程中，现在只是个初稿。《条例》共分六章，四十一条款。

五、《人名规范用字表》

国家语委出台一部《人名规范用字表》，对"起名"作进一步的规范。这是与国家法制化、现代化的进程合拍的，意义重大。

《人名规范用字表》规定，取名用字有限制，我国新生儿的取名用字将在 8 000 个规范字中选取。曾被废除但人们仍在大量使用、禁而不止的 51 个异体字被"释放"并恢复使用。恢复异体字是尊重社会习惯，方便人们用字需要，字表将《第一批异体字整理表》中的 51 个异体字收入表中，主要用作人名地名。

如"喆"原本被视为"哲"的异体字，经过调查发现，全国有两万多人的名字中选用了这个字。专家认为，"喆"字中两个"吉"并排看起来很祥和，比"哲"字更适合取名，因而把它收入了三级字表，专门作姓名用字使用。

新字表为大众取名提供了很多便利。如为了照顾给女孩子起名时常用"女旁"和"草头"字，字表特意收录了一些并不常用的"女字旁"字。还有"森"、"垚"等在生活中几乎用不到的字，只是因为很多人喜欢在取名时用，此次也特意保留了下来。有些字义是贬义的，完全不适合用于取名，这样的汉字就会从字表中剔除出去。

六、关于姓名权损害赔偿责任的司法解释

根据最高人民法院关于确定民事精神损害赔偿责任的司法解释，姓名权受损

害的人可以请求精神损害抚慰金。据《中华人民共和国民法通则》第一百二十条，姓名权受害人有权：

1. 要求停止侵害。
2. 要求恢复名誉。
3. 要求消除影响。
4. 要求赔礼道歉。

小　　结

自我国改革开发以来，取名出现了许多新现象和新问题，特别是重名已经演化为社会问题，并且阻碍了我国姓名文化健康的发展，确实到了必须立法的时候了。可喜的是这个问题也已经引起有关部门和专业人士的高度重视。据悉，政协委员赵青提出了制订《中国姓名法》的议案，要求以法律制约来避免重名现象。教授冯志伟则建议除了姓名外，恢复古人使用过的"字"和"号"以解决重名。我国虽然又出台了《姓名登记条例(初稿)》、《人名规范用字表》等。但是事实上远远还不够，公民名字的变更，网名、笔名的规范和使用、取名市场的规范等问题都需要法律给出明确的回答。因为这些问题既是充分保障公民人身权的迫切需要，也是纯洁祖国语言文字，倡导健康、有序的姓名文化的时代要求，应该引起国家立法部门的重视。

中篇　取名技法

　　姓名,人皆有之。一个生命来到这个世界上,不管是男是女,体重体轻,漂亮丑陋,家富家贫,总得给他(她)取个名字。

　　孩子的取名权基本上是属于父母所有,一般也是为父母所执行。但是也有各种原因另由他人代替。如农村没有文化者,求他人代取;或要求名字质量和吉祥,化钱找个能人或专业公司取名;或得自赐名,有皇帝领袖钦赐,有长辈、名人、老师恩赐,甚至还有云游僧侣赠送。但不管由谁取名(包括日后改名),取名是一种行为,行为就需要方法和技巧。取名里面有学问,也是一种创作,创作就需要创意和艺术。

　　数千年来,历史给我们留下了无数佳名的同时,也给我们留下了丰富多彩的取名方法和别具一格的取名技巧,有的已经成为古籍的记载,有的仍是当代传承的热点。笔者收集疏理了大量坊间流传的和专业门派的取名(改名)方法技巧以及忌讳方面有关知识,它们能够为你取个美名奠定一个扎实的基础,同时可以提高读者对于名字优劣的辨别能力。

第四章 民间取名法

我国民间取名法是根据各时期各地域的民间风俗习惯而形成的取名法,它扎根于厚实的民俗土壤上,绚丽缤纷,凝聚和显示中华民族的聪明才智,堪称绽放在中华姓名百花苑中的朵朵小花。古今往来,天下父母这个为孩子取名的庞大群体,以他(她)们各自的生活阅历、文化背景、价值取向、审美观念、希冀所求等,创造了丰富多彩的取名方法,也积淀了博大精深的名字文化,完成了具有民族性、历史性、区域性、艺术性和浓郁中华特色的中国民间取名大全。

当今社会,科学技术突飞猛进,人们的精神文明和物质文明有了长足的进步,但综观现代中国人的取名方法,民间法仍然保持着主体地位。民间取名法具有强大的生命力,依然值得我们代代传承和不断创新发扬。

本书查阅了大量著作,对民间取名方法进行了整理和归纳,同时收集现代社会众多姓名实例,进行分析和研究。笔者根据自己的理解将其重新分类,分为十大类型和一百种方法。

第一节 纪 念 类

是一种以名字主人(下称名主)出生时值得纪念的内容构成名字的类型。

婴儿出生的时刻总是令人难忘,许多相关的因素也随之成为取名的起因和内容,以寄托父母的一种特殊的情感,日后也成为名主一种值得永远保留的记忆。这种类型的名字具有记录、记载、纪实或纪念的性质和意义,其含义一般属于比较实在的时空和人事元素,范围很广。

这种取名方法历史起源最早。在殷商时期,历代帝王的名字即以干支作为名字,如天乙(即商汤)、盘庚、武丁、帝辛(即纣王);据专家考证,这些名字为帝王的生日标志,具有纪念时间的意义。在民间取名法中,纪念型是一种使用频率比较高的类型,至今仍是民间主要取名方法之一。

一、纪念时间类

1. 时辰法

即以婴儿出生的时辰构成名字。

关于时辰有两个概念，一是传统的十二时辰，即取名于表示时辰的十二地支：子、丑、寅、卯、辰、巳、午、未、申、酉、戌、亥。如相声大师侯宝林，小名酉，即生于农历十月十五酉时。还有李寅、马红申、刘卯、尚申等。二是表示不确定时辰的字词，如拂晓、凌晨、清晨、上午、中午、下午、黄昏、子夜等，如著名学者邓拓，小名旭初，即生于清晨之时。还有如张曦、马紫晨、郑丹晨、李晨曦、杨晨、伊晓、董旭、刘晓明、冯早、郑夕霞、齐夕生、管正午等。

由于十二地支还有纪年、纪月的功能，所以纪时概念不清晰，容易混淆纪念的时间概念。且此类汉字不多，容易重名。

2. 生日法

即以婴儿的生日构成名字。

生日是一个人一生中最值得纪念的日子，民间素有以生日命名的习俗。殷商帝王以天干为名，实际就是出生日为名。《红楼梦》中贾政大女儿名字元春即纪念正月初一所生。古时，正月初一为新春第一天，故又为元日。还有直接取名"正一"的也很多。还有生于农历初一（又为既）的，如李既成；生于农历十五（又为望）的，如王海望；生于农历三十（又为晦）的，如张明慧（谐音晦）。

特别是生日与节日为同日，许多人更加喜欢以节日入名，如朱元旦、郭春节、陈国庆、程建军、杨清明、柳重阳、唐九阳等。我国的节日很多，给取名提供了方便。我国节日既有传统节日，又有法定节日（包括传统节日），广义的还有行业节日和重要纪念日，如植树节、中国青年节、国际护士节、教师节、记者节等，都可以成为特定人群的纪念因素和取名来源。

我国法定与民间主要节日表

月　份	节　日　名　称			
1	元旦			
2	春节	元宵节	气象节	情人节
3	妇女节	植树节		
4	清明	愚人节	复活节	
5	劳动节	青年节	母亲节	护士节
6	儿童节	端午节	父亲节	

续　表

月　份	节　日　名　称			
7	建党节	七夕节		
8	建军节	中元节		
9	中秋节	重阳节	教师节	
10	国庆节	万圣节		
11	记者节	光棍节	感恩节	
12	腊八节	除夕	圣诞节	

说明：其中传统节日是以农历月份为主。

3. 节气法

即以婴儿出生的节气构成名字。

我国农历每个月共有两个节气。节气的历史起源很早，主要运用于农业生产，是我国特有的农历日期，也有人以此取名。如文学大家老舍，原名庆春，就是纪念出生于农历立春。还有如周立春、罗芒生、陈白露、潘谷雨、吕寒、关肃霜、李雪健等。

《我国二十四节气表》

月份	正月	二月	三月	四月	五月	六月	七月	八月	九月	十月	十一月	腊月
节	立春	惊蛰	清明	立夏	芒种	小暑	立秋	白露	寒露	立冬	大雪	小寒
气	雨水	春分	谷雨	小满	夏至	大暑	处暑	秋分	霜降	小雪	冬至	大寒

我国传统习俗还有与节气有关的物候现象，主要指动植物的生长、发育、活动规律与非生物的变化对节候的反应。5 天为一候，共有 72 候，而与物候有关的是二十四番花信风：

小寒节三信：梅花、山茶、水仙

大寒节三信：瑞香、兰花、山矾

立春节三信：迎春、樱桃、望春

雨水节三信：菜花、杏花、李花

惊蛰节三信：桃花、棠棣、蔷薇

春分节三信：海棠、梨花、木兰

清明节三信：桐花、麦花、柳花

谷雨节三信：牡丹、酴醾、楝花

所以在古人名字里有什么花，可以大致知道其出生时逢节气。

4. 月份法

即以婴儿出生的月份构成名字(一般以农历为主)。

如《史记》记载:"秦始皇生于正月,故名政。"古时,一作正,一月即正月,秦始皇姓嬴名政,政就是根据出生月命名的习俗。还有著名歌唱家王昆大儿子周七月,小儿子周八月,都是以出生月份为名。我国农历还有闰月,如鲁迅著作《故乡》中的闰土、就是代表闰月所生。

我国农历月份的别称很多,也可以月份别称取名,如人名中出现的月份别称用字,一般有出生月份的含义。

我国农历月份别称:

一月:寅月、建寅、孟春、正月、孟月、太蔟、春王、嘉月、首阳、新正、复正、三之日、岁首、发岁、就岁、肇岁、芳岁、华岁、孟阳、冠月、元月、征阳、初月、三微月、开发、首春、泰春、端月、初春、元春、始春、梅月。

二月:卯月、建卯、仲春、夹钟、酣春、竹秋、仲阳、令月、花月、如月、杏月、丽月、四之日、大壮、同月、早春、杏月。

三月:辰月、建辰、炳月、季春、末春、桃浪、莺时、暮春、樱笋时、蚕月、辰月、杪春、桐月、零同、三春、阳春、暮春、桃月。

四月:巳月、建巳、余月、中吕、阴月、麦月、孟夏、初夏、槐夏、维夏、槐序、槐月、麦秋、乏月、梅月、清和月、正阳、朱明、乾月、除月、重月。

五月:午月、建午、蒲月、皋月、薄月、榴月、炎月、天中、小刑、仲夏、鸣蜩、郁蒸。

六月:未月、建未、暑月、旦月、荷月、莲月、焦月、遁月、秀月、伏月、林钟、精阳、季夏、征暑。

七月:申月、建申、初秋、孟秋、上秋、首秋、新秋、兰秋、夷则、肇秋、瓜时、兰月、霜月、巧月、杏月、桐月。

八月:酉月、建酉、桂月、壮月、仲秋、南吕、仲商、中秋、正秋、竹小春。

九月:戌月、建戌、菊月、玄月、成月、朽月、青女月、季秋、无射、凉秋、三秋、杪秋、暮商、季商、霜序、菊序、菊月。

十月:亥月、建亥、坤月、阳月、正阳、孟冬、应钟、上冬、开冬、初冬、小阳春。

十一月:子月、建子、龙潜月、畅月、葭月、复月、仲冬、黄钟、一之日。

十二月:丑月、建丑、杪冬、末冬、残冬、暮冬、季冬、大吕、嘉平、星回节、涂月、腊月、临月、冰月、严月、岁杪。

5. 季节法

即以婴儿出生的季节构成名字。

以这种方法取名比较多见,很明显地表示出生的四季含义。如曾春生、秦迎春、万象春、王延春、邓中夏、苏仲夏、夏莲、于秋玲、姚金秋、张秋生、叶知秋、赵逾冬、尔冬强、袁冬等。我国对于四季有很多别称，这些别称也是取名的常用词语。

我国四季别称表：

春季：三春、青阳、韶节、苍天、阳节、九阳、艳阳、青春；

夏季：三夏、朱明、清夏、炎夏、炎亭、朱夏、朱律、炎节、长赢；

秋季：三秋、素商、凄辰、金秋、九秋、高商、商节、素节、日藏；

冬季：三冬、严节、元冬、九冬、青冬、安宁、冬辰、元序。

6. 年份法

即以婴儿出生的年份构成名字。

也称干支取名法，这是最古老的起名法。我国古代以干支记年，并且一直保持至今，所以有人以干支取名，如今还有人采用这种方法取名以纪念出生年份。

干支是天干地支的简称，为我国特有纪年法。十个天干为甲、乙、丙、丁、戊、己、庚、辛、壬、癸。与十二个地支相互组合，共有六十甲子。先秦时期帝王贵族多以天干起名，而臣民多以地支为名。

现代人名字中，我们还可以看到这样的名字，一般来说，含十天干的名字比较多，虽然干支可以纪年纪月纪日纪时，一般情况是表示主人的出生年的年份。如鲁迅小说中的"孔乙己"人物，我们从其名字就可以推算出他的出生年份是 1905 年。如马辛春、沈乙鸿、丁申阳、魏庚生、曹丙生等。

7. 生肖法

即以婴儿出生的生肖构成名字。

我国传统生肖基本上表示年份，所以这是一种特殊的年份取名法。有的是直接以生肖入名：如娄阿鼠、王大牛、杨虎成、王复羊等；有的则以十二地支入名：如唐寅，寅字暗合生肖虎。如杜新辰，其辰暗合生肖龙。徐寅生也是如此。属蛇的可以称为小龙。不一定用出生的生肖起名，也可以希望的属相起名。如林彪是属羊的，成龙是属马的。注意一般蛇、猴、鸡、狗、猪最好不要入名，以免引起他人反感。

8. 时代法

即以婴儿出生的时代构成名字。此法主要通过名字记录婴儿的出生时代。

时代特征是我国人名的特色之一，并由此形成了一种从众行为，这也是我国重名多的一个主要因素。

如在民国时期，许多贫苦百姓名字叫长贵、来富等，反映他们向往摆脱饥寒交迫生活状态的心态和愿望。

到了 1949 年以后，很多中国人名字是与当时的主流意识形态连在一起的，一听名字就大致能知道是哪几年出生的，如：

建国初期(1949—1950 年) 解放、建国、南下、建中、建华等；

抗美援朝(1951—1953年)   卫国、卫平、抗美、援朝等；

五十年代(1954—1957年)   建设、建强、和平、互助等；

大跃进年代(1958—1959年)   跃进、红花、超英、卫星等；

三年困难时期(1960—1962年)   抗洪、自力、更生、图强等；

六十年代(1963—1965年)   自农、加耕、学雷、学锋等；

到了"文革"时期,如爱红、反修、文革、红卫、要武、立新、造反、兴无、忠红、向东等等盛行,名字的政治时代含义和重复现象更是到了登峰造极的地步。

即使在现代生活中,一些青年家长在给婴儿取名时,仍然会出现类似痕迹,如近几年的奥运宝宝、世博宝宝等。

在时间纪念类型方法中,这种方法应该慎重取之。时代在发展,特别是带有特定色彩的年代,由于事过境迁,事情的性质会发生变化。如今天的美国,已经不是过去的头号"帝国主义敌人",叫"抗美"的先生会感到很难与美国朋友友好相处;而昔日的亲密挚友越南,虽然还是友好邻邦,但是不再单纯支援,"援越"这样的名字颇有点不明不白。特别那些有着"文革"特征的名字令人不快,想必这些名主都会有改名的想法。

二、纪念空间类

9. 籍贯法

即以婴儿籍贯地名构成名字。

每个人都有自己的祖籍,一般以父系相传的籍贯作为祖籍,不论是否离开祖籍地已有几代,一个人的籍贯是永远不变的,所以籍贯地名取名既是一种方式,也成为一种习俗,以示永远不能够忘记祖宗。如台湾人氏丘逢甲奋起领导反抗运动,甲午海战失败后退回大陆时,太太生子,便起名为"念台",表示永远不会忘记乡土。

籍贯一般包括省份和城市两级地名,如辽宁大连、新疆和田、广东东莞、江苏苏州或浙江绍兴等,所以有人是以省份地名入名,如蒋海南、西门重庆、方青海等,但由于容易重名,直接以省份地名取名的不多。也有人则以市级地名入名,相比较上面情况就要多得多,如徐海宁、郝大连、谢祁门等。还有如李粤(广东)、王思湘(湖南)、陈港兴(香港)、朱鸿鄂(湖北)、高忆川、张渝(重庆)、刘豫(河南)、张京(北京)、宋沪光、李归申、都念沪(上海);也有以籍贯的别称入名,如周为申(上海)、王皖林(安徽)、刘甬(宁波)、马小宁(南京)、刘崇青(山东青州)等。市级及以上地名除了规范的名称外,都有简称,甚至别称和古名,所以也有人以籍贯的简称或别称入名。

10. 双籍法

即以婴儿父母双方的籍贯地名构成名字。

以父母双方籍贯合二为一这种方法为孩子取名为数不少,一看名字就明显知道其中奥妙。如赵鲁湘(父亲为山东,母亲为湖南)、张沪宁(父亲为上海,母亲为南京)、艾苏杭(父亲为苏州,母亲为杭州)等。

需要注意的是,如果简单的相加,如范京广这样的名字会给人铁路线的感觉,所以尽可能采用别称为佳,如北京别称有燕,广州别称有穗,取名为范燕穗,感觉就高雅多了。

11. 出生地法

即以婴儿出生地名构成名字。

此法结构一般是地名加"生"字,一看就知道是其人的出生地,这类名字特别多。如京生、港生、沪生等。即使不用"生"字,仍恰当而有意义也不乏其例,如老舍的大女儿生于济南,即称舍济。此法从大可以到国家,从小可以细分到小镇和村庄。

(1)以国入名。如老舍的儿子出生在新加坡,故名小坡。

(2)省(直辖市)入名。如程渝生,一定是在重庆所生。陈沪生,一定是在上海出生。

(3)以城市入名。如姚南京、李西安、金银川、金华等,不用解释说明,人皆明之。

(4)以县城入名。如崇明是上海一个县,就有取名为肖崇明的。

(5)以乡镇入名。宝山是上海闵行区一个老镇,如王宝山就是为了纪念出生于上海宝山。

(6)以村庄入名。如著名歌唱家关牧村,其名字就是来源于故乡河南新乡牧野村。

如国画大师齐白石,其家不到一公里的地方有个小驿站——白石铺,此即成为他的名字。

12. 特殊地名法

即以特殊意义的地名构成名字。如著名电影艺术家陈强的俩儿子的名字。陈强正好在布达佩斯访问期间,大儿子出生了,于是给大儿子起名为陈布达;后来小儿子降临人世,于是又有了陈佩斯这个大明星。如参加葛洲坝集团丹江口项目部的建设大军中,父母给在丹江口出生的孩子起名时,都有一个"丹"字或"江"字,如李建丹、王丹喜、李汉江、赵丹江等。父辈们对丹江口的情怀至深至厚,也在儿女身上打下深深烙印。

13. 故乡环境法

即以故乡特定的环境构成名字。以家乡环境为源取名,大到江河山峰,小到石桥亭阁,也是一种特殊的地方纪念法。

如郭沫若就是以乐山地区的两条河流的古名沫水(大渡河)和若水(雅砻江)而得名。如陈独秀的名字则来源于家乡一座山峰——独秀峰。还如著名书画大家黄宾虹,他的家乡是安徽歙县西乡潭渡村,在村中一桥南端有一个亭子,名"滨虹亭",于是亭名成为他的人名。历史名人郑板桥则来自于故乡的石板桥。

三、纪念人物类

14. 父母双姓法

又称联合型、父母合璧型,即以父母双姓连缀为名,充分利用孩子姓名的载体纪念父母的爱情,也可让子女永远铭记父母的养育之恩。

如父亲姓宋,母亲姓梅,女儿姓名为宋梅,顺理成章,毫无别扭之感。如父亲姓祝,母亲姓贺,儿子姓名为祝贺,别具一格,乃绝佳天成之名。还有文章、马林、安康等。许多姓氏是不能简单相加的,如果硬性凑合,只能是不伦不类,如父亲姓朱,母亲姓常(谐音猪肠),大概没有父母会用这种方法给自己孩子起这样的名字。

15. 父母姓名法

即以父姓母名构成名字。又称一姓一名法,即以父亲的姓,母亲的名,联合入名。

我国传统取名礼制规定是子女不可与父母共用一个名字,而现代社会就没有这样的规矩。六龄童(章宗义)的大儿子小六龄童,小儿子六小龄童。常香玉(张妙玲)的大女儿常小玉、三女儿常如玉,孙女小香玉等。还有如严华(父姓为严,母亲名建华)、黄爱娟(父姓为黄,母亲名凤娟)、赵晓惠(父姓赵,母亲名惠莉)等。

16. 双姓加字法

即以父母双姓中间或者后面添加一字构成名字。

如父亲姓杨,母亲姓叶,孩子姓名为杨叶,会让人感觉不是滋味。但是采用加字法,效果明显转变,如在中间加上"青"字,成为杨青叶;如在后面加上"青"字,成为杨叶青,皆不失为佳名。又如陆林结,父亲姓陆,母亲姓林,结就是结合结婚的意思。父亲姓侯,母亲姓王,采用双姓法就是"猴王",令人难以接受;而采用加字法就是"侯王好",则别有雅趣。

17. 双姓谐音法

即以父母双姓谐音用字构成名字。如父亲姓陈,母亲姓周,孩子姓名为陈舟,既包含双亲之姓,又别有风味。

18. 暗合谐音法

即以与父母名字字义暗合之字构成名字。如父亲林飞虎,儿子取名(林)敬彪,彪暗合虎。如母亲丁紫香,女儿取名(江)馥茵,馥暗合香。

19. 祖辈名字法

即以祖辈名字构成名字。如 1972 年,孔东梅出生在上海,妈妈李敏把她的照片带给外公毛泽东,又把毛泽东的照片带回给她看。外公毛泽东为其外甥女取了"东梅"这个名字,"东"就取自他的名字,"梅"则是他平生最喜欢的植物。

20. 名人姓名法

即以含有相关名人、伟人等的姓或名构成名字。

如林则徐,其父就以福建巡抚徐嗣曾的徐姓为其取名。如鲁迅祖父得知鲁迅出生时,正好张之洞来访,便以张的姓作为鲁迅的名字,小名为阿张,学名为周樟寿(樟谐音张)。

又如陆游,其母亲则以秦少游(字秦观),给他起名为"游",字"务观"。此外,还有庄鲁迅、王学锋(雷锋)、杜若甫(杜甫)、张习孔(孔子)等,皆为此类。古人,当代人,甚至外国人的好名字(包括改变有缺点的名字)都可以作为取名时的参考。

四、纪念事件类

21. 吉祥事情法

即以婴儿出生时发生的吉祥事情构成名字。如孔子儿子出生时,正好鲁昭公派人送来鲤鱼,孔子感到很荣幸和吉祥,于是给儿子取名为"孔鲤",字伯鱼。

22. 梦兆之事法

即以婴儿出生,其母梦中之事构成名字。此为最古老的取名法。如黄帝以占梦得到风后、力牧两位大臣,所以古代人认为梦是神的启示,也是一种吉凶祸福的前兆,所以在周朝时国家还设有专职的占梦官员。到了宋朝占梦已经在民间广泛流传,成为民间风俗文化的组成部分。这种习俗也体现在孩子的取名上。这种方法现代也有人使用,一般以吉祥之梦为主。

如李白出生时,其母亲梦见长庚星(太白星),于是给李白取名为白,字太白,乳名长庚。又如岳飞出生时,其母梦见大鹏在屋上,所以给孩子起名为"飞",字鹏举,希望儿子将来能够"鹏程万里,远举高飞"。文天祥名字来源,则是其祖父梦见幼孙腾云而上,起名文云孙。冼星海的母亲梦见自己抱着孩子坐在船头,仰望夜空,突然一颗星星飞落海里,母亲朝着星落方向划去,终于把星星从海里捞起,于是要求丈夫孩子出生后起名"星海"。

23. 巧合之事法

即以与婴儿出生巧合之事构成名字。如鲁桓公儿子出生日正好与自己的生日相同,皆为丁卯日,所以给儿子起名为"同",此即鲁庄公。

24. 特殊事情法

即以婴儿出生特殊之事构成名字。如郑成功的小名为福松,就是纪念在苍松底下出生。足球名将容志行,原名海生,为纪念父亲挈家外出谋生,在一次航海中出生。围棋前辈吴清源,出生时正好家乡发大水。电影明星陈道明女儿出生,陈道明正好完成《末代皇帝》,于是取名为格格。

甚至包括不吉之事,如《左传》庄公,生时惊姜氏,故名曰寤生。寤即逆生,脚先出来,属于难产。

25. 历史事件法

即以婴儿出生时发生的历史事件构成名字。现代人取名特别喜欢以孩子出生当时发生的重大历史事件为背景,以示纪念,特别是解放后的大陆尤其突出,以致人名成为政治事件的记录。如 1954 年出生的人因中华人民共和国第一部宪法颁布,名字里有"宪"、"法"二字的不在少数。

除了政治事件,其他一些自然灾难、重大的体育赛事都成为人们取名的素材。如中国女排五连冠时,出现了连冠、冠五等名字;如 2008 年的奥运会,以"奥"入名的为数不少,还有史亚运、肖全运、祝奥胜等。1998 年夏季长江、嫩江、松花江出现历史罕见洪峰,有人取名李三江、赵洪峰;还有江抗洪、李雪等。2008 年四川汶川大地震,大难不死的新生儿所取名都与这次地震有关。

26. 身体特征法

即以婴儿身体特征构成名字。以婴儿的身体特征起名之法历史悠久,春秋时期起名五法之一的"信"——以名生为信即属此法。周代唐叔虞出生时,因为其手掌有纹,形状象"虞"字,所以起名为虞。晋成公黑臀,因为出生时屁股上有黑痣。又如孔子父母为祈求生个儿子,特意到尼丘山去祈祷。后来果然生了儿子,就是孔子。孔子生下时,头顶中间低而四周高,就像丘陵,特别是为了感恩尼丘山,就起名"孔丘"。如一代大师刘海粟,因为出生时脐带盘在肚子上,于是取名为槃。瞿秋白有 2 个发旋,故乳名阿双,上学时以双谐音取名瞿霜,后改为秋白也是取白霜之意。

第二节　许愿类

许愿型取名法是一种以取名者许愿内容构成名字的类型。

如果说纪念型是客观性的,是一种写实,是一种标记,表示的是一种真,许愿型则是主观性的,是一种写意,是一种述志,表示的是一种美。

从古到今,无论贫富,一个新生命的诞生,都是一个家庭的特大喜讯,也是一个家庭发展的新起点,所以婴儿的名字就成为父母乃至其他长辈的心愿、期盼和希望的载体,永久保存着父母长辈们所寄托的许愿和情愫。

这种类型的名字具有记载父母长辈们许愿和日后对于名主激励的作用。由于家长们的生活和文化背景不同、人生价值取向不同,名字所反映和体现的精神和内容不同,此种取名法内容范围极其广泛,一般以精神层面为主。这种取名方法具有悠久的历史,周文王和周武王即是典范。周太王古公亶父给其孙起名为"姬昌",希望孙子兴旺昌盛。姬昌就是历史上闻名的周文王。周文王给自己的儿子起名为"姬发",希望他有前途,发达。他就是周武王。

此类取名法生生不息。随着社会的发展,这样的取名方式则是有增无减,为现代民间取名重要方法之一。

27. 许愿健康法

即以表示健康的字词构成名字。健康是人生的第一需求,健康是人类最基本、最原始的愿望,孩子身体健康是许多家长对于自己孩子最基本的许愿,特别是在历史上,医疗事业还不发达,人们更希冀于孩子健康第一。由于至今仍未解决许多疾病问题,所以许愿名主健康仍然是一大部分家长的心愿,所以健字和康字也成为重名的俗字和高频率字。

有直接采用健康平安词类入名的,如王康、姚安康、陈健、苏健安等。也有以间接表示健康心愿词类入名的,如刘青山、蔡长松、谢太极、郑可登等。

28. 许愿长寿法

即以表示长寿的字词构成名字。长寿是人类最美好的愿望,实质上是人们对于生命的眷恋和执著。科学已经证明世上并无长生不老的奇迹,但人们还是虔诚地在取名时祝福孩子长命百岁。类似长寿这种朴素的许愿取名方法已不被现代人所接受。

许愿长寿的名字很多,如蒲松龄、张延年、潘天寿等,还有延寿、承寿、增寿、高寿、长寿、大年、永年、百年、万年、万龄、延龄、玄龄、永龄、寿昌、千秋、长生、天颐等。还有一些象征、代表长寿的人物、动物及植物也可入名,如彭寿、彭年、鹤年、鹤龄、龟龄、松柏、松年、柏年、椿年等。

29. 许愿平安法

即以表示平安的字词构成名字。普通人没有奢望,平安即福,子女一生平平安安、顺顺利利是父母最大的心愿。事实也是如此,一个人在滚滚红尘之中,谁也无法预料其人生之旅将会发生什么事情,所以期望人生不要出现厄运。这种看似质朴,却内含哲理的名字,如果用字奇妙恰当,不失为一个好名字。如郑平安、马安泰、童长顺等。能够体现平安的字还有平、安、顺、泰、通、亨、常等字,可选择取名。

30. 许愿吉祥法

即以表示吉祥的字词构成名字。不管社会地位如何,不管文化程度怎样,任何人都喜欢大吉大利、吉祥如意、逢凶化吉、遇难呈祥。给自己孩子取个吉祥的名字,并且希望名字能够给孩子和家庭带来好运气,这是一种正常的心理,不能简单斥之为迷信。一般吉祥之名都比较容易,比较顺耳,但也容易重名和落俗。如王进喜、董存瑞、李顺祥、张福年、李嘉成、蔡育福、吉永利等。

表现吉祥的字很多,有瑞、祥、顺、利、兆、高、吉、福、天、保、佑、成、嘉等。这样的名字举不胜举,如汉祥、应吉、保吉、逢吉、福成、景福、延泽、延禧等。

31. 许愿富贵法

即以表示富贵的字词构成名字。物质享受是人之常情,为多数人所向往,古今莫不如此。只要"君子爱财,取之有道",本无可非议。在旧社会里,特别在低层社会中,带福、禄、财、寿、喜五福之字的名字比比皆是。在现代社会中,取此类名字的,农村多于城市,贫苦多于富裕。但显示富贵色彩和非常功利的名字已被人们视为俗不可耐,少人问津。愿望富贵的名字有广利、传富、富贵、永贵、得利、昌发、积宝、庆裕、昌贵、开富、厚福、生禄、有财、长盛、禄行、生金、富银、贝来、福根、裕丰、旺财、承裕、天禄、富祥、福山、来发等。

富贵是一对孪生兄弟,高贵的社会地位可获得荣誉和权利,得贵即富。故有反映盼望高贵地位的名字,如高达、荣贵、秉贵、新科、状元、殿魁、占魁、开榜、魁士、延魁、传魁、荣海、升相、得仕、宦联、官达、龙翔等。

32. 许愿威武法

以表示威武用字构成名字,一般为男孩专用的取名方法。在取名上,许多父母沿袭传统"男女有别"的习俗,希望男孩英俊威武,充满阳刚之气。其名形象生动,含义简洁明了,但比较传统,内涵相对颇为浅薄。如强、健、力、高、伟、大、彪、悍、勇、猛、刚、强、坚、毅、英、杰、俊、威、武、雄、豪、龙、剑、威、博、昂等字。又如期威、猛威、小雄、万里、江山、高山、大海等。

现代取名可结合传统理念,在组词上精心选字,精心组合,开创新风。如"成龙"一名,铮铮汉子,名如其人,呼之欲出。注意女子不宜。

33. 许愿美丽法

以表示美丽用字构成名字,一般为女孩专用取名方法。美丽妩媚、温柔多情、娴淑含蓄等含义字词是女性的象征,特别是关于容貌、姿态等都是女性名字的专用字,同时包括女性性格和品德特有汉字。能够反映和赞美女性之美、女性特点的用字很多,大致分两类:

(1) 带女旁的字,如女、嫣、婷、婉、娴、嫩、婵、如、妍、妩、妙、媚、娇、姣、娲、姬、胭、姻、娜、娟、娥、媛、妗、婧、娅、婵等字。

(2) 反映女性色彩的字和词。字有美、佳、丽、英、姿、容、淑、琴、艳、芳等;词有美丽、柔媚、嫣然、雍容、秀美、恬静、温柔、婉约、端庄、明霞、玉香、娴静、娴雅、婵媛、聪颖、聪慧、袅娜、娉婷、娇艳、灵秀、轻盈、清莹、清丽、冰清、玉洁、娇媚、倾城、倾国、闭月、羞花、沉燕、落鱼、亭亭、玉立等。

此类名字不宜男性,男取女名,给人以娘娘腔之感,严重影响形象,实不可取。

34. 许愿睿智法

以表示睿智的字构成名字。父母对于自己的孩子总是寄予莫大的期望,不论男孩女孩,无不盼其能够聪明过人,智力超群,因为智慧是一个人昌盛发达的基础,所以睿智入名,以祝愿孩子日后充满睿智是不少父母的心愿。如李敏,是毛泽东和贺子珍的女儿,毛泽东则以《论语》中"君子纳于言而敏于行"之句,取其敏捷、聪明之意。还有冯骥才、马思聪、傅聪、沈思明、张艺谋、王慧玲、张志哲等,皆为此类。许愿睿智聪明仍是现代人取名一大内容。

代表智慧的词很多,有睿诚、明睿、慧智、慧中、少聪、天敏、淑敏、敏雅、思聪、思哲、思远、清思、九思、文智、留睿、思懿、慧明等。

35. 许愿崇文法

以表示崇文和治学用字构成名字。旧时,平头百姓要想出人头地,只有科举仕途一条路,所以"唯有读书高"的观念深入人心。大部分父母都希望男孩能够奋发读书,榜上有名。现代社会,大部分家长仍对子女在学识渊博上寄于厚望,望子成龙,望女成凤。当然,更多的人则在治学的目的上有了进步,推崇知识就是力量。从古到今,文化名人取此类名字极多,不乏佳名。如古有文彦博、文林、孔希学、程端学、王文渊、司马才,今有沈从文、陆文夫等。还如成章、耕砚、彦博、文哲、博学、文博、文渊、文轩、文忠、希学、学远、英才、才章、哲文、宗文、以文、文清、希文等名字,都寓有这种思想和愿望。

36. 许愿尚武法

以表示尚武用字构成名字。希望男孩尚武也是我国取名一种风尚和习俗,自古有之。古有"好男不当兵"观念,如今军人成为好男儿的追求和偶像。特别是在八十年代,男孩取名"军"字风靡一时,造成大量重名。如连战、学军、军耀、精武、尚武、驰战、小兵、志将、华剑、学功、希武、崇武、喜武、成武、卫兵等。

37. 许愿敬贤法

以表示敬贤用字构成名字。一般以古圣和先贤作为仰慕的对象,并以其名或字入名。这是比较古老的方法,也是中国历史上一个重要的起名方法,至今仍然具有广泛的影响。在现代社会里,许多名人、明星等成为人们仰慕的对象,也成为人们取名的用字。这些"粉丝"通过名字表达对先贤的仰慕、学习、尊敬、超越之情,也希望对子女一生的事业奋斗起到重要的激励和鼓舞作用。

(1) 直接法。直接沿用前贤名字,以明确表示仰慕师法之意。战国蔺相如是"完璧归赵"和"将相和"的主角,千古留芳。汉代的马相如就是直接沿袭蔺相如。

(2) 加字法。取先圣前贤名中一字加仰慕字成名,一般中间加用字有梦、敬、仰、企、念、崇、慕、忆、思等。如述尧、祖舜、纪禹、念汤、景伊(伊尹)、尊尼、习孔、师孔(孔子)、宗孟(孟子)、仿吾(吾为管仲)、成朱(朱熹)、摹白(李白)、景飞(岳飞)、师黎(韩昌黎)等。

但是一般人很少会将自己与臭名昭著的历史人物联系在一起,起名如师纣、慕桀、景桧等。

38. 许愿耀祖法

以表示耀祖用字构成名字。光宗耀祖也是中国人的普遍心理。这样的名字不乏其例,如伍绍祖、汤显祖、吴念祖等,包括光宗、耀宗、敬先、继业、绍裘、显宗、光宗等。还有一种袭祖冀后的特殊习俗,如广嗣、裕孙、怡孙等名字。

39. 许愿立志法

即以表示抱负和志气的字词构成名字。这是一种对于本人最具有激励作用的名字,以名字鞭策、激励自己。老舍,原名舍予,意为"舍我其谁",以表明自己愿意无私奉献给这个多难的世界。这样的名字举不胜举,有自成、有为、敬业、集成、跃先、任远、拔群、志坚、志远、雄志、志强、凌云、思远、鹏举、鹏飞、奇志、思奇、惊天、伟民、世杰、少奇、世奇、世杰、骥才、国梁、世雄、邦柱等。

40. 许愿美德法

以表示美德用字构成名字。伦理道德在中华传统文化中占据着主导地位,儒家将道德至上作为传统文化的价值取向,并作为评价儒家学生的最高褒奖。旧时人物有立德、立功、立言的三立之说,而立德是最高一等,所以美德入名在历史上比比皆是,历久不衰。中华美德的内容很多,包括人品德行,气节操守,这是取名用字一个非常广泛的选择。

(1)德:即品行高尚。有曹孟德、刘玄德、朱怀德、刘德华、德邻、超德,单名为德也很多,如朱德等。

(2)仁:是儒家的核心思想,仁的境界很高,仁者爱人,甚至包括仁政。有薛仁贵、王守仁、李宗仁、马连仁等。

(3)义:即公正合理,包括义士、就义、聚义、结义等,民间十分推崇。如王义夫、成义、梁怀义、傅作义等。

(4)忠:即忠诚美德,也有忠厚之意。有国忠、世忠、植忠、自忠、忠惠、忠民等。

(5)孝:即善事父母,为晚辈对于长辈的道德准则,具有深厚的社会基础,最带有普遍性。如王孝和、宋孝华、孝儒、志孝、期孝等。

(6)信:即诚实不欺,遵守诺言,是朋友之间的道德准则。有王守信、韩信、张文信、陈信道、单雄信等。

(7)谦:即谦虚美德,是待人接物的道德准则。如刘谦、谦宝、谦之、育谦、康谦等。还有与谦意义略同的"敬"、"恭"、"钦"等字,如元敬、敬龙,然恭、恭明,华钦、钦梁等。

（8）俭：即克勤克俭的美德，为人们的生活准则。如俭福、俭西、崇俭、克俭等。

（9）善：即与人为善、助人为乐。如黄善治、杨善夫、刘源善等。

（10）和：即和谐美德，如李和、李玉和、陈和方等。

我国道德规范的字非常之多，其他还包括道、贤、礼、廉、节、贞、诚、修、励、楷、省、珍、德等道德范畴，如首道、敬贤、学礼、廉民、节国、和玉、文贞、瑜诚等。

崇尚品行是中华民族的传统美德，也是现代家庭生活和社会活动的准则，以德入名也是我国取名的传统方法，理应成为现代取名应该传承和借鉴的取名法。但是崇尚品行，提倡道德应该与时俱进，应该唾弃忠君、贞节等含有封建色彩的观念。取名时应该充分体现新时代的道德思想和观念，以此鞭策和激励自己不断向前，同时，更应该要在形式上进行创新。

41. 许愿建功法

以表示功业用字构成名字。建功立业是父母对孩子最大的祝福和期愿，也是为孩子从小树立的人生奋斗目标。如康有为、包起帆、陈建功、孙有功、孔立业、桑丰业、龙志瞰、石达开、蔡栋梁等名。

42. 许愿兴国法

以表示兴国用字构成名字。爱国主义是每个炎黄子孙心中一面旗帜，振兴中华是每个中国人神圣的历史责任。历朝历代爱国兴国、报孝祖国的名字很多，如安国、立国、振国、济国、忠国、定国、充国、建国、康国、兴国、国强、国栋、国昌、邦国、邦杰、兴邦、安邦、耀邦、振华、爱华、建华、兴中、匡济、振梁、济世、世昌、鼎华、振国、安世、振宇、振寰、兴华等。

但是这样的名字容易重名，此类取名时要精心"炼"字，取个洋溢着"民族"精神，又不落俗套，充满个性的大名。

43. 许愿爱民法

以表示爱民用字构成名字。这是一种体现民族大众为己任的宏愿大志的名字。有安民、济众、爱民、为民、泽民等名字。但这是比较大众化而易重名的方法，应敢于创新和标新立异。

44. 许愿追求法

以表示追求和理想用字构成名字。每人心里都有美好的理想和追求，这类取名特别体现出父母自己的情趣爱好，也是对小孩未来和爱好的设想。有些父母毕生从事某种职业，而且产生了极其深厚的感情，所以也会鼓励小孩朝相同的方向发展，甚至以此来满足父母自己未了的心愿。

但是父母取名时，不要太过份表现自己个人的好恶，因为你不知小孩日后性格、爱好、职业选择的发展趋势和变数。许愿追求的范围比较宽泛，或性格，或职业，或个性，不一而足。同时此类名字也是最能够体现个性的名字，颇为人们关爱。

（1）性格类

个人性格既是天生基因决定的，也是后天影响造成的，此类名字一般父母性格的烙印比较明显。个人性格丰富多彩，各不相同。人们一般喜欢选择良好的性格，排斥不良的性格（如内向、粗鲁、忧伤等）。良好性格有：

希望文静的，如李静、刘洁文、王雯静等；

希望活泼的，如宋快乐、钱三喜、刘欢等；

希望勇敢的，如杨志勇、吴猛超、王刚等；

希望坚强的，如李铁、范晓强、刘子坚、王刚等；

希望温和的，如辛和、姚可温、楚柔云等；

希望幽默的，如王乐天、莫之笑、默然等；

希望直率的，如贺友直、徐真等。

（2）职业类

许多人在取名时直接融入自己热爱的职业。如选择文艺方面的，有陈凯歌、李心歌、吴悦画、谢书怀、张学琴等；选择体育方面的，有刘好棋、庄泳、喜帆、天航等；选择经商的，有财茂、金山等；还有选择文化的，如沈从文等；甚至包括农业方面的，如爱农、庄稼、嘉耕等。魔术师莫非仙，名如其人，人、名、职业相辅相成，相得益彰，堪称绝配。

（3）个性类

追求个性的名字更是无奇不有，佳名迭出。如竹贤、菊隐、诗言、散木、李默、金谋、莫愁、从真、武斌、好问、在勤、镇恶等。尤其文化名人，如贾平凹，莫言等名，妙不可言，令人拍案叫绝。

45．特殊许愿法

各人的愿望形形色色，还有一些极特殊的愿望也会在取名时得以体现，而且这些名字往往充满新意，别具一格，令人回味无穷，不失为佳名。

（1）奇特类

奇特立异，使人耳目一新，如半斤、了翁、六龄童、萨空了、朱买臣等。又如醉字一般无人用来取名，然而沈醉一名，意味深长，令人叫绝。

（2）许愿生男

传宗接代和重男轻女是封建社会里一种旧思想、旧观念，所以人们总是希望家里生个男儿。如果是个男婴，则在名字上寓意多子多孙；如果是个女婴，则喜欢取个期盼下一个是男儿的名字。在旧社会，这样的名字非常普遍。如男孩名为连生、续根、继香、根宝等很多；而女孩名为招娣、来弟、改瑛、改霞、若男、亚男、次男等更为数不少。

类似名字大约到了七十年代开始销声匿迹。我国实行独生子女的国策，这种许愿的土壤消失,这样的取名法也逐渐式微。而表示男女平等的名字则出现,如一代乒乓名将李赫男、亦男、胜男等。

第三节 借 寓 类

这是一种借物寓情进行起名的方法类型。特点是必须借一个载体,寓以一种情趣志向,作为孩子出生的纪念;这其实也是一种特殊的愿望或纪念起名法。如借高山之形,隐寓崇高之愿、攀登之志;借大海之形,隐寓宽广之愿、上游之志;借龙凤之形,隐寓吉祥之愿、腾飞之志;借梅菊之形,隐寓幽然之愿、高洁之志;借金银之形,隐寓发达之愿、高贵之志,等等,不一而足。

这是人们常用取名方法之一,形象而含蓄,吉祥而自然。天人感应,天人合一,大自然里有取之不尽的名字元素。通过物体或喻志、或祈福、或猎奇、或求美,可以体现独特的审美心理。借寓的对象多样,上至天文地理,下至社会风物,一切皆可作为抒发情感,寓寄愿望的载体。寓情的手法多样,采用写生方法对实体进行描摹,可细描,也可写意,可正面,也可侧面。名字取得好,关键在于词汇的丰富与否和前饰字或后饰字,不要就事论事,见物不见情。

46.天象法

宇宙广大,气象万千,日月星辰,风云雷电,人们自古以来就喜欢以天象入名,如李宇春、王牧天、王化云、于笑虹、李四光、王军霞、范冰冰、潘虹、王震、李阳等。

自然现象之字极丰富,有我们常用的,如宇、宙、天、穹、阳、阴、日、月、星、云、晴、雾、霞、霄、烟、风、虹、雷、雨、光、冰、露、霜、雪、震、霆、雷、雯、霹、雳、雪、冰、凌、辉、晖等字,也有不太熟悉的,如霰、霭、霁、穹、霓、霏、霖、霈、霄、飓、飙等字。

以天象用字起名,不要集中在风霜雨雪大家熟悉和喜欢的自然现象,要努力开发其他气象,特别是开发新的配字(形容字、描写字),以显个性和新意。注意柔景字比较适合女性,如潘虹、林青霞、龚雪、冰心等。

47.山岳法

山景壮观,美不胜收,文化底蕴丰富。仁者乐山,以山取名,寄托志趣和情感。如王歧山、马占山、刘海峰、王昆仑、汪奇峰、杨峰剑、李秋山、李岚青等,数不胜数。

关于山及相关的字很多,有崇、脉、岳、峰、麓、脉、坞、谷、峡、崖、岭、壁、岚、梁、陵等,需要开拓开发。我国名山奇峰众多,许多名山还有不少的别名和雅称,甚至相关的名胜古迹文化典故都可成为我们取名的"字典"。以己家乡山名取之,最为个性,如陈独秀即以故乡小山独秀峰为名。

48. 江海法

智者乐水,许多人喜欢用水及有关字入名。带水名字有丁浩川、张泽业、刘镇河、于得水、马飞海、万里浪、王凌波、刘涛、王伯滔、蔡澜、李井泉、张恨水、流沙河、彭泽、范长江、陈东海等。有关水的字如洋、河、江、川、涛、流、波、浪、溪、泉、渠、曲、湖、池、潭、塘、海、潮、澜、泽、岛、港、滨、洲、滩、流、岸、堤、磅礴、瀑、漂泊、浩荡、浩瀚、潋滟、涟漪、荡漾等。特别是母亲河,载体越小越细越具体,就越有个性。郭沫若以家乡沫水和若水两江入名,形象独特,寓意深远。

49. 地象法

除了山水之外,人们也喜欢以与地象相关的字词取名,表示对大自然的敬畏和热爱。此类有高原、平原、丘陵、森林、草原、原野、大地、田、垄、堤、路、野、原、林、畴、地、途等字词。如李保田、秋野、茂林、碧野、高路、曹雪原、张之洞等。

50. 建筑法

人类创造的各类大小建筑,也常常被人们用来作为取名用字,如俞共城、郝志乡等。类似字有城、廊、关、镇、村、县、区、堡、府、乡、庄、都、厢、阙、亭、楼、厦、阁、榭、台、轩、坛、堂等。但须注意,一般以吉祥为主,避免那些人们习俗上难以接受的人工建筑,如坟、墓、坑等字。

51. 动物法

鸳鸯代表爱情,喜鹊寓意吉祥,虎豹象征勇猛,采用动物入名,历史悠久,并生生不息,或取勤劳,或取自由,丰富多彩,形神皆备,至今仍是人们喜闻乐见的取名方法之一。

(1) 神话动物法。许多神话动物,由于吉祥富贵,出人头地,为人们取名所喜爱。如龙、凤、麒麟等为众常用,成龙、王熙凤、王丹凤、彭玉麟等为人熟知。

(2) 走兽法。虎豹代表着威猛强健,符合人们希望抵抗灾病,牛马意味着勤奋前进,代表人们努力前程,虎、熊、豹、彪、牛、马、骥、骐、骊、兔、骅等常见于名字中。例如徐虎、林彪、王骊、高式熊、王浩骅、马骥等。

(3) 飞禽法。飞禽展翅高飞,自由自在,羽毛五彩,鸣唱动听,所以更加得到人们的青睐。此类字也多,如雀、鹤、鹗、鸿、燕、雁、鹰、鹏、百灵、画眉、杜鹃、鹦鹉、鸳鸯、白鹤、喜鹊、海燕、海鸥、鸽、鹅、孔雀、蝴蝶、莺、鸬、鸢、鸥、鹂等。名字有刘雁翼、陈鹤良、周瘦鸥、陈鸿武、陈雁、王小鹰等。

(4) 鱼虫法。鱼虫类字有鲍、鲲、蝉、蜂、蛾、蛙、蛰、鳐等,用以取名的如程绍蝉、王少蛾、陈鲲等。

此法须注意,一般以吉祥为主,避免那些人们习俗上难以接受的狼、猪、鸡、鸭、虫、蚊、蝇,等等。

52. 植物法

自然界的花草树木品种丰富,已被科学家确认的多达数十万种。植物都有一个优美动听的名称,具有比较强的表现力,所以我国历代风俗中就有用植物名称来取名的习俗。花草树木赋予世界灵性,它们使大地生机盎然,以其取名,使得人名也沾上大自然的灵气,洋溢着绿色和健康,给人产生回归自然之感。

以植物入名者,有以植物大概念树、花、森、林、木、草等入名,如殷如花、曹之森、王林方、牛得草等;更多的是绚丽多彩的具体品种,如唐玉莲、张桂生、张菊如、李梅、吴杏发等;也有以植物相关的字眼取名,如方冠群、沈蕾、朱一圃、林立果、佟之叶等。

(1) 树木法。树木有大家熟悉和常用入名的树品,如杨、松、枫、柏、柳、桐、桦、梧、槐、榆等;有不太入名的品种,如柚、椴、栗、橡、檀树等;也有大家不大了解的树木,如杜、楠、棣、柠等。以树取名不少,如李九松、曹之柏、白桦、彭雪枫、杨柳、钱文榆、王爱梧等。这是一种常用法,容易重名,而且名字大众化。

其实树品极多,还有许多大家不太了解的品种,大有潜力可挖。而且即使许多名树,它们如同山川一样,有许多别称,还有许多与其相关的特性和内涵,也可成为"他山之玉"。

只要你用心,推陈出新,就可脱俗重生。

(2) 花卉法。我国传统历来将梅、兰、竹、菊誉为"四君子",以此取名者众多。人们爱用名花比喻女性的美貌,尤其是兰花,如淑兰、春兰、兰香、秀兰、芝兰、兰芳、桂兰等,好听且高雅,但是严重重名,以致泛滥成灾,美名成俗名。中国有十大名花,各自都有不少的别称和美誉,如兰花有国香、王者香、香祖、贵兰、蕙、春兰(草兰、山兰)、夏兰(蕙兰、九节兰)、秋兰、建兰、寒兰、幽兰、墨兰(报岁兰、秋榜、秋香)等别称;有王者之香、众领群芳、天下第一香等美誉,都是开发美名,避免重名的方法。

解决办法,一是开拓:大自然还有无以数计的花卉品种,特别是花卉并非是女性的专利,尚有许多品种可以适合男性取名。二是挖掘:深入了解名花的特性和文化内涵,可以扩大以花取名的范围。三是修辞:在花的前装饰字上下功夫,以创造出更多更美的佳名。其他大家比较熟悉的,还有玫瑰、映山红、海棠、玉兰、琼花、迎春花、百合花、凤仙、茉莉花、石花、荷花、白兰花、米兰、珠兰、九里香、蔷薇、腊梅、桃花、樱花、海棠花、紫薇、芙蓉、木兰、合欢、丁香、结香、扶桑、郁李、梨花、银柳、木槿、隶棠、荷花等。

现在中国各城市都有市树和市花,采用市树或市花取名,既是借物寓情,又寓地名纪念,可谓一箭双雕。宜选择富有个性的入名,如山西晋城市的雪松,辽宁抚顺市的杏树,辽宁盘锦市的鹤望兰,四川宜宾市的黄桷兰等都是独一无二的市树或市花,皆不失佳名之源。但是许多城市的市树或市花雷同,国槐竟然成为包括北京在内 24 个城市的市树,而有三十多个城市选择了香樟为市树,全国超过 50 多个城市的市花都是月季花,如此入名毫无个性。

(3) 果蔬法。虽然以农作物和水果蔬菜取名不多,但时有人在。这里也可以用心大力开发。如李谷一、林豆豆、邵飘苹、胡瓜、徐榴、吴杏发、全修桃等。

53. 珍宝法

美玉珍珠质地坚硬,年代久远,价格昂贵,他们凝聚了大自然的精华,同时也代表着高贵的身份和高洁的品格,因此取名具有强烈的象征含义,借其美其质喻人品和身份。

珍宝类有很多品种。金属有金、银、铜、铁、锡等。美玉有玉、璧、玺、璞、环、珠、镯、琉、佩、瑶、璞、瑛、琦、琪、玛瑙、玖、玛、玮、玢、珂、珑、玲、珍、珀、玟、珉、玻、珈、珲、珙、珠、琅、琬、琼、琰、琛、琳、琨、琚、瑟、瑗、瑜、瑰、瑭、璋、璇、璜、璀、璎、璐、瓒等,其他珍宝还有珊瑚等。如陈钢、李铁、丁锡满、陆银生、王琦、虞小瑛等。

需要注意的是许多与美玉相关的字有一部分已经约定俗成作为女性的专用名字,但一些带王部首的比较中性,可以不分男女。

54. 物品法

(1) 乐器类。我国的民间乐器很有个性特色,如琴、笛、钟、鼓、筑、萧、笙、筝、瑟等,有人以此入名,如虞学琴,朴素大方;杜月笙、姚笛,潇洒飘逸;钱以钟,庄重大气;张萧天,昂扬神圣;王筝,高雅文气等。

(2) 文具类。还有以文房四宝笔、纸、砚、墨等文具入名,如廖墨香、陈砚秋、周笔畅等。

(3) 织品类。以绫、萝、绸、缎等纺织品入名,注意一般为女性专用,如陈怡绫、吕无绸等。

(3) 武器类。以剑、箭、炮、舰等,注意一般为男性专用,如丁剑文、张箭、闵和舰等。

(4) 闺品类。以胭、脂、膏、粉等化妆品,还有首饰、服饰等闺房日用物品入名,注意一般为女性专用。如杨玉环、红线女、林黛玉等。

55. 色味法

(1) 色彩法。大自然的色彩缤纷斑斓,美丽多姿,名字一旦有了色彩,也会熠熠生辉。各种颜色可以代表个性,容易抒发感情。

红象征热情、兴旺、健康,如陈红、林红汉、萧迪红、刘志丹等。

橙象征兴奋、活泼、艳丽,如许光橙、卞橙生、孔橙橙等。

黄象征光明、忠诚、温和,如戴黄河、竺叶黄等。

绿象征柔嫩、清新、希望,如尤绿盛、董飞绿、田翠云等。

青象征沉着、冷静、坚强,如田青云、王如青、江青等。

蓝象征怡静、明朗、凉爽,如赵蓝、姚蓝萍、钱怡蓝等。

紫象征豪华、高贵、典雅,如赵紫阳、余鹏紫、苏紫紫等。

白象征单纯、纯洁、坦诚,如李白、刘白羽、邱雪白等。

另外与色彩有关的字,如鲜、艳、翠、金、银、枫、雪、朱、碧、丹、彩、彤、赤、黛、玄、褐、皓、粉、皂、蔚、秀、美、丽、素、碧、绛等也属这一类。

以色取名容易重名,需要慎重。同时,也有不宜入名的颜色,如灰代表消极、萎靡、衰弱,粉代表幼稚、娇柔、妖冶,赭代表糊涂、邪恶、阴暗,黑代表沉寂、悲哀、恐怖等。一般比较艳丽的字多为女性之用。

(2)美味法。关于滋味的字词也有被入名的,有香、味、芳、芬、馥、馨、甜等,如王馥丽、陈美芳、宋馨昕、夏甜甜、李汝香等。但须注意一般芳香味类字为女性专用。

56. 音响法

如果说名中有色,具有视觉感和色彩美,那么名中有音,似是无声胜有声,给人以听觉感和音乐美。一种是由乐器引发的,如林月琴、金剑啸等。一种是由声调感受的,如杜一鸣、王大鸣、易吟、刘子歌等。如馨、音、乐、唱、曲等字,运用恰当,画龙点睛,可成佳名。

57. 方位法

即以方位名词构成名字。如毛泽东、孙中山、杨西光、施南池、吴冷西、徐北文、毛上文、徐向前等,名字中都有一个方位名词,大多数是将方位词嵌入名中。

58. 行为法

即以行为构成名字,表示人或事物的行为、发展、变化。一般指单名使用动词的,如陈来、李拓等。又如王进喜,进和喜都为动词。而在双名中,采用动词结合其他方法进行取名,可使名字产生动感。如李显龙,本来属于借寓法,借"龙"寓志,"显"字虽然为辅,但是起到画龙点睛作用。可以说,动词用得好,用得妙,就是一个佳名。

心理行为也属于此范围。此法取名,注意男女差异,一般柔情动字,如喜、爱、惜、念、惠、宠、怡等为女性多用。

第四节 字 形 类

字形取名法是一种以字形为特色的方法类型。主要是在字形上做文章,故名。汉字属于表意方块字,有一定的结构形式,可拆可减可加可似,一经变化,字形相似,但已成为另外一个字,不仅字形不同,而且字音和字义也就完全不一样。正是这种汉字字形结构的独特性,使对某些笔画进行变形,对笔画和部首进行增加减少,成为一种取名方法,而且可得美名。这种方法古人也偶尔为之:如伊尹、王匡。宋代颇多,清朝后渐盛。如宋人——陈东,清人——阮元。

其法有以下特点:其一以姓氏汉字为基点,对姓字进行拆拼加减,以其产生新字为名。其次所起之名,不似其他传统取名方法所起名字具有一定的内涵,可能没有完整的意思,某种意义上就是一种纯文字游戏,但不乏趣味性,在形式上别具一格,给人美感和艺术性,留下深刻的印象。这种以字形取名法,形式活泼,增加乐趣,恰当好处,天趣自然;切忌生搬硬套,否则可能弄巧成绌,适得其反。

59. 部首法

选择与姓氏部首相同的汉字取名。同一部首的汉字很多,所以选择余地很大,内容更为宽泛,但在整体上容易死板,取一个好名不易。如沙汀、洪汛涛、艾芜、汪洋、流沙河、沈润清、崔嵬、杨楠等皆为佳名。

60. 相似法

取与姓字相似之字为名。汉字中有许多字的形体相似相近,很容易混淆,如果巧妙运用会有意外的效果。如申由、王丰、陈阵、佘余、石右、古石等。一个字可能还会有多种选择,如戎戊、戎戌、戎成和田由、田甲、田申等。

此法还包括结构相同式,如品字结构的有聂晶,半包围结构的有包旬,全包围结构的有国园、上下结构的有吕炎昌等。

61. 加笔法

是在姓字上进行添枝加叶,增加笔画构成名字。此法灵活多变,独树一帜,引人注目,耐人寻味。如万方、尤龙、李季、王玉、王五、王匡等。

62. 加字法

在原来姓氏上直接增加一个汉字为名,分为同字和不同字两种,其姓名具有整体的形体美和结构美,令人容易产生美好的联想,如林森、魏巍、金鑫、石磊、马骥、曾增、于吁(于右任的笔名)等。

63. 减笔法

是将姓字减少笔画,取其字为名。如周吉、朱木、申中、米木、并开等。也有取其中某一部首的,如谭西、蒋夕、何可等。

64. 拆姓法

取姓字一半入名,如许午言、董千里、雷雨田、张长弓、何人可、李木子、林双木、杨目易、胡月、席广、陈东、林木、聂耳、张长、张弓、盛成、翁羽、罗维等。

65. 拆拼法

将姓字一拆为二,再合二为名,特点是其名相加仍可还原于姓字。这种方法简单方便,新鲜有趣。尤其左右或者上下结构的汉字可采用此法。如张长弓、李木子、吴天口、钟金中、岑山今、鲁鱼日、舒舍予、何人可、何可人、计十言、闻耳门、麻广林、贺加贝、岳丘山、黄共田、佟人冬、雷雨田、章立早、熊一能、武止戈、晏日安等。还有比较宽泛的,不是包括姓字全部部首的,如董千里,即不包括草字头。

有的汉字可有多种拆法,如王姓,可拆为王一土、王一士、王一川、王一干等。有的汉字可以拆姓为两名,如贺姓,儿子贺加,女儿贺贝,适合给双胞胎的取名。

不是所有姓字都适于采用此法,如孙姓,如果一拆为二就成了孙小子,实不可取。

还有一种非姓字的拆字组名法,而对另外一字进行一拆为二,如彭加木(架)、张方文(放)、李心田(思)等。

66. 合成法

选择一汉字,必须可以与姓字合成为一个新字,以此两字为名,别有风味。如田力男、白水泉、林木森、田心思、田竹笛、王人全、王文玫、高山嵩、林夕梦、马也驰、戈吉哉、牛文牧、金亦銮等。

还有一种合成法,对姓氏原字有加有减。如尤姓,其字减去三笔为一,加一撇又成龙,起名尤一龙,实属佳名。

第五节　词　性　类

这是一种按照汉语词性特点构成名字的方法类型,是一种特殊的取名法。汉字从词性上分类有实词和虚词两大类。实词表示实在意义的词,有名词、动词、形容词、数词、量词、代词。虚词则不表示实在意义而表示语法意义的词,有副词、介词、连词、助词、叹词、拟声词。

中国人名都有实在的意思,所以大部分用字都是实词,而且大部分用字又是名词、动词和形容词等,但是也有许多名字采用数词、量词和代词以及没有实际意义的虚词。虚词主要在形式上对名字作调节,使得名字具有变化之美,从而产生特殊的风格和效果。比较常用的虚词有可、以、若、斯、也、哉、之、然等,入名现象屡见不鲜。

但是也有如下缺陷:首先选择余地不大,容易重复;其次语义的广度和深度受到一定的限制;还有不利于提高名字的文学性和艺术性。

67. 数词法

即以数词构成名字。数词是表示事物数目的词。数词具有其他汉字所没有的独特优势,在姓名中恰当使用数词,可以收到特殊的效果,使姓名产生生动活泼的表现力,能够发挥一般词字所不可替代的作用。也有取数字的吉祥含义,如五、九、万数。利用数字取名始于春秋时期。吴王女儿名字为二十。后来吴国人为了避讳,就把二十念成"念"音,也成为了今天吴地的方言。此法宋代一度盛行,艺人、商人、农民、渔夫等都有带数之名,如刘十二、王十九、周三、黄十娘等。明清以后,官吏多采用此法取名。封建社会下层妇女都以数取名,如刘一娘、孙二娘、扈三娘、叶四娘、邵六娘、梁十一娘等,现在已无人再用。

古今名人以数入名例子极多:

一:有李谷一、赵一曼、瞿一鸣、闻一多、杨贯一、陆定一。

二:有阮小二、王小二、李双江、安二子。

三:有钱三强、李立三、马三立、张三丰、吴三桂、沈万三、刘三姐。

四:如许四海、潘四喜、李四光、常五四。

五:如王云五、阮小五、魏五烝。

六:如谢六逸、六龄童、晋贤六。

七:如阮小七、蔡七、向七奇。

八:如秦八一、冯八仙、邓庆八。

九:如李九松、李九汝、曹颖九。

十:如程十发、杜十娘、梁逢十。

大数入名则更多,

百:如黄百谷、徐百川、袁德百。

千:如沙千里、张大千、吴千。

万:如胡万春、张万年、苏达万。

亿:如王同亿、李亿新、楚亿亿。

兆:如李万兆、王兆国、包文兆。

68. 量词法

即以量词构成名字。量词是表示事物或动作单位的词。用其取名者极少,但也不乏个例,而且别具一格,极有个性。如著名书画家王个簃、著名相声表演家李金斗等。

69. 代词法

即以代词构成名字。代词指人称和事物,分别有:

(1)第一人称。有我、吾、予、余、己、臣等字。如朱镜我、费新我、冯从吾、陈吾德、范启予、舒舍予、李正己、段克己、田德臣等。

(2)第二人称。有汝、尔等字。如许汝霖、田汝成、赵尔丰、贺尔康。

(3)第三人称。有他、她、伊、其、友、君、宾、伯、仲、叔、公等字。如郑如伊、董其昌、何其芳、赵雅君、范友梅、李延宾、陈伯达、周公勤、王叔相等。

代词取名法的缺陷是选择余地不大,容易重复;语义的广度和深度受到一定的限制,不利于提高名字的文学性和艺术性。

70. 疑问词法

即以疑问词构成名字,将名字设计成一个问题,发人深省,意味深长,颇受人们欢迎。

根据疑问词在姓名中的位置分为:

(1) 姓氏字。中国有些姓氏本身具有疑问词的词性,这给这种取名法以得天独厚的优势,有胡、何、安、焉、奚等字。如胡安国、何启志、安治学、奚作美、焉以谢等。

(2) 名前字。有时也需要借助于姓氏的谐音,这样的名字很有风格。如魏谁雄、邵焉天、明孰非、史安在、王安石、林何美等。

(3) 名后字。用作名的末字,一般采用"何"字居多。如姚望何、夏梦何等。

71. 副词法

即以副词构成名字。一般都与其他词类搭配,单独使用很少,用得恰当和巧妙,也可成为佳名。副词有很、极、太、已、将、要、都、全、总、只、仅、不、岂、又、再、还、仍等。这些副词有的人名中常常见到,有的难得一见,如陈再道、王又谦等。

72. 介词法

即以介词构成名字。介词是表示词与词,词与句之间的关系的虚词,性质和作用基本和副词相同,如章乃器、茅以升,堪称介词取名法的佳作。一般介词有从、往、在、当、把、对、同、为、以、比、跟、被、向、朝、为、于、因、乃等字。

73. 连词法

即以连词构成名字。连词是起连结作用的虚词,有和、及、或、又、既、与、如、亦等字。连词入名的有汪和祁、林因、李玉如、罗亦农等。

74. 助词法

即以助词构成名字。助词是附着在别的词后面、独立性差、无实义的一种特殊的虚词,包括结构助词、时态助词和语气助词。如的、着、地、得、所、了、过、啊、吗、呢、吧、呐、呀、了、么等。其字极少,也少有人入名,具有一定的难度。要注意语境,不同的语境其词性不同,如"得",可以是结构助词,也可以是动词。而"之"字,一般使用频率比较高,如王羲之、王之玺等。

第六节　修　辞　类

修辞型取名法是一种以修辞手法构成名字的方法类型。

修辞方法很多,能够适合取名的方法不多,而且取名者需要一定的文化功底,所以要慎而用之。但是以此法取名,不仅极具雅趣,还颇有创意,如果恰到好处,绝对是个与众不同的佳名。

75. 对比法

即以对比修辞方式构成名字。对比,是把具有明显差异、矛盾和对立的双方安排在一起,进行对照比较的表现手法。运用这种手法,有利于充分显示事物的矛盾,突出被表现事物的本质特征,加强名字的艺术效果和感染力。

这种手法可以突出好与坏、善与恶、美与丑的对立,给人极鲜明的形象和极强烈的感受。采用此法取名首先应选准角度,构成矛盾;其次统筹安排,矛盾统一;还宜深化内涵,增加情趣,以奇制胜,并富有一定的哲理。如成方圆、张经纬、谢雪红、闻一多、茅盾、鲁迅、张弛、艾兴、徐速、甘苦、沈浮、夏凉、沈柔坚、宗文武、刘雪红、陈亦新、韩暑、徐速等皆用此法,也皆为佳名。

76. 双关法

即以双关修辞方式构成名字。利用字或词的多义及同音(或近音)条件,言在此而意在彼,有意使语句有双重意义,就是双关。双关堪称一箭双雕,使得姓名可以表达两种不同的语义,可使名字显得含蓄、幽默,而且能加深语意,给人以深刻印象。

(1) 字义双关。汉字有不少字具有一字多义的现象,其名字即取其字两种字义表示双关含义。如杨非雪:其"非"字一是否定,二表示不再是,所以名字具有两种不同的含义。一表示杨花不是雪花,杨花是春天的象征,雪花是冬天的象征,所以二是表示春天来了,不再是寒冬。

毛岸英妻子刘松林,毛泽东给其写信称其为"思齐"。思齐是刘松林父亲所取,她曾自己解释道:这个名字是双关的,除了山东的含义,还有取义于成语"见德思齐"、"见贤思齐",即要向德行高尚的人看齐。

(2) 象征双关。有些汉字除了字面意义,还有一定的象征意义。如冯毅之,"之"字的字义是代词,可以表示遇到困难应该以坚韧的态度对待之。同时之字的字形,又可以象征着弯弯曲曲之路途。如巴金,巴既指人物巴枯宁,又指巴山;金既指克鲁泡特金,又指金沙江,所以其含义一是崇尚这两位思想家,二又是指留恋自己家乡巴山蜀水。

(3) 成语双关。一些特定的成语,不仅有字面上的意义,而且还有深一层的寓意。如人名"华而实",一看取之成语华而不实,弃去一字,意思便完全不同,表示既有春华,又有秋实。但它还有一个深一层的寓意:成语"华而不实"意为徒有虚名或者哗众取宠,而"华而实"反其道而行之。

(4) 谐音双关。如艾思奇这个姓名,主要在谐音上,一看就有双重意思,一是艾,谐音爱,思想上奇异,即是喜爱在思想上标新立异。二是思代表马克思和恩格斯,奇代表伊里奇列宁,也就是寓意信仰共产主义。此法需要一定的文化底蕴。如果意义上明暗脱节,字面寓意不合,让人难解其中联系,难辨双关味道,这样的名字也就索然无味。

77. 回文法

即以回文修辞方式构成名字,也叫回环,是把相同的词汇或句子,在下文中调换位置或颠倒过来,产生首尾回环的情趣。回环运用得当,可以表现两种事物或现象相互依靠或排斥的关系。正读、反读都成文章。妙处全部藏在倒读中,回环研诵,妙趣横生。

采用此法需要注意,姓字必须形象具体,语义明确;宜是名词,还有动词、形容词;姓名结构宜以动宾结构。如王人美,倒读美人王,江映山也可山映江,方正平也可平正方。还有钟长鸣、黄百谷、闻一多、马天来、许如清等。

78. 叠字法

即以叠字修辞方式构成名字,又称叠名。采用叠字法所取名字,在语音上和谐悦耳,节奏明朗,韵律协调,具有抒情达意的形象性,因而可以增强名字的艺术魅力。但也有弊端,常常被人疑为小名。若是用字不当,极易重名,也须小心。如李双双、沈薇薇、唐非非、谭琴琴、韩鹭鹭、李媛媛、郭晶晶。

据考证,此法始于唐朝,首先是在歌楼妓院里流行,之后在社会上传开,以致传入皇宫深院和富家深闺。如宋代名妓李师师、明木吴三桂小妾陈园园等皆名噪一时。现代社会,起叠名的日趋增多,一般以女孩子居多,男孩也时而可遇。叠名令人深感孩子父母的舐犊之情,尤其女孩极富女性美,如男孩叠名用字恰当,也常给人以可爱亲切之感。但是此法也有一定弊端,应充分考虑到小孩日后的性格发展以及行业性质,如一性格内向,沉默寡言先生,其名某乐乐,总给人不适;又如日后涉足政界,以某宝宝之名,似乎不登大雅之堂。特别是有些叠名,到了七老八十之年龄时,实令人感到滑稽。

79. 谐音法

即以谐音修辞方式构成名字。汉字具有一字多音和一音多义的特性,所以在名字的读音上,容易造成向另外一种音同意异的名字倾斜。有人则主动采用这种汉字的特性进行取名,从而使得姓名产生辞趣。这里主要指名字上的谐音,如马辛(谐音新)衣、史敬敏(谐音民)、李公朴(谐音仆)、邓戈明(谐音革命)等。

谐音修辞是把"双刃剑",妙则天趣横生,差则贻笑大方,稍不注意,极易出现不雅不吉的谐音效果。如王寿忠这样的名字,从许愿型角度来看,体现了名主具有长寿和忠君之愿,但是从谐音角度来看,却成为了"寿终"之意。所以对于谐音后会产生异义的称呼,一定需要慎重和讲究。

第七节　文　学　类

文学是一定的社会生活在作家头脑中的反映,多元化的文学体裁给取名提供了内容、字词和方法,富有艺术生命力。运用诗词、成语、名言起名,不但能够体现中华民族文化的瑰丽,又能够使名字雅俗共赏,意味深长,给人留下深刻的印象。

80. 诗词法

即用诗词中词句构成名字。中华诗词是我国文化瑰宝,尤其古典诗词,词精句丽,寓意深刻,出语隽奇,怡人耳目。诗句入名是取名中极有特色方法之一,含蓄、典雅、富有艺术感染力。中华诗词包括古体诗(《诗经》、楚辞、汉赋、汉乐府、南北朝民歌等)、唐诗、宋词、散曲及历代优秀作品和新诗,数以万计,浩如烟海,是取名取之不尽,用之不竭的宝藏。历史上许多名人,特别是文人都喜欢从古诗中摘句。在词曲中用典进行取名,已经成为我国取名文化一大传统和特色。诗词入名典雅工巧,韵味,意味深长,文气高雅,而且不易重名。

如胡乔木,出于《诗经》"出自幽谷,迁于乔木"。著名的《楚辞》专家文怀沙,取《楚辞》中的一首《怀沙》为名。"雨巷诗人"戴望舒,原名戴朝宗。望舒取自屈原《离骚》:"前望舒使先驱兮,后飞廉使奔属。"望舒即神话中驱月驾车的神,后来成为月的代称。

许多文化名人的名字都是出自于唐诗宋词。冰心摘之唐诗"洛阳亲友如相问,一片冰心在玉壶"。刘白羽,出自唐代卢纶的《塞下曲》:"平明寻白羽,没在石棱中。"《红楼梦》里的宝玉、宝钗的名字也均来自唐诗:"此乡多宝玉"和"宝钗无日不生尘"。张恨水名字来源于李煜的"自是长恨人生长水东"一词,寓意珍惜时光自勉。还有曹雪芹——语出苏东坡的"泥芹有宿根,一寸蹉独在;雪芹何时动,着鸠行可脍"。

以新诗摘句入名也大有人在。如青年作家孙树淦,其处女作笔名"莫伸",取自陈毅元帅的诗句"手莫伸,伸手必被捉",既表示对陈毅同志的敬重与钦佩,又是对自己的警戒与激励。

以诗取名有很多方法:

(1)取自诗名。如《诗经》的第一首《关雎》,关姓的可取名为关雎。

(2)取自诗句。如《诗经·车辖》中,"高山仰止,景行行止",可取名为李景行。

优秀的诗作取名选择余地很大,如《春江花月夜》是中国唐代诗人张若虚的作品,历代被誉为千古绝唱,短短的五十多句中,几乎每句都可以选择数个佳名。

如首句"春江潮水连海平",即可选择春江、江潮、水连、连海、海平等为名。如末句"落月摇情满江树",月摇、摇情、满江、江树皆可入名。

以诗词取名不易,需要较深的文化修养,需要一定的国学基础,但它也是极好的改名方法。随着我国社会主义建设事业特别是文化事业的发展,民族文化水准逐渐提高,人们将会更加喜欢选择词章中的字意取名。只要我们多做有心人,多翻阅古典诗歌,就能找到针对个人特征的、恰如其分的诗句,给孩子取个美名。

81. 成语法

即以成语或其内容为基础构成名字。

成语是汉语词汇中的一部分定型的词组或短句,有固定的结构形式和固定的说法,表示一定的意义,在语句中是作为一个整体来应用的。汉语历史悠久,成语特别多,这也是汉语的一个特点。成语大都有一定的出处,在语言表达中有生动简洁、形象鲜明的作用,所以具有成语含义的名字同样发挥了成语的特色和作用。据统计,我国现有 17 000 条成语,是取名用字丰富的宝库。成语在长期生活中约定俗成,广泛流传,寓意深刻,含蓄隽永。所取名字朗朗上口,具有观赏价值、实用价值和审美价值,给人以美的享受。有些姓名就是一个成语,虽然少了一字,丝毫不影响原意,反生天趣。

成语取名注意做到一目了然,不要产生歧意和误解;要大众化,且要有积极意义。

(1) 连姓法。以此方法取名时,不是所有姓氏都可采用,只有恰当的姓氏才能取得恰如其分的效果。例子很多,如:

叶知秋——一叶知秋	安思危——居安思危
程万里——鹏程万里	方净土——一方净土
周而复——周而复始	马成功——马到成功
任人贤——任人唯贤	万众一——万众一心
成方圆——不成方圆	万籁鸣——万籁俱寂

(2) 纲目式。成语在语言形式上,几乎都是约定俗成的四字结构,一般字面不能随意更换。但中国人名绝大部分是三字形,如果除了姓字(其实连姓法的成语,已经去掉了一字,所以实际上属于简缩型),名字只有两个字,所以一般去掉成语中无关紧要的二字,但即使取两字,仍可清晰保持成语原来面貌,所以属于纲目型。

这种方法往往是对于姓氏没有严格要求,主要是在名字中体现原来成语的内容,虽然只保持两字,但不会影响原来成语的内容。

刘海粟——苍海一粟	陈思源——饮水思源
周弘正——弘扬正气	唐力行——身体力行
王任重——任重道远	王凤麟——凤毛麟角

文质彬——文质彬彬   方可畏——后生可畏
苏步青——平步青云   宋世雄——一世之雄

(3) 谐音式

这种方法与第一种方法相比,是采用姓氏谐音字代替原姓字,虽然此字不是彼字,成语意义不变,无需解释,反而别有风味。同时也是属于修辞法。

有姓氏谐音:如钟志城——众志成城   刘青山——留在青山在
                  邢成思——行成于思   方未然——防患于未然
有名字谐音:如高建岭——高层建瓴   任柏年——十年树木,百年树人

82. 名句法

中国传统文化给人们留下许多箴言、短语、警句、格言、座右铭等名句,这些名句短小精悍,言简意赅,富有哲理。以此取名,佳名迭出,例子举不胜举:

姬鹏飞——取于《庄子》大鹏展翅飞万里。

陶行知——取之"行而后知,不行便不知"。

胡适——取于达尔文"物竞天择,适者生存"。

蔡经国——语出《典论·论文》"盖文章者,经国之大业,不朽之盛事"。

沙千里——语出唐韩愈《杂说·马说》"古之有千里马"。

欧阳修——语出儒家的名句"修身齐家治国平天下"。

83. 典故法

即以历史典故取名的方法。人们习惯把古文的一些脍炙人口的故事称之为典故。典故由来已久,最早可追溯到汉朝,包括成语典故、历史典故、文学典故及文化典故等。由于典故具有表现力,在有限的词语中展现更为丰富的内涵。化典入名,既可以增加韵味和情趣,也可以委婉含蓄,避免平直,文学色彩更显浓郁,具有极大的生命力和艺术感染力。

运用典故是我国的文化传统之一,它也是提高名字的文化素质和审美素质的重要途径之一。历来文人都喜欢在诗文词曲中运用典故,当代不少著名文人也在起名时巧用典故,对这种方法的运用起到了有力的推广作用。随着人们的文化水平的不断提高,这种方法越来越为人们接受和欢迎。利用典故命名,区区三二字,可起数百字的效果,有"四两拨千斤"的功效。为人父母者在给孩子起名时应充分考虑到这种可能性。

如朱自清之名出自《楚辞·卜居》中的"宁廉洁正直以自清",表明自己要做一个清白自尊的人,以廉洁正直自律。的确人如其名,朱自清一生正直清白,特别是晚年贫病交加,但宁肯饿死也拒不食用美国兵从飞机上空投的面粉,保持了一个中国人的民族气节和骨气。刘白羽,"白羽"出自唐代卢纶的《塞下曲》:"平明寻白羽,没在石棱中。"白心杆上带有白色羽毛的箭,这里是指能射穿青石的利箭,表现出强

劲的力量。楚图南先生的名字出自《庄子·逍遥游》：大鹏由北冥飞，"绝云气，负青天，然后图南，且适南冥也"。"图南"表示既定远大目标。林竹风则取之于竹林七贤典故。马三立，语出《左传·襄公二十四年》"太上有立德，其次有立功，其次有立言，虽久不衰，此之谓不朽"；著名大画家程十发，程为古代度量名，十发为程，十程为分，十分为寸，用典堪称典范。

采用典故取名方法一般有两种，或者说典故化名存在两种倾向。

（1）借典用故，强化原意。即用其本意。如孟浩然，羊士谔、王朝闻、朱自清、胡乔木等，典故本身就表达了主人想要表达的思想、涵义。如唐代诗人孟浩然的名字出自《孟子·公孙丑》中的"吾善养吾浩然之气"。浩然之气指纯正博大而又刚强的气质。如朱自清之名出自《楚辞·卜居》中的"宁廉洁正直以自清"，表明自己要做一个清白自尊的人，以廉洁正直自律。摄影家张朝闻，朝闻先生的名字出自《论语·里仁》："朝闻道，夕死可矣。"意思是早晨闻知真心以拼死的精神来求得真理。胡乔木，"乔木"出自《诗经·伐木》："出自幽谷，迁于乔木。"乔木是指树干高大的松、柏、杨、白桦等树，这些树木都象征着顽强的意志、高尚的人格。

（2）借故发挥，赋予新意。即借"典"发挥，赋予新意，或者是旧词新用、反用。如未央、邓散木、王任重等。典故则是通过"再用"，即引申后表达主人想要表达的思想，体现了主人的价值导向、人生观、世界观、处事态度和事业取向等问题，耐人寻味，含蓄深远。

这两种倾向的立意不同，侧重点不同，但表达效果是相同的。如"乔木"一词在典故中的立意是高大的树木，用在名字中引申为高大的人格。再如"散木"在典故中的本义是无用之材，主人以散木为名则表现出谦逊、积极进取的美德，是个性的自然流露。此法必须要准确理解有关典故的正确含义和使用方法，避免用错，用偏，产生笑话，影响意思表达，所以具有一定的难度。很多典故，虽然大家用惯熟悉，但往往有些知其然而不知其所以然。所以在运用典故取名时，一定要注重典故的典源和释义，注意不要闹出笑话。

84. 名著法

在文学名著中，作家们创作的艺术典型，形象生动，意义非凡，而且名字也取得独特，为人的性格增加了艺术魅力。由于作家文学素养高，思路比较宽，所取名字有特色有新意，是我们实际生活中取名值得借鉴的榜样，我们可以在名著佳作中找自己喜欢的名字。

中国四大名著中有许多人物，名字丰富多彩，起名方法也是五花八门，个个都是好名字，而且形象生动，名如其人，是我们学习起名的好参谋，也是起名的典范。

如琼瑶的笔下，名字如若兰、若素、若梧；金庸笔下，有令狐冲、岳灵珊、司容玄。

阅读名著,我们可以借鉴其取名方法,扩大思路,增加姓名的文学性、生活性和艺术性。同时,不少名著中的名字独特,而且在现实生活中很少,可以直接用来取名,或者换上自己的姓也无妨,借以提高知名度。

第八节　连　姓　类

是一种以姓为前提和基础,取与姓有连续关系之名的方法类型。

汉字具有字形、字音、字义三要素,连姓法特点是,必须姓氏和名字,或在字形上基本相似(见字形法),或在字音上有所相关,或在字义上连贯一体。

中国人取名一般而言,姓与名是没有关系的,一般习惯撇开姓氏,单独考虑名的意义。但是由于姓氏是代表血脉关系,宗法关系和家族关系,而且是一个人的姓名中不可或缺的元素,所以有人围绕姓氏为中心,也创造了许多取名方法。

由于姓氏其本身是汉字,也有汉字的功能,所以可以从字音或字义上将姓名连接起来,构成一个完整的概念。如果构思巧妙,姓名搭配浑然一体,紧密相连,直接形成一个词,一个成语,甚至一个简缩语,使姓名产生一种特有的意义和内涵,寓义深刻,富有哲理,回味无穷。

这种取名法有的并无丝毫的内涵,但是好玩,生动活泼,增强了姓名的趣味性,具有感染力,有节奏感,富有变化,令人影响深刻,而且便于记忆。需要特别注意的是,此法也特别容易重名。

一、字(词)意连姓

85.　词组法

姓名直接构成一个词组,词义一目了然,搭配巧妙,自然成趣。如马达、文章、方向、方针、周围、周密、严谨、安静、章程、谢恩、常来、夏天、高原、田间、丁香、沈阳、边疆、温泉、曲折、叶子、白杨、和平、高山、蓝天、杨柳、雷达、严肃、戈壁、郑重、黎明、牛群、田野、金山等。

组成后的名字通常是一个独立的,常见的,有特定意境的词语。其优点是搭配巧妙,连贯通畅、意义明确,印象深刻,容易记忆。但也有缺点,在特定的文境里不易分清是词语还是名字。由于是单名,很容易重复。

86.　连义法

中国的姓氏80%有字义,而且很多姓氏都有同音字,如果搭配得当,姓也会使得普通的名字顿生光彩。最重要的是要自然。

连姓为义古已有之。唐朝有安如山、王佐才。明朝有陈王道、张思维、吕调阳、马负图、镜新磨、罗衣轻、云朝霞,明末有王者师、席上珍、温如玉、万象春、莫如忠、古之贤、高之危、龙在田。现代单名有:张弓、胡适、方圆。

姓名就是一个短语,用得恰当,形象高雅,不落俗套。如水姓,水与天相关,取名水天一,此名充满诗情画意,更令人联想起《腾王阁序》里的名句"落霞与孤鹜齐飞,秋水共长天一色"。

(1)顺连型:表示因果或顺向发展的事物,如苗得雨、梅傲雪、颜如玉、成方圆、马识途、江中流、燕南飞、贺新年、牛得草、江问鱼、骆耕漠、凌万顷、黄河清、安如山等。

首先要注意关系一定要密切,不要与姓连不起来,甚至莫名其妙,如取名牛识途,就不合常理。其次可以充分展开联想,如江与山不仅关系密切,而且想象余地很大,可以派生出更多的佳名,如江照山、江含山、江碧山、江怀山。此法既可以明联,也可暗联,如江碧青。又可以谐音连意合而为一,如江尚云(谐音江上云)。

(2)相对型:表示相互矛盾的事物,如茅盾、鲁迅、黄河清、牛敏捷等。

(3)并列型:表示同一类事物,要求姓氏字要有具象,三象之间必须有一定的联系,一般表示具体事物的名称。如梅兰芳、方正平、江海洋、杨柳松等。

(4)同义型:即同义反复,如程十发(古代度量名称,一程为十发),还有徐迟、朱彤。

二、字(词)音连姓

谐音取名,早就有之。《红楼梦》作者曹雪芹就是利用谐音取名的高手,在书中将此发挥得淋漓尽致。如秦钟(谐音情种)、冯渊(谐音逢冤)、詹光(谐音沾光)、卜固修(谐音不顾羞)、卜世仁(谐音不是人)等。

此法别具一格,含而不露,要有积极意义。由于多音字不止一个,注意区别和选择。如薛,谐音字有雪、学;钟则更多,有中、重、仲、众、忠。一目了然,不要产生歧意和误解。切记避免谐音不雅,如吴礼,谐音无礼,不可取。

在采用连姓取名法时,一定要注意"姓氏"字的特殊现象。

如汉字双音现象,即一字不仅两种读音,而且两种姓氏,如:

乐(le)(yue)、覃(tan)(qin)、隗(kui)(wei)、镡(chan)(tan)。

如同音不通用的姓氏:如萧18画——肖9画。

如没有繁体字的姓氏,如:

向6画、范11画、沈8画、志7画、丑4画、朱6画、燕16画、郁13画、云4画。

如二合为一的姓氏,如:

种(9画)、種(14画),種已简化为种,但不是种的繁体字;付(5画)、傅(12画),

傅已简化为付,但不是付的繁体字。

87. 姓氏谐音法

有些姓氏可以谐音转化为他字,与名搭配组合,引伸姓名所含的特别意义,这要比直接法更加富有情趣。比如何平(谐音和平)、殷乐(谐音音乐)、盛利(谐音胜利)、魏民(谐音为民)、易力(谐音毅力)、程名(谐音成名)、刘青山(谐音留青山)、宋太平(谐音颂太平)、谭天地(谐音谈天地)、艾农(谐音爱农)、龚休戚(谐音共休戚)、薛中晴(谐音雪中晴)、何思海(谐音河思海)、朱满庭(谐音珠满庭)、吴畏(谐音无畏)、李貌(谐音礼貌)、杭天(谐音航天)、闻雅(谐音文雅)、邓九峰(谐音登九峰)、武岳(谐音五岳)、潘峰(谐音攀峰)、江不凡(谐音将不凡)、宗臣(谐音忠诚、忠臣)、李志(谐音立志)、焦友(谐音交友)等。

还有许多姓氏可以开发,如赵(谐音照)、吴(谐音无)、潘(谐音盼)、郑(谐音正)等。有些姓氏语义不明确、不具体、不易把握,要谨慎小心,不要弄巧成拙。

88. 姓名谐音法

即姓和名全部谐音,直接表达取名所含的特别意义。如闻仁(谐音文人)、梁新(谐音良心)、庞博(谐音磅礴)、盛青(谐音盛情)等。

也需要注意产生不良谐音的,如侯岩(谐音喉炎)、于刚(谐音鱼缸)、姚培谦(谐音要赔钱)等。

89. 姓名同音法

以与姓氏汉字同音字取名,往往含蓄委婉,奇妙有趣,耐人寻味。如杨扬、汪旺、曹操、魏巍、韦唯、林琳、沈申、金今、钱前、邱秋、任仁、陶涛、韦苇、田甜等。

第九节　排 行 辈 分 类

90. 排行法

即以表示排行用字构成名字。我国古代非常讲究封建传统礼制,家庭中兄弟姐妹处事为人必须依长幼次序,即使取名也要讲究排行。表示排行的用词很多。排行法要早于辈分法。新中国成立之后,特别是在我国推行"独生子女"政策以来,这种方法也就基本消亡。

(1) 传统用字。我国古代传统兄弟排行次序用字以伯(或孟)、仲、叔、季为序。嫡长为伯,庶长为孟。老大:伯、孟——蔡伯喈(蔡邕),孟仲法、班孟坚(班固)、刘伯温、陈伯达、陈伯吹等。老二:仲、叔——仲尼(孔子)、王仲仁(王充)、孙仲谋(孙权)、唐朝诗人钱仲文(钱起)等。老三:季——贺季真(贺知章)、王季凌(王之焕)、薛季勇等。

（2）汉代排行字

汉代以后，增加的排行字有元、长、次、幼、稚、少。如三国夏侯渊的五个儿子名字排序为：

夏侯和，字义权；夏侯霸，字仲权；夏侯称，字叔权；夏侯威，字季权；夏侯惠，字稚权。

（3）数字排序字

在家族中同辈排序时，采用数字取名，这在唐朝盛行。如李白又名李十二，白居易名白二十二，欧阳修名欧九，数字就像一根红线串起颗颗玉珠，名字生动活泼。

（4）其他用字

以礼仪为序的有仁——义——礼——智——信；以季节为序的有春——夏——秋——冬；以动物为序的有龙——虎——豹——彪；以植物为序的有梅——兰——菊——竹；以金属为序的有金——银——铜——铁；还有冠、亚、季；文、武；福、禄、寿等。

91. 范字法

又称辈分字取名法，即在辈分范字为基础上加字构成名字。

（1）辈分法的作用意义

辈分字起名法，又称辈分名，字辈谱。范字、族名、谱名、昭穆字派、字派、行派、行第、派序，主要用以表明同宗血缘秩序的命名序列，是一种最具中国特色的民间起名法，也是融众多方法的一种综合法，为我国姓名文化中的重要组成部分和重要习俗，在中国历史上影响最大，范围最广，时间最长。

所谓的辈分法是按照辈谱取名，起名时必须加上表示辈分的字。所谓的辈谱字，是各家族的祖宗为后世几代甚至几十代子孙规定好的，一辈一字，世代相传分明，不致混乱。我国封建社会十分重视人的血亲关系，不管帝王将相，还是平民百姓，从一降生就受到族权的制约，而辈分字谱就是用来辨明同宗家族世系血缘远近的辈分。如果是男子，甚至死后还要载入家谱，但是女子的名字是不入家谱的。同一家族的人，只要听到对方的名字，就可以十分清楚地知道对方与自己的关系。辈谱字完全适应了以血亲为支柱的中国宗法社会的需要，所以必然受到统治者和老百姓的青睐。辈谱字对于理顺整个家族或者家庭的血亲关系，具有非常奇妙的无可替代的作用。

在古代，一个家族的成员在起名时，必须严格按照家谱的规定选名用字，如果不按家谱起名，则被视为大逆不道，不孝之子，等于脱离了家族，因此，形成了一套比较完整的按照辈分来命名的传统习惯。由于辈谱符合封建王朝的礼教和孝道，所以历代封建统治者莫不大力提倡和推行，并身体力行。中国皇室都是采用辈谱取名。

（2）辈分法的历史

辈谱字的历史悠久,萌芽于汉朝末期,形成于南北朝时期,六朝以后使用越来越广泛,并且逐渐成为中国人姓名的主要模式。此法最早是为封建帝王服务的。如刘表有两个儿子,刘琦和刘琮。宋武帝刘裕 7 个儿子:义符、义隆、义真、义康、义恭、义宣、义季。梁武帝有 8 个儿子:名字分别为续、综、统、纲、绩、纶、绎、纪,都含有"丝"的偏旁。

唐朝以后辈谱字逐渐盛行。到了宋朝,制定辈分字的习俗上升为一种制度,已经不是由父辈临时为儿辈们确定,而是由家族祖先统一为世世代代规定好辈分字。当家族中一代新生儿出生后,就必须按照规定的辈分字对号入座起名。辈谱字在宋代发展到了比较完美的地步。特别是统治者对于辈谱的制定有更加严格的要求。如宋太祖赵匡胤规定后代十三个辈分字,从他这一代开始,以匡为范字,以匡为辈,一共是 14 个范字,同时也是一幅好对子:

匡德惟从世令子
伯师希与孟由宜

此对具有深刻的含义:上联:只有顺从正德,才能世世代代出人才;下联:殷切希望后人能像孟子成为圣人高师。据说,宋朝宗室共有 12 支族,只有 4 个家族采用家族范字,其他支族采用各自的辈字。家族的范字在宋代达到比较完善的地步。

明代开始更加严格的辈谱字制度,明太祖朱元璋共有 20 多个儿子,严格规定了各宗族的范字。朱元璋还规定朱姓子孙之名必须由礼部按礼制辈分起名。到了明末在民间也得到广泛的采用。

清王朝自康熙始,也仿照明朝惯例,不仅规定了名字第一字的辈谱,而且规定了第二字的偏旁。

辈谱字制度从北宋起,直到当代文革前止,一千多年绵延不绝。文革结束,现在有些地方又恢复这种传统习惯,许多家庭中,兄弟姐妹名字中用同一字,或者同一偏旁,其实就是辈谱字的遗风。由于辈字一代选用一字,秩序井然,因而客观上可以帮助人们推算出世系序列。毛泽东 1956 年 6 月回到韶山。26 日,去本家毛凯清家,其儿子毛命军还抱在母亲怀里,毛主席叫他叔叔。随着我国的对外开放,海外华侨及台胞、港澳同胞常利用辈字来寻根认祖,回归故里后,也能凭辈字弄清长幼次序,不致紊乱。

（3）辈分字的特色

① 每个家族都有自己确定的辈字谱,后代都将严格按照辈字谱中的范字起名,不得违法。

② 辈字谱并非随意编写的,常常是一首诗,或是一句含义深刻的话,或是一幅对仗工整的对联,主要表达了一个完整的意义,以寄托先祖对于本家族的愿望。

③ 当辈字谱中的字用完了,可从头开始重新排列,或者订出新的辈字谱。

④ 辈字一般都有意义,而且往往是吉利语。为了便于记忆,有的还编成韵语。

(4) 著名辈分字

① 孔姓辈分字

在我国辈谱姓名中,最完整的、最大的、最统一的、最有代表性质的是孔姓辈字,是中国历史上辈分延续时间最长,内容最丰富的字谱。

最早是明朝朱元璋为孔子后代钦赐了辈字谱:

> 希言公彦承,宏闻贞尚衍。

1774 年,乾隆皇帝给山东曲阜孔姓加赐了 66 代到 85 代的辈字谱,是一首五言诗:

> 兴毓传继广,昭宪庆繁祥。
> 令德维垂佑,钦绍念显扬。

民国九年(1920),76 代的孔令贻续修了从 86 代到 120 代的 20 个辈字,这个辈谱可供孔姓后代子孙使用 800 年,而且经过北洋政府内务部加盖印章批准遵照执行:

> 建道敦安定,懋修肇益常。
> 裕文焕景瑞,永锡世绪昌。

这二十个字再加上以前各个朝代的范字,连起来就是一首五言诗:

> 希言公彦承,宏闻贞尚衍。
> 兴毓传继广,昭宪庆繁祥。
> 令德维垂佑,钦绍念显扬。
> 建道敦安定,懋修肇益常。
> 裕文焕景瑞,永锡世绪昌。

所以孔家后代,我们一看名字就可以基本上知道他是那一代的子孙。

② 清朝王室辈分字

最严格执行辈分起名法的,是清王朝王室。清王室的姓氏是"爱新觉罗"(在满语里爱新是金)。清朝王室自康熙开始,保留了满语的姓,而名字则全部采用汉语,而且采用辈分字,并且执行得非常严格,不仅规定了必用字,而且规定了第二字的偏旁。

康熙皇帝——爱新觉罗玄烨

雍正皇帝——爱新觉罗胤禛(四子)。第一字胤,第二字都是示旁,有胤祺、胤禔、胤祯等。

乾隆皇帝——爱新觉罗弘历。第一字弘,第二字都是日旁。之后又选定"永、绵、奕、载"作为"弘"字后的辈份字。

道光又选定"溥、毓、垣、启"作为"载"字后面的辈分字。

载丰又选定"焘、闿、增、祺"作为"启"字后面的辈分字。

自雍正辈起——胤、弘、永、绵、奕、载、溥、毓、恒、启、焘、屹、增、祺,一脉相传。可惜到溥字辈,清朝就被推翻,溥仪就成了末代皇帝,但是后裔有的还是使用辈分字起名。

③ 湖南韶山《毛氏家谱》

始修于乾隆二年(1737),第七代起有了固定谱系,光绪七年(1881)第二次修谱续订:

> 立显荣朝士,文方运际祥;
>
> 祖恩贻泽远,世人永承昌;
>
> 孝友传家本,忠良振国光;
>
> 起元敦圣学,风雅列明章。

毛泽东名字,也是严格按照其族谱起的,是第14辈。

④ 陈毅(原名陈世俊)

13代祖先中的第5代祖先陈尧钦,请人修谱,规定辈字:尧舜禹汤,文武荣昌,世德延远,福寿绵长。

⑤ 著名诗人萧三的家谱上记载,其字辈自始祖萧自朗的"自"字起,是一首五言诗:

> 自嗣宜百世,福庆永昌宁。
>
> 常守仁又礼,智信绍贻经。
>
> 克俭师先训,敦伦启后型。

传到萧三,是21代"克"字辈。萧三原名萧克烯,兄弟有克荣、克杰等。

⑥ 李鸿章家谱

文章经国,家道永昌,福寿承恩,勋业世守,祖德积厚,克绍辉光,宗绪延长,同敦孝友。

⑦ 少林寺字辈

寺庙僧人法名也有字辈,少林寺有70个字辈,为元代方丈雪庭福裕所定,后人严格遵守,以区别于其他宗派僧人:

> 福慧智子觉,了本圆可悟。
>
> 周洪普广宗,道庆同玄祖。
>
> 清净真如海,湛寂淳贞素。
>
> 德行永延恒,妙体常坚固。
>
> 心朗照幽深,性明鉴崇柞。

衷正善禧祥,谨悫原济度。

雪庭为导师,引汝归铉路。

（5）辈分法的形式

在名字中的位置

① 在名字前一字位置（如孔家）；

② 在名字后一字位置；

③ 有一代在前,一代在后；

④ 有一代单名,一代双名；

⑤ 按照五行运转的顺序编制的。

如安徽临泉县张氏字辈谱,1992 年重新修谱,仍以五行循环表示：

金银铜铁锐锋剑,江淮汝汉泽浩源；

东林桂荣格彬栋,光灿涣然煜杰炎；

幸坤城基坚增喜,永久万古正义延；

世大宇广智慧聪,传宗仁爱五行转；

家有礼德福禄寿,宝玉珍珠信诚全。

全诗句首一共 10 个字：金水木火土　永世传家宝。

还有如颖川堂义门陈氏白 26 代起的字辈谱：铭海松煌增,锦添相辉培。其字偏旁完全是按照五行相生的顺序排列的。

⑥ 有每一代不同的部首安排。如《红楼梦》贾府的辈份范字：

父：水字辈——贾源、贾演。子：人字辈——贾代化、贾代善。孙：文字辈——贾政、贾赦。重孙：玉字辈——贾宝玉、贾琏。玄孙：草字辈——贾蓉、贾芸。

⑦ 同辈单名用字中共用一个偏旁。如苏轼和苏辙。

⑧ 同辈双名用字中共用一个字和一个偏旁。如明代崇祯朱由检一辈中,其兄朱由校、堂兄朱由榔、朱由菘。

随着时代的发展,封建宗法制度早已灭亡,特别是在城市中的家庭形式完全不同于传统的大家庭形式,所以除了如孔姓这样的大家族至今依然按照传统的字辈谱起名,还有一些农村古镇家族还有这样的起名习俗,大部分家庭起名已经不再沿用。一些取名专家认为,因为每个人的出生时间不同,范字对于每个人的作用不同,所以从这个意义上说,按照字辈谱方法起名不是十分合理。

第十节　另　型　类

这些取名方法都是一些特殊的类型,而且都是难以分门别类的,所以我们称之为另类。这些取名法有的已经成为历史，如贱名法、抓阄法及父母年龄法取名；有的是特殊行业的人士使用的方法，如佛教或道教法；还有即兴法、八卦法和贬字法，局限性比较大。

92. 抓阄法

抓阄，又称为抓周，这是一种特殊的取名法。在封建社会，一些家长在孩子出生以后，为了考察孩子今后的志向、性格、兴趣和前途，往往要在桌子上摆放着各种物品，这些物品都代表一定的含义。如玉佩、玉饰之类珍宝是上层人物的标记，剑、刀等武器则是为武将的标记，而文房四宝自然为文人的标记，胭脂盒毫无疑问成为女人的标记，还有算盘象征着经商。然后，抱来孩子，让其随意抓拿，以此探看孩子今后的命运前途。

《红楼梦》里就有抓阄的描写：宝玉周岁时，贾政老爷便为儿子举行了"抓周"仪式，以试他将来的志向。桌上有代表做官的印，有代表商人的算盘，有代表读书的书籍，但是谁知宝玉对于满桌的物品一概不取，伸手只把那些脂粉钗环抓走，而且不肯放手，父亲只好长叹，说他将来不过是个好色之徒。

今人也有此事。如著名学者钱钟书，在抓周时，首先抓取的就是书，父母甚为高兴，便取"钟情于书"之意取名为钟书。他后来的笔名还有钟书君、中书君，可谓人如其名。他淡薄官场、金钱和名利，一生嗜书如命，写了许多脍炙人口的文章。如今这种取名法基本上属于历史了。

93. 贱名法

是旧时我国贫困家庭流行的取名法，尤其在乡村大部分地区，已经成为一种习俗。有叫狗牛驴猴的，也有叫屎尿粪土的，非常恶俗丑陋。究其原因：一与图腾崇拜或者属相有关，特别是以动物命名。二是与千百年来劳动人民生活艰难有关。特别是农村，由于贫苦和天灾，孩子的死亡或伤残率很高，所以希望如狗猫具有顽强的生命力，能够贱生贱长。三与迷信有关，特别是许多人认为贱名引起妖魔鬼怪的厌恶，孩子就会少生病、少磨难、少灾难，容易养活。但现代社交圈绝对排斥这种名字，所以这种习俗，如今基本消失。

94. 贬字法

汉字是表意文字，每个汉字都有一定的含义，含义有褒有贬，也有中性。一般对于贬意字，人们避之唯恐不及，关于疾病类的词语，人们更是绝对排斥。但也有反其道行之者，最典型的就是历史人物霍去病和辛弃疾，还有《倚天屠龙记》中的张无疾，海灯法师俗名范无病。

但是以贬义词加否定词，可以旗帜鲜明地表示反对和否定某种不良倾向或事物，往往别具一格，而且直抒胸臆，如刘革非、朱胜非、高涤尘、段克己、汤拒非。此法选字范围很小，所以局限性大，要有一定创新经验，要谨慎，以免弄巧成拙，适得其反。

95. 年龄法

这是元朝的特殊起名方法和现象,现在已经不复存在。元朝等级制度严格,规定"庶人无职者不许取名"。所以平民取名,只能以父母年龄的合计数或者排行来取名,在那个年代老百姓名字都是这样的数字。如其父亲 24 岁,母亲 22 岁,合为 46 岁,孩子即名四六。农民起义领袖朱元璋,原名重八(即八八),张士诚原名九四。他们后来发迹才改名。近代有些地方,也有以祖父或者父亲的年龄取名的习俗,如绍兴一带,鲁迅《风波》中八一嫂,其夫八一,是祖父 81 岁时生的。甚至还有取祖父或者父母相加的年龄为名的。

96. 宗教取名法

以宗教色彩取名,是在南北朝时期流行开来的。释、道等宗教色彩的名字,反映一种特殊的价值取向,有的直接与宗教信仰有关,也有的是一种祈求神佛保佑的心理倾向。佛家禅意的用字,有玄、僧、摩、梵、莲、慧、能、菩、提等,特别是僧字流行,仅此字,就有僧辩、僧智、僧修、僧达、僧谦、僧虔、僧护、僧习、法僧等,还有姚菩提、崔目连等。道家玄意用字,有懿、道、观、仙、玄、空、灵等。其中"之"字用得最多,"道"第二。如刘道规、萧道成、简成道、道赐、檀道济、郝道福、冯道根等。还有道教气息比较浓郁的:如王神人、马仙、玄真、药师、高仙芝、牛仙客、张道源、李通玄、杜三澂等。

97. 五行法

用五行取名起始于唐朝。如唐人毕构,取有五行偏旁的字为名,其子毕炕,其孙毕垌、毕增,其重孙毕镐、毕钚、毕铼、毕锐,四代名字五行相生,井然有序。到了北宋更加盛行,民间起名多以五行相生关系取名,以求五行轮回,生生不息,子孙绵延。宋朝的大思想家朱熹,其父朱松,其儿朱埜和朱在。还有秦桧的儿叫秦熹、孙名秦埙。明代五行取名更加讲究,明朝历代皇帝的名字即是以五行为序安排的:

明成祖——朱　棣——木
明仁宗——朱高炽——火
明宣宗——朱瞻基——土
明英宗——朱祁镇——金
明宪宗——朱见深——水
明孝宗——朱佑樘——木
明武宗——朱厚照——火
明穆宗——朱　载——土
明神宗——朱　钧——金

明光宗——朱常洛——水

还有一种,如闰土,因为五行缺土,所以取名闰土,以弥补生辰八字的欠缺。

98. 八卦法

采用八卦及其相关内容进行取名的方法。

(1)卦名法。直接以八卦名称取名,如北宋的杨震、南宋的朱震。八卦名称有乾、坤、震、兑、离、坎、艮、巽,有的可以直接入名,如张乾、王巽等;有的搭配取名,如姚兑祥。还有64卦,其中许多吉卦名称都可以作为名字,如张恒、沈泰、陈中孚等。

(2)卦辞(爻辞)法。64卦,卦有卦辞。386爻,爻有爻辞。如汪利贞,取自于乾卦卦辞"元亨利贞"。唐朝茶圣陆羽,字鸿渐,因为他是个孤儿,没有名字,后来自己取《渐卦》中的上九爻辞为名:鸿渐于陆,其羽可用为仪,吉。

(3)卦象法。卦爻卦象,文人特别喜欢采用此法取名。如唐朝书法家李阳冰,字少温。乾卦为阳,冰是乾卦所代表的自然现象,少温即寒冷,与冰相合(卦象)。南宋的黄震,字东发,震卦为东,东发与"万物出乎震"意合(方位)。明朝高攀龙,字云从,《乾卦》云从龙,风从虎,也是此意。

99. 即兴法

没有方法,没有章法,临时发挥,即兴完成。最典型的莫过于现代两个名人——李立三和丁玲。李立三原名李隆郅,1924年的一天,他和邓中夏坐火车到吴淞口去,参加那里的工会选举。车上,李隆郅和邓中夏商议要把自己的名字改得简单一点。邓中夏思索了一会儿,忽然抬头瞥见路边站着三个人,便灵机一动,建议他改叫"三立"。李隆郅笑着说:"三立不大好听,我看叫李立三得了。"从此,李立三就成了他的名字,而很少有人知道他原来的名字了。

我国著名女作家丁玲,原姓蒋名冰之。1927年她到了上海,在新思潮的影响下,具有反封建意识,跟一些进步青年一样废姓,只以"冰之"为名;但称呼起来很不方便,于是她采用笔画最简单的"丁"字为姓,叫"丁冰之"。1925年她想当演员,要改名,便和几个朋友闭目在字典上各找一字。她摸到"玲"字,从此"丁玲"成为她的新姓名。

100. 自定法

以自己的一定之规取名。鲁迅的祖父为孙辈取名,一定是以当日来访客人的姓氏为名。如接到鲁迅出生家信的那一日,正好有一位张姓的官员来访,于是鲁迅小名定为阿张,然后取同音异义的字取作"学名":樟寿。而周作人原名槐寿,小名阿魁,也是接到家信时,有一个姓魁的京官来访。其用意还是取有功名的客人为吉利的兆头而已。

小 结

从古到今,我们的祖先创造了丰富多彩的取名方法,也为我们后人留下了无数佳名。这些取名方法,有的延续至今,仍然为我们提供一个个的新名,有的成为历史,再也无人问津。我们整理的取名100法,是粗线条的分类,其中有许多方法相互交叉,很难细分,需要进一步的调整,但它毕竟开我国姓名学取名法分类的先河。我们期望有更多的学者和研究者,更加深入地研究取名法,创造出更佳的取名法,为中华民族提供更多更好的美名。

附:民间取名方法表

	大 类	名称	基 本 特 征	名 例
1	纪念时间类	时辰法	以出生时辰或相关用字取名	子 夜、许旭晨
2		生日法	以出生日(节日)取名	王正一、刘春节
3		节气法	以出生节气名称取名	丁清明、陈立夏
4		月份法	以出生月份或别称取名	郭小满、李嘉月
5		季节法	以出生四季或别称取名	邓中夏、安金秋
6		年份法	以出生年份的天干取名	孔乙己、马庚生
7		生肖法	以出生年份的生肖取名	成 龙、娄阿鼠
8		时代法	以出生的时代取名	姚解放、施红卫
9	纪念空间类	籍贯法	以婴儿籍贯地取名	辛大连、郭长春
10		双籍法	以父母籍贯取名	范燕穗、张沪宁
11		出生地法	以出生地取名	王沪生、盛渝生
12		特殊地法	以特殊含义地方取名	陈佩斯、陈布达
13		环境法	以故乡环境取名	陈独秀、郑板桥
14	纪念人物类	双姓法	以父母双姓取名	祝 贺
15		姓名法	以父姓母名取名	李小鹏、李小琳
16		加字法	在父母双姓中加字取名	杨青叶
17		谐姓法	以父母姓名谐音字取名	陈 舟
18		暗谐法	以含有与父母名字暗合之字取名	林 彪
19		祖辈法	以祖辈名字取名	孔东梅

	大　类	名　称	基　本　特　征	名　　例
20		名人法	以名人姓或名取名	林则徐、杜若甫
21	纪念事件类	吉事法	以出生时吉祥事情取名	孔　鲤
22		兆梦法	以出生时梦兆取名	李　白
23		巧事法	以出生时巧事取名	张雨生
24		殊事法	以出生时特殊事情取名	吴清源
25		事件法	以出生时历史事件取名	李三江
26		特征法	以出生时体貌特征取名	瞿秋白
27	许愿型	健康法	以健康字入名	王　康、陈　健
28		长寿法	以长寿字入名	曹松年、李长寿
29		平安法	以平安字入名	王一平、丁平安
30		吉祥法	以吉祥字入名	朱根祥、吴　吉
31		富贵法	以富贵字取名	陈福根、吴传魁
32		威武法	以威武字取名	李　猛、曹　威
33		美丽法	以美丽字取名	许　美、袁　丽
34		睿智法	用聪慧字取名	傅　聪
35		崇文法	以崇文字取名	张志哲
36		尚武法	以尚武字取名	连　战
37		敬贤法	以前贤字取名	徐敬贤
38		耀祖法	以耀祖字取名	伍绍祖
39		立志法	以立志字取名	黄志强
40		美德法	以美德字取名	刘德华、李宗仁
41		建功法	以丰功字取名	王国梁
42		兴国法	以爱国字取名	陆安国
43		爱民法	以亲民字取名	柴泽民
44		追求法	以表示追求和理想用字取名	李默然、陈凯歌
45		特殊法	以特殊愿望字取名	朱来娣
46	借寓型	天象法	以天象字取名	胡　风、潘　虹
47		山岳法	以山名字取名	李　泰、陈独秀

	大 类	名称	基 本 特 征	名 例
48		江海法	以水名字取名	潘长江、陈东海
49		地象法	以地象字取名	高 原、李保田
50		建筑法	以建筑字取名	王亭文、解文阁
51		动物法	以动物字取名	王丹凤、林 彪
52		植物法	以植物字取名	李九松、梅兰芳
53		珍宝法	以珍宝字取名	陈 琪、唐大璋
54		物品法	以物品字取名	姚 笛、红线女
55		色味法	以颜色、滋味字取名	陈 红、田 甜
56		音响法	以音响字取名	张啸天、刘子歌
57		方位法	以方位字取名	杨西光、毛泽东
58		行为法	以行为(包括动作或心理)字取名	郭 拓、王进喜
59	字形型	部首法	以姓名部首相同字取名	汪 洋、崔 巍
60		相似法	与姓字相似之字为名	申 由、王 丰
61		加笔法	姓氏加笔字取名	万 方、尤 龙
62		加字法	姓氏加字取名	林 森、魏 巍
63		减笔法	将姓字减少笔画字为名	谭 西、蒋 夕
64		拆姓法	取姓字一半取名，	董千里、聂 耳
65		拆拼法	姓字拆拼取名	贺加贝
66		合成法	以姓氏合成字取名	王人全
67	词性法	数词法	以数词字取名	李谷一、张大千
68		量词法	以量词字取名	李金斗、王个簃
69		代词法	以代词字取名	费新我、何其芳
70		疑问词法	以疑问词取名	林何美、史安在
71		副词法	以副词字取名	陈再道、王又谦
72		介词法	以介词字取名	章乃器、茅以升
73		连词法	以连词字取名	罗亦农
74		助词法	以助词字取名	王羲之
75	修辞型	对比法	以对比修辞方式取名	茅 盾、鲁 迅

	大　类	名称	基　本　特　征	名　　例
76		双关法	以双关修辞方式取名	冯毅之、巴　金
77		回文法	以回文修辞方式取名	王人美、江映山
78		叠字法	以叠字修辞方式取名	李媛媛、郭晶晶
79		谐音法	以谐音修辞方式取名	戈　明(谐音革命)
80	文学型	诗词法	以诗词中字取名	胡乔木、冰　心
81		成语法	以成语取名	周而复、叶知秋
82		名句法	以名句取名	胡　适、沙千里
83		典故法	以历史典故取名	朱自清、孟浩然
84		名著法	以名著中人物取名	令狐冲、岳灵珊
85	连姓型	词组法	姓名词组	牛　群、金　山
86		连义法	连姓成意取名	牛得草、梅兰芳
87		姓谐法	姓氏谐音字取名	李　志、何　平
88		全谐法	姓名谐音取名	梁　新(良心)
89		同音法	以同音字取名	韦　唯、陈　辰
90	辈谱型	排行法	以排行字取名	陈伯达、孟仲法
91		辈谱法	以范字取名	毛泽东、陈毅
92	另类型	抓阄法	以抓的物品取名	贾宝玉、钱钟书
93		贱名法	以丑陋事物字取名	狗　蛋、猴　娃
94		贬字法	含有贬义字取名	霍去病、辛弃疾
95		年龄法	以父母年龄数字取名	朱重八(朱元璋)
96		宗教法	以宗教字取名	释文清、玄空子
97		五行法	以五行排序取名	秦　桧/秦　熹/秦　埙
98		八卦法	以八卦取名	张　乾、陈　坤
99		即兴法	即兴取名	李立三、丁　玲
100		自定法	以个人规矩取名	周樟寿、周槐寿

第五章　专业取名法

专业取名是指由职业取名者或从事取名研究的专家，根据一定理论、方法程序及技巧取名的一种行为。具有数千年历史的中华姓名学发展至今，古今姓名学专家创造了众多的专业取名方法，并形成了精彩的流派，所以专业取名法同时也是一个取名的流派。

目前专业起名法有十余种之多，既有相传千年的传统方法，也有起名专家在近十余年间独创的新法。综观这些起名方法，有的方法在技巧上相互融合，有的方法独具特色，也有的方法存在着明显的局限。据统计，目前专业取名法有汉字法、五行法、八卦法、生肖法、三才法、五格法、十格法、密码法、真名法、三柱法、九星法、八格法、天运法、六神法、太乙法、全息法、天星法、甄字法、奇门法，等等。

我们选择五个具有独立系统的专业法进行介绍，希望读者通过这个章节的内容，了解和掌握这些专业起名法的基本概况和技巧，不断提高取名学的知识水平和应用能力、辨别能力。同时，我们挑选了三个比较有特色的专业法，进行概要式介绍，以供读者参考。

第一节　汉字取名法

即根据汉字的字音、字形和字义三元素及其组合规律的一种取名方法。按照汉字法的要求，凡不符合汉字法三元素及其组合规律的姓名，就不是一个合格的名字。

一、历史发展

中国人的姓名都是由汉字所组成，所以名与字有着密切的关系，也是"名字"的由来。

名字的使用形式有两种——称呼形式和书写形式。中国人名字的称呼符号是汉语，书写符号是汉字。人类社会一形成就产生了语言，先于文字，汉语也是产生于汉字之前。汉语是世界上最古老的语言之一，也是当今世界上使用人数最多的语言之一。汉字是世界上最古老的文字之一,也是世界上最古老的三大文字中唯一延续至今的文字。汉字为中华民族的繁衍和昌盛作出了不朽的功绩,被誉为中国的第五大发明。

在汉字发明之前,人们"结绳记事"和"契木为文"。随着历史的发展,文明渐进,事情繁杂,名物繁多,用结绳和刻木的方法,远不能适应需要。传说黄帝时期的史官仓颉(约为公元前 26 世纪),四目重瞳,非常聪明,他日思夜想,到处观察,根据天上星宿的情况、地上山川的样子、鸟兽虫鱼的痕迹、草木器具的形状,描摹绘写,造出种种不同的符号,并且定下了每个符号所代表的意义。仓颉把这种符号叫作"字",于是他被后人尊为"造字圣人"。其实,仓颉是将流传于先民中的文字加以搜集、整理和使用,在汉字创造的过程中起了重要作用,所以仓颉很可能是总结整理文字,为汉字的形成作出了重大贡献的第一个代表人物。文字的出现,标志着中国历史走进了有文字记载的时代,黄帝"正名百物",也开始了中华民族的"名字"的历史。

中国人名字的载体是汉字,汉字是字音、字形、字义三结合的统一体,所以汉字法是最早的取名法,汉字三元素客观存在于任何一个取名法中,包括所有专业或民间取名法。

我国姓名学和取名方法,历来十分重视字音、字形和字义方面的内容,姓名学中的众多流派,各以字音、字形和字义为重。即使目前民间或专业取名法,对此依然一脉相承。包括目前不少起名专家推出的独家新方法,其实也是将某些专业法融入汉字法而已。事实上,一个人的姓名不管采取什么方法取名,其名都与汉字的读音、形体及含义有密切的关系。一个人的名字在家庭中,社会上大量被人呼唤及读念;在生活中需要自己书写和给人阅看,所以一个人的名字应该好叫、好听、好写、好看、好记、好感,一个好名就必须同时具有听觉美、视觉美和心灵感觉美。

二、学理依据

1. 现代汉语和汉语拼音

现代汉语即现代汉民族共同语,包括众多方言,"普通话"则作为规范用语。汉语拼音是汉字的一种辅助工具,《汉语拼音方案》则是我国汉字拼音的法定标准。《汉语拼音方案》包括声母、韵母和声调等内容。

中国人姓名是按汉字规范读音称呼,取名也必须按照汉语拼音的理论规则及其组合规律选择用字,按其规则规律所取的名字则好叫,悦耳,易记,是名字音韵美的基础。

2. 汉字标准字体(楷字)及繁简字体

现代汉字以楷体为标准字体,汉字包括字体、字形等内容,也包括繁体字与简体字之分。《中华人民共和国国家通用语言文字法》已由中华人民共和国第九届全国人民代表大会常务委员会第十八次会议于 2000 年 10 月 31 日通过,自 2001 年 1 月 1 日起施行。

中国人姓名是按汉字规范字体书写,取名也必须按照汉字形体的理论规则及其组合规律选择用字,按其规则规律所取的名字则好写,悦目,易记,是名字形体美的基础。

3. 汉字字义及其文化

汉字是表意文字,从本身字形到内涵都蕴含着文化。字义包括本义、引申义、喻义以及丰富的文化内涵。按照汉字字义规则以及组合规律进行取名,其名含义具有清晰、优美、个性之效果,是姓名语义美的基础。

4. 汉字理论能量磁场

还有专家认为,名字在使用中,其字音、字形、字义及其组合具有一定的能量和磁场,按其规律取名,有增加能量、趋吉避凶之效果,是姓名吉祥美的基础。

三、基本内容

(一) 字音

从五四运动到现在,是汉语发展的第四期,即现代汉语期。现代汉语是现代汉民族使用的语言。广义的现代汉语包括汉语的各种方言,即不同地区的汉族人所使用的语言,这些语言都是汉语,只是在语音、词汇、语法等方面存在一定差异。而狭义的现代汉语则是指"普通话",即"以北京语音为标准音,以北方话为基础方言,以典范的现代白话文著作为语法规范的现代汉民族共同语"。普通话所代表的标准现代汉语是中国的国家通用语言,也是联合国五种工作语言之一。

1949 年 10 月,成立了全国文字改革协会,着手研制拼音方案。1954 年 10 月国务院成立了中国文字改革委员会,1956 年 2 月 12 日,在 655 种方案的基础上,公布《汉语拼音方案草案》,向全社会征求意见。1958 年 2 月 11 日,第一届全国人大第五次会议正式批准《汉语拼音方案》,成为我国汉字拼音的法定标准。1982 年 8 月 1 日,《汉语拼音方案》正式批准为国际标准。我国政府明确表明汉语拼音将作为一种辅助汉字的工具。

语音里最小的单位是音素,世界上许多语言都是音素文字,如英文、俄文、法文等,一个字母代表一个音素,即拼音文字。音节也是代表一种语音的单位,汉语是一个字即一个音节,所以汉字不仅是书写的单位,也是语音的单位。汉语音节分成声母和韵母两部分。字音分为三部分:声母、韵母、声调。

1. 声母

字音的前一部分叫作"声",也叫声母;声母是使用在韵母前面的辅音,跟韵母一起构成一个完整的音节。辅音的主要特点是发音时气流在口腔中要分别受到各种阻碍,因此可以说,声母发音的过程也就是气流受阻和克服阻碍的过程。声母通常响度较低,不可任意延长,而且不用于押韵。有些字音是没有声母的,如 i　w　y　en　an,在音韵学上,也算一个声母,即所谓的"零声母"。

古代汉语根据声母发音部位的分类,把声母按发音部位分为"唇、舌、牙、齿、喉"五类,即是"古代五音"。

2. 韵母

字音的后一部分叫作"韵",也叫韵母。韵母又分为韵头(介音),韵腹(主要元音,是每个字音里不可缺少的),韵尾。韵母有 39 个。根据不同的标准,普通话韵母可以划分出不同的类型。

按照韵母开头元音的发音口形的不同,可以分成四类,又叫"四呼":

开口呼:不是 i、u、ü 或不以 i、u、ü 开头的韵母。

齐齿呼:是 i 或以 i 开头的韵母。

合口呼:是 u 或以 u 开头的韵母。

撮口呼:是 ü 或以 ü 开头的韵母。

按照韵母的内部结构可以分成三类:

单韵母:由一个元音构成的韵母,又叫单元音韵母。普通话共有 10 个单韵母:a、o、e、ê、i、u、ü、-i(前)、-i(后)、er。

复韵母:由两个或三个元音结合构成的韵母,又叫复元音韵母。普通话共有13 个复韵母:ai、ei、ao、ou、ia、ie、ua、uo、üe、iao、iou、uai、uei。

鼻韵母:元音后面带上鼻辅音构成的韵母,又叫鼻音尾韵母。普通话共有 16个鼻韵母:an、ian、uan、üan、en、in、uen、ün、ang、iang、uang、eng、ing、ueng、ong、iong。

3. 声调

声调指整个音节的高低升降的变化,音高的变化决定了声调的性质,这是汉语语音特有的现象。

普通话有四种基本调值,可以归并为四个调类。根据古今调类演变的对应关系,定名为阴平、阳平、上声和去声。

阴平	阳平	上声	去声
—	╱	∨	╲

具体描写如下:

1. 阴平。高而平,叫高平调。发音时由 5 度到 5 度,简称 55。例字:妈、督、加、先、通。

2. 阳平。由中音升到高音,叫中升调。由 3 度到 5 度,简称 35。例字:麻、毒、荚、贤、铜。

3. 上声。由半低音降到低音再升到半高音,叫降升调。由 2 度降到 1 度,再升到 4 度,简称 214。例字:马、赌、甲、显、桶。

4. 去声。由高音降到低音,叫全降调。由 5 度到 1 度,简称 51。例字:骂、度、价、县、痛。

妈 mā	麻 má	马 mǎ	骂 mà	吗 ma
阴平	阳平	上声	去声	轻声

汉语的声调可以区分意义。普通话里"山西"(shān xī)和"陕西"(shǎn xī)的不同,"主人"(zhǔ rén)和"主任"(zhǔ rèn)的不同,就是由于声调的不同。又如妈、麻、马、骂,音节为 ma,声母和韵母相同,但是因为它们具有不同的声调,四个字音都不相同,意义也不一样。

4. 组合规律

汉字是单音的,一个汉字一个音节,所以一个汉字只有一种读音和一种声调(不包括多音字)。中国人姓名一般是单名或双名,一个姓名需要两至三个汉字。那么我国汉族人姓名就有数个读音和声调,汉字读音和声调之间就产生了一定组合关系,这些组合关系具有一定的规律,遵循这些规律取名,所取名字就响亮、琅琅上口;清晰、圆润、富有音韵美,好听悦耳;而且易记。如果违反这些规律取名,所取名字在称呼和聆听时的"音响"效果就会不尽如人意。

(1)声母组合规律

避免声母相同相近。声母共有 22 个,取名用同一声母字的方法则不可取。同时声母是按发音部位进行分类的,所以取名用同类声母字的方法也不可取。

(2)韵母组合规律

避免韵母相同相近。韵母共有 39 个,取名用韵母相同字的方法不可取。韵母与声母一样,也有一定的分类,如诗歌中的韵部,我国古体诗的十三辙对韵母的分类。韵母虽不相同,但相近,取名用字也不可取。

同时韵母还有开口度大小之一。十三辙中江阳、中东、言前、发花等韵部,是开口度较大,发音比较响亮的韵脚,属于阳刚、豪放性韵部,所取名字一般比较响亮,适合男性。其中衣七、乜斜、故苏等韵部,是开口度比较小,发音细弱的韵脚,属于阴柔、婉转性韵部,所取名字一般比较柔美,适合女性。

(3)声调组合规律

避免声调相同。汉语分为四个声调,如果声调是有规律的变化,就会收到抑扬顿挫的音乐效果,犹如我国文化瑰宝——唐诗宋词。名字利用这一规律,同样也有效果。所以用字搭配应该避免名字中相邻字声调相同。

双名声调搭配的理想组合：

阴——阳——阴	阳——阴——阳	上——阴——阴	去——阴——阴
阴——阳——阳	阳——阴——上	上——阴——阳	去——阴——阳
阴——上——阴	阳——上——阴	上——阴——上	去——阴——上
阴——上——阳	阳——上——阳	上——阳——阴	去——阳——阴
阴——上——去	阳——去——阴	上——阳——去	去——阳——上
阴——去——阴	阳——去——阳	上——去——阴	去——阳——去
阴——去——阳	阳——去——上	上——去——阳	去——上——阴
阴——去——上		上——去——上	去——上——阳
			去——上——去

平声则语调平缓，仄声则曲折沉重，所以要避免仄声相连。如王丹凤原名王玉凤，玉凤皆仄声，叫起来拗口，感觉压抑；而丹凤平仄交替，名字一下子就响亮得多了。名字声调平仄相间，这样可以使整个名字读音抑扬顿挫，富有音律感。如刘少奇(平仄平)、李先念(仄平平)、王人美(平平仄)等。

同时注意避免末字仄声。除了上述理想组合实例外，一般情况下名字的最后一字最好不要采用去声声调的汉字。

(4) 三者组合规律

取名要讲究声韵美。名字要取得声韵优美的效果，从读音和声调两个方面入手，所以取名用字(主要是指邻近字)，在声母、韵母和声调三部分都要讲究搭配，不可偏废。

首先要防止音误。汉字音同音近现象比较严重，口语中常常容易混淆，务必注意避免声母或者韵母相同或者相近，否则声音缺少变化，不悦耳，不动听，绕口，拗口。如黄花华、刘业也等。姓名中的各个字，特别是相邻的字在发音部位和方法上应该拉开距离，使每个字的读音有清晰的区别，这样的名字才能读起来不拗口，听起来不费劲。

其次注意声调。如果声调没有变化，读之不雅，不舒服。所以不能都是去声(如芮秀静)，或都是上声，或都是平声。在一个名字中，只有相邻的字的声调有所区别，读起来才显得有节律，有跳动感。如果是双名，最好三个字中的首尾两头的声调相同，而中间一字声调不同，这样，姓名的读音就会错落有致，并且首尾呼应，寓变化于统一中。

双名音韵节律组合共有四个模式：

声韵母不同，声调不同——语音效果最好。

声韵母相同，声调不同——语音效果其次。

声韵母不同,声调相同——语音效果再次。

声韵母相同,声调相同——语音效果最差。

还有要避免多音字,即一个字有两个不同的读音。如"乐"字,有三种读音,表示三种不同的含义,取名用字时宜谨慎。

最后特别注意名字谐音。好的谐音一语双关,含义巧妙。利用这种现象可以起到意外的效果,如李志——立志,焦友——交友,辛得力——辛得利,盛青——盛情等。

但是差的谐音会产生不佳的联想。如王炳蔚名字,虽然字面的意思很美,但是容易联想到"病危",非常的不吉利。又如鲁迅原名周樟寿,号豫山,同学们就给他取了一个绰号"雨伞",后来祖父就又为他改了名字为"豫才"。

由于公众心理的缘故造成人们不喜欢许多字。如清代名人袁枚在岳坟前有句名言:人于宋后羞称桧,我到坟前愧姓秦。这些字中包括谐音字,如石、司(死)、玫(霉)、王(亡)、珠(猪)等,在取名用字时尽可郑重小心。要特别注意的姓氏有朱、吴、莫、贾、梅。由于姓氏是固定的,在取名用字时,对姓与名的读音,应该十分注意出现不良、不雅的谐音现象。在姓名的谐音上,还要考虑方言,甚至英文的因素。

总之,要讲究字音。声母与韵母、四声搭配得好,名字叫起来顺口,好读,流畅,具有节奏感,音节分明,音律明亮,或刚劲有力,或柔和动听,能够达到一种亲切入耳的效果。

5. 音灵五行

中国古代音韵学把发音部位分为唇、舌、齿、牙、喉五类,合称五声,同时我国古代音乐把宫、商、角、徵、羽五个音阶也称为五音。到了唐宋时期,人们已经用五音来配合声母的发音部位,以后沿袭至明清。并有人把姓名的读音按照音韵学的分类配合以五行,把姓名的声音分为五类,称为音灵。他们认为音灵的作用,如同姓名的笔划可以决定不同的命运;有专家研究认为音灵作用对于疾病预测准确性比较高,而对于事业、感情、六亲没有影响力。

(二) 字形

汉字是世界上最古老的文字之一,从殷商时期的甲骨文到今天的简体汉字,已经走过了至少3千多年的历程。期间,汉字的形体发生了很大的变化,包括字体、字形和繁简等方面的内容。

1. 字体

汉字历史悠久,据传已有五千年的历史。从汉字的演变过程来看,与世界其他古老文字一样,最初是带有图画性质的象形文字,但是其他古老文字皆已演变为拼音文字,唯有汉字逐渐向纯符号型的方块字缓慢发展。汉字字体的发展变迁顺序有：

（1）甲骨文。又称卜辞、契文、殷契。甲骨文为殷商时期的文字，虽然是汉字的早期阶段，还带有图画彩色，但已经成为比较成熟的文字体系，是我国最早的书体文字。

（2）金文。又称为吉金文字、钟鼎文等，是商周时期铸刻在青铜器上的铭文，是古汉字的一种字体，并开始出现了形声字。据我国考古实物来看，青铜器铭文共有 13 320 篇，文献总字数 124 800 个，使用单字达 5 834 个。

（3）篆书。一般泛指大篆和小篆。大篆是春秋时期秦国使用的文字体系。小篆则是秦朝统一六国后，在原有秦国文字基础上，统一了其他国家的各种文字而形成的一种新的文字体系。

小篆以其"线条化"的结构体态，结束了大篆体态的"图形化"，变图画为线条，真正成为方块字，在汉字发展史上具有历史性的意义。

（4）隶书。隶书与小篆同期在秦国产生，故又称为秦隶。隶书突破了小篆的"线条化"；弃繁就简，使汉字有了波势（撇、捺笔画）、挑法，加速了汉字的笔画化。隶书是汉字重大改革的标志，故又称隶变，是古汉字与今汉字的分水岭。

（5）楷书。到了汉末出现楷书，楷书在汉隶的基础上，又改变了汉隶的波势和挑法，笔画平直匀称，字体明晰方正，是汉字形体发展的高峰，也使汉字基本上定型。三国魏钟繇和晋代王羲之，进一步规范了体势，使楷书成为一种完全独立的书体。楷书便于书写和辨认，成为全国通用字体，并作为汉字的标准字体流传至今。

草书和行书则是楷书辅助性的书体。

汉字的发展可以划分为两个大阶段。从甲骨文字到小篆是一个阶段；从秦汉时代的隶书以下是另一个阶段。前者属于古文字的范畴，后者属于近代文字的范畴。大体说来，从隶书到今天使用的现代汉字，形体上没有太大的变化。

我们在取名用字时，毫无疑问地必须采用规范的现代楷体字体作为母版参照。

2. 字形

汉字的形体有独体字和合体字之分。独体字即一个基本部件的汉字。按照汉字传统的"六书"理论，象形字和指事字都是属于独体字。合体字即指由两个或两个以上的基本部件构成的字。按照汉字传统的"六书"理论，会意字和形声字都是合体字。合体字是由独体字组合而成的。特别是合体字的字形在结构上有以下几种类型：

（1）偏旁。合体字的每一个组成部分都叫做"偏旁"。偏旁有两种：一种是表示汉字读音的偏旁，叫做声旁。一种是表示汉字字义的偏旁，叫做形旁。现代汉字的偏旁，能够独立使用的称为"成字偏旁"，如"明"字中的偏旁"日"字可以独立成字。不能够单独使用的则称为"不成字偏旁",如"谚"字中的偏旁"讠",就不能够独立使用。

（2）部首。还有一种特殊的偏旁称为"部首",为《说文解字》首创,它把表示意义的偏旁归为汉字的一部之首,具有字形归类的功能。同一部首的字,一般与部首所表示的事物或行为是相关的。如"女"字部首的字,其字义都与女子、女人有关。现代汉字部首总数有189个。

偏旁部首表

形 状	名 称	例 字	形 状	名 称	例 字
冫	两点水	次	广	广字旁	底
冖	秃宝盖	军	夕	夕字旁	梦
十	十字儿	华	辶	走字旁	邀
讠	言字旁	计	寸	寸字旁	封
刂	立刀旁	别	扌	提手旁	拖
八	八字旁	公	土	提土旁	地
人	人字头	仝	艹	草字头	药
厂	厂字旁	历	大	大字头	套
力	力字旁	努	小	小字头	肖
又	又字旁	艰	口	口字旁	唱
亻	单人旁	侵	囗	方框儿	国
卩	单耳刀	却	门	门字框	阅
阝	双耳刀	陆	巾	巾字旁	师
廴	建字旁	延	山	山字旁	峡
勹	包字头	甸	彳	双人旁	徐
厶	私字儿	参	犭	反犬旁	猪
匚	三框儿	医	饣	食字旁	饮
冂	同字框	网	尸	尸字头	屡
氵	三点水	泳	弓	弓字旁	张
彡	三撇儿	彤	子	子字旁	孩
忄	竖心旁	悄	女	女字旁	妈
宀	宝盖儿	宜	纟	绞丝旁	绒

形　状	名　称	例　字	形　状	名　称	例　字
马	马字旁	骝	钅	金字旁	错
灬	四点底	热	皿	皿字底	盖
方	方字旁	旅	禾	禾木旁	秋
手	手之旁	拜	白	白字旁	泉
欠	欠字旁	欲	鸟	鸟字旁	鸭
火	火字旁	灭	米	米字旁	料
止	止字旁	武	罒	四字头	蜀
户	户字旁	扇	覀	西字头	要
礻	示字旁	祖	页	页字旁	顷
王	王字旁	瑯	舌	舌字旁	乱
木	木字旁	杜	缶	缶字旁	缸
车	车字旁	轻	耳	耳字旁	职
日	日字旁	明	虫	虫字旁	蛹
曰	冒字头	显	虍	虎字头	虚
父	父字头	爹	𥫗	竹字头	管
牜	牛字旁	特	舟	舟字旁	船
攵	反文旁	故	心	心字底	意
斤	斤字头	新	走	走之旁	赵
爫	爪字头	爱	足	足字旁	距
月	月字旁	腹	角	角字旁	触
穴	穴宝盖	空	身	身字旁	躲
立	立字旁	竖	鱼	鱼字旁	鲜
目	目字旁	盲	佳	佳字旁	雀
田	田字旁	男	雨	雨字头	露
石	石字旁	砂	齿	齿字旁	龄
矢	矢字旁	矮	革	革字旁	靴
疒	病字旁	疼	骨	骨字旁	骼
衤	衣字旁	衬	音	音字旁	韶

（3）结构

合体字还有一个间架结构,其组合模式还可以分为:

上下结构——各、审、台

上分下合结构——坚、挚、驾

上合下分结构——霖、覆、荡

上中下结构——高、莽、患

左右结构——传、统、河

左中右结构——鸿、掀、浙

全包围结构——国、园、困

上包围结构——风、同

左包围结构——匡、匣

下包围结构——凶、幽

上左包围结构——压、居

上右包围结构——可、句

下左包围结构——建、这

品字结构——森、淼、晶

（4）字型

不管独体字还是合体字,在字形类型上的分类,还有长短、肥瘦、强弱及虚实之分:

长型字——早、申、奇、年、平、辛、竹

短型字——四、土、正、也、丘、女

肥型字——施、腰、圆、丰、赐、备

瘦型字——小、干、卜、子、于、千

强型字——猛、刚

弱型字——刁、下

虚型字——亢、已、口、空、门、上

实型字——宣、尊、国、凰、昌、康、黎

偏旁、部首、间架结构和类型等内容对于取名选字具有重要意义,取名时应该根据姓氏字的字形所包括的结构和类型,选择与其不同的偏旁、部首、结构以及类型性质的字进行组合,在姓名整体力求做到字形结构稳定平衡,错落变化,相得益彰,具有活力,形体美观,简洁好看,同时便于书写签名。所以了解字形的内容和遵循字形的组合规律是保证名字形体美的重要基础和保证。

6. 繁体字与简体字

汉字自上古的甲骨文到当今的楷书,其字形演变总的发展趋势是由繁到简和逐渐简化。

1950 年，我国编制了《常用简体字登记表》，并于同年总结出《第一批简体字表》，共有 555 字。1952 年 2 月 5 日，中国文字改革研究委员会成立，于 1955 年 2 月 2 日，公布了《汉字简化方案（草案）》，公开征求意见。第二年国务院通过和批准了《汉字简化方案》，共有 515 个简体字和 54 个简化偏旁。1964 年 5 月《汉字简化总表》出版，总计 2238 个字。1986 年发表调整的《汉字简化总表》，字数为 2 235 字。

但是，伴随着全球汉语热潮的兴起、以及与台湾地区社会文化交往的迅速深入，有专家认为简体字失去了很多表意的成分，而且失去了书写艺术很多美感，所以要求恢复繁体字，或者识繁用简，民间呼声也日益升高，汉字简繁之争还作为提案上了两会。

2009 年 8 月，教育部决定汉字原则上不恢复繁体。教育部、国家语委就历时 8 年研制出的《通用规范汉字表》（征求意见稿）面向社会公开征求意见。为尊重社会习惯，汉字表将《第一批异体字整理表》中的 51 个异体字收入表中，主要用作人名地名。对异体字不再简单提"淘汰、废除"，但在使用上有明确要求。此表另外还包括 6 个繁体字及部分只能用于人名和地名的生僻字。例如，"喆"字过去曾被"废除"，但因为它含有两个"吉"字，很多人在取名时，仍然坚持选用这个字。再如"淼"字也曾被废除，但许多老百姓还是喜欢选择"淼"字作名字。《通用规范汉字表》共收录 8300 字，与 1986 年的通用规范汉字相比增加了 1335 个字。新增的 1335 个字主要是一些姓氏、人名、地名、科技术语和中小学的文言文用字。

汉字表不具备法律强制效力，但是，有关专家建议，起名字最好不要用字表以外的字，否则将给生活带来许多不必要的麻烦。比如，入户口、银行储蓄、坐飞机、申报保险等，计算机很可能打印不出名字的用字。

根据汉字有繁简之分，所以取名用字时要做到繁简一致，避免繁简不分。汉字由繁到简，减少汉字的笔画，所以在取名用字时，还必须注意两个问题。第一避免多笔画字，第二避免笔画多少不均。总之取名讲究字形，一要好认，二要好看，做到简繁适中，疏密有度，均衡宜人，错落有致，在整体上给人感觉比较匀称、和谐、舒服，要有建筑美和平衡感。

而现在取名有个现象，大部分专业取名由于讲究笔画数理，而繁简根本区别就在于笔画数，所以都是以《康熙字典》的繁体字为范本。《康熙字典》是一套成书于康熙五十五年（1716）的详细汉语字典，共收录汉字四万七千零三十五个。《康熙字典》是中国第一部以字典命名的汉字辞书。有专家进行了试验，就公众名人采用繁体字和简体字的笔画，按照专业法法则分别进行了演绎，发现许多方面信息还是繁体字相对比较准确。

(三) 字义

1. 字义的分类

汉字是表意文字,字义即指字的含义和意义,通常一个字会有几种含义:

(1) 本义。一般指词的原始意义或较早的意义,从字面上讲,也就是本来的意思。如"年"字,它本来是指谷子熟了,后来才演变成为计时的单位。有时也指词的基本(常用)意义。"红"的基本意义是红的颜色,后又派生出成功、受人赞赏、赏识的意思,如:"这出戏(这首歌)唱红了。"有的字会有数个含义,如"金",一指金子,二指金朝。

(2) 引申义。是本义推演出来的字义,如"金"字,本义是单指金属中金一种,而引申义是指金属的统称。引申义还有二度引申义,如金字,又可以指兵器、金印、首饰、货币、金星等许多含义。

(3) 喻义。文字中以本义比喻相关的含义,如"金德",即比喻为像金子一样品德。

(4) 假借义。假借义是由于字音相同或者相近而产生的与本义无关的意义,如"学而时习之,不亦说乎"? 这里的说,即通"悦",愉快,高兴。

2. 字义的特色

(1) 三者合一。汉语作为一种符号,其形式是语音,而内容就是语义;汉字也是一种符号,其形式是字体,而内容就是字义。所以语义和字义是包在语音和字体形式里的,这是汉字特质。汉字是音、形、义三者合一,而拼音文字,文字形体与语词意义之间失去了直接的联系。

(2) 多种含义。一个汉字一般具有多种含义,也具有很强的组词能力,且很多汉字可独立成词。这导致了汉字极高的"使用效率",2 000 左右常用字即可覆盖98％以上的书面表达方式。加之汉字表意文字的特性,汉字的阅读效率很高。汉字具备比字母文字更高的信息密度,因此,平均起来,同样内容的中文表达比其他任何字母语言的文字都短。

3. 字义的功能

(1) 言志。分为 5 个层面,如:

　　伟业理想——李自成

　　人生志趣——刘世楷

　　学习榜样——顾炎武

　　道德情操——胡三省

　　座右铭——朱自清

(2) 抒情。分为 3 个层面,如:

　　礼赞生活——叶正红

　　　抒写性情——张恨水

　　　抨击邪恶——朱胜非

　　(3) 描摹。分为 2 个层面,如:

　　　描绘图景——柳如烟

　　　摩形状物——云中鹤

　　(4) 寄托。分为 2 个层面,如:

　　　情感寄托——叶尚辉

　　　意念寄托——张敬尧

　　(5) 祝愿。分为 3 个层面,如:

　　　祝福前程似锦——万象春

　　　希望大有作为——方济众

　　(6) 寓理。有多层面,如:

　　　人生体验的提示——史可法

　　　处世良方的概括——莫伸

　　　对自然法则和社会事理的提炼——周而复

　　这些名字提示规律,提供经验,指示方向,含义深刻,具有鲜明的哲理色彩,是文字义蕴价值的一个重要方面。

　　(7) 纪实。分为 4 层面,如:

　　　时代印记——南下、解放、抗美、援朝、加耕、文革、四化

　　　家族痕迹——蒋经国、蒋纬国

　　　地域投影——李滨声(海滨)、吴湖帆(太湖)、权延赤(延安赤峰)

　　　个人特征——穆铁柱

　　(8) 愉悦。分为 2 层面,如:

　　　情悦——陈凯歌

　　　心悦——沈尹默

　　4. 字义的作用

　　字的含义会使人产生一种念头,一旦出现念头,就会形成意念场,对于人生的信念起一种无形的作用。名字的含义也是如此,它所产生的意念,可以成为自己事业的动力,作为座右铭来激励人的一生,所以姓名的信念能量是不可估量的。

　　一个人如果具有积极的奋斗精神,就可以不怕死,不怕苦,敢于牺牲自己,勇往直前。

　　如果消极而萎靡不振,不仅万事难成,甚至还有可能发生轻生的诱导。所以意志的力量直接影响人生命运。例如李苦禅、何长工、朱自清等,不管是文化人、艺术

家,还是革命家,从他们的一生来看,名字曾经给予他们极大的信念能量,名如其人,名副其实,名声鹊起。

5. 字义的组合规律

字有字义,词组也有明确含义,但是名字一般是三个字的组合,而且大部分不是固定词组,名字用字的搭配也不是按照语法规则方法进行的,所以使得原有字义发生千变万化,具有一定新的含义和寓意,给人以巧妙和美感,在组合上堪称天衣无缝,妙不可言,过目不忘。反之,名字不佳,甚至会闹出笑话。

(1)讲究字义的清晰。字义由于有多种含义,有些含义完全风马牛不相及,是属于歧义字(一般读音不同),如斗字,一是量词,引申义又为容器,或与此相关的意思(一斗、烟斗、斗室等)。一是动词,为相争(斗争、械斗等)。所以要取名注意歧义字。

取名就是要表达确切的意思,有些洋名,完全是一种译音取字,如约翰、洛夫、玛丽、丽莎等没有确切字义,没有任何意义,这也是忌讳洋名的原因之一,所以取名应该注意无义和词不达义的现象。

(2)讲究字义的褒贬。字义有褒贬之分,一般取名基本取褒弃贬。如囚,是囚犯,字义比较单一,没有其他意义,一般人不会用其取名。但是字义在特定的文字环境中,褒贬性质可以转化,如疾字,即疾病,是个贬义字,但是辛弃疾,前面加个弃字,即贬转褒。

汉字还有一种现象,其在发展过程中由于受到文化和历史因素的影响,字义的性质发生了变化。如龟字,唐朝还是吉祥字,至元代后,便变为贬义字了。又如桧字,本意是文木,是文人非常喜欢的字,但是自从出了一个奸臣秦桧之后,就败坏了这个字的名声,从宋朝开始就很少有人再用这个字来取名了。

(3)讲究名字的连义。在名字两字之间、姓名三字之间,还会产生一个连义的现象,姓名相互之间字义的搭配宜协调、连贯、合理、合乎逻辑。讲究名字的连义还需注意谐音,谐音的现象其本质还是字义问题。

名字蕴含的美好愿望一般都是通过字义,特别是整个名字的连义来表现的,所以讲究字的义蕴是中国人取名的先决条件,也是好名字的最起码的要求。

四、取名程序

1. 由于姓氏用字,在通常情况下是不可改变的,所以首先要确定姓氏字的读音(包括声、韵、声调)、形体(包括结构、笔画、部首)、含义(包括本义、引义、喻义),并以姓氏用字作为出发点选择取名用字。

2. 考虑名字用字的读音,要求姓名三字,特别是邻近两字间注意做到:

(1)不用多音字;

（2）选择不同的声母用字；

（3）选择不同的韵母用字；

（4）选择不同的声调用字；

（5）末字不用仄声字；

（6）姓名三字在声母、韵母和声调上选择最佳的搭配组合；

（7）必须考虑谐音的不良后果。

3. 考虑名字用字的形体，要求姓名三字，特别是邻近两字间注意做到：

（1）不用笔画繁多字；

（2）选择不同的结构的用字，做到结构错落变化，相得益彰；

（3）选择不同部首偏旁的用字；

（4）选择不同体形性质的用字；

（5）选择一致的繁简字体；

（6）选择恰当笔画组合的用字，做到繁简适中，疏密有致；

（7）姓名三字在结构、偏旁、体形性质和笔画上选择最佳的搭配组合。

4. 考虑名字用字的含义，要求姓名三字在字义注意做到：

（1）不用大多数人都不识的生僻用字；

（2）选择健康、向上、积极、恰当、含义清晰的用字；

（3）在姓名三字连义上选择最佳的搭配组合。

小　结

1. 名字，名与字有着不可分割的关系。他们的关系，一是没有汉字就没有人名，二是汉字有着自身的组合规律，其规律决定了由其组合的名字的质量。所以不管采取哪一种民间法或者专业法取名，决不可忽视汉字的法则，汉字法则是鉴别名字质量的基本法则。

2. 一个人的名字应该好叫、好听、好写、好看、好记、好感，一个好名就必须具有听觉美、视觉美和心灵感觉美。按照汉语语音理论规则及其组合规律选择用字是名字音韵美的基础，所取的名字则好叫，乐耳，易记。按照汉字形体的理论规则及其组合规律选择用字是名字形体美的基础，所取的名字则好写，悦目，易记。按照汉字字义规则以及组合规律进行的取名是姓名语义美的基础，其名含义具有清晰、优美、个性之效果。

3. 专家认为：名字在使用中，其字音、字形、字义及其组合具有一定的能量和磁场，是姓名吉祥美的基础，按其规律取名，其名有增加能量、趋吉避凶之效果。也有专家认为：一个汉字，就有一个易象。汉字经过历代的使用，已经凝聚和浓缩了人们丰富的心理资讯。汉字是物、义、语的合体，音、形、义、资讯、能量的总和，具有生命资讯，所以汉字具有一定的能量，隐藏一定的玄理禅机，对于名字之主人的吉凶起到一定的作用。这方面需要我们更加努力地探索汉字对于名字能量的神秘意义。

第二节　生肖取名法

即以十二生肖为基础，选择有利于主人生肖的汉字的一种取名方法。按照生肖法的要求取名，凡是名字与其生肖相合的为吉名，如果相克、相冲、相刑的则为凶名。

一、历史发展

十二生肖，又称为十二相属、十二属相、十二年兽。生肖作为一种古老的民俗文化现象，也是中华民族的民间习俗，历史悠久。有关十二生肖的起源，历代学者众说纷纭。有人认为生肖与地支同源，所以可以追溯到史前的传说时代，《史记》中所载黄帝"建造甲子以命岁"，"大挠作甲子"就是这类说法的反映，学者们认为这里所说的甲子就是指的十二生肖。也有人认为生肖是来源于我国北方的游牧名族，如清代学者赵翼在其著作《陔馀丛考》中写道，北方民俗最初是没有"子丑寅卯"的，但以鼠牛虎兔来分纪时岁。甚至有人认为生肖是舶来品，是由古巴比伦传入中国的，郭沫若是这种观点的代表人物。

据考证，《诗经》是记载十二生肖最早的现有文献资料。《诗经》有："吉日庚午，即差我马"八个字，意思是庚午吉日时辰好，是跃马出猎的好日子，已将午与马相对应。可见在春秋前后，地支与十二种动物的对应关系已经流传。1975年，在湖北云梦县睡虎地十一号墓出土的竹简，所记十二生肖内容大体近似于现在流行的说法。据考证，睡虎地十一号墓下葬于秦始皇三十年（公元前217年），因此十二生肖的产生至少可以追溯到秦以前的春秋时期。学者们认为，这是迄今为止，在我国发现的关于十二生肖的最早而又较系统的记载。

到了东汉，在唯物主义思想家王充的名著《论衡》中，十二生肖便齐全了，而且十二地支与十二生肖的配属完整，完全与现今相同，堪称古文献中关于生肖的较早的最完备的记载。到了南北朝，生肖已普遍使用。

十二生肖来源于原始时代的动物崇拜，而且与天干地支联系在一起，是"干支纪年法"创立后才出现的。十二种动物与十二地支一一对应，以动物作地支标志。

哪年出生的人就有哪年的地支所配属的动物,由此以十二种动物用来纪年、纪日和计算每一个人的属相。由于不同的动物代表不同的属相,表现不同的性格和情趣,利用十二属相给孩子命名是中国文化的一种特有现象,也是我国古代流传下来的一种起名习俗。人们通过千变万化、奇思妙想的文字搭配,把十二属相赋予人的灵性并融入自己的姓名,使自己的名字更能展现自我个性,更能释放自我心志,这便是我们民族用十二属相生肖起名的习俗代代相传的根本原因。

生肖法有二种形式

1. 直接以生肖入名的,如王大虎、李小龙、郑牛、林彪,等等。

2. 以和生肖相应的地支入名的,如明代画家诗人唐寅,因地支"寅"和"虎"相对应,他又是长子,所以又取字"伯虎"。

二、理论基础

1. 十二地支理论

由于十二地支颇为复杂,于是古人想到用动物来表达地支,所以十二生肖与十二地支有着密不可分的关系,并作为代替十二地支的符号和附会。生肖的相合、相冲、相害的规则基本上来源于十二地支的合冲原理。

2. 生肖吉凶理论

古人认为,一个人的名字与十二生肖有直接的吉凶关联。字与属相合者为吉,反之为凶。

3. 时间计算理论

生肖法的时间计算是以农历正月初一起始,与八字五行法等其他方法以立春起始不同。

三、基本内容

1. 十二地支与十二生肖

十二生肖代表十二地支,子年出生属鼠,丑年出生属牛,寅年出生属虎,卯年出生属兔,辰年出生属龙,巳年出生属蛇,午年出生属马,未年出生属羊,申年出生属猴,酉年出生属鸡,戌年出生属狗,亥年出生属猪。简称子鼠,丑牛,寅虎,卯兔,辰龙,巳蛇,午马,未羊,申猴,酉鸡,戌狗,亥猪。

2. 生肖关系

十二地支的合冲害学说,也适用十二生肖,生肖相合为贵,不宜相冲、相害、相刑。所以取名时避免生肖相冲相害,宜三合的要求在民间广泛流传。

(1)生肖相合

鼠牛相合——子丑合化土

虎猪相合——寅亥合化木

兔狗相合——卯戌合化火

龙鸡相合——辰酉合化金

蛇猴相合——巳申合化水

马羊相合——午未合化土

（2）生肖三合

猴鼠龙相合成水局

虎马狗相合成火局

猪兔羊相合成木局

蛇鸡牛相合成金局

（3）三会

虎兔龙三会东方木

蛇马羊三会南方火

猴鸡狗三会西方金

猪鼠牛三会北方水

（4）生肖相冲（即六冲）

鼠马相冲

牛羊相冲

虎猴相冲

兔鸡相冲

龙狗相冲

蛇猪相冲

（5）生肖相害

鼠羊相害

牛马相害

虎蛇相害

兔龙相害

猴猪相害

鸡狗相害

（6）生肖相刑

虎刑蛇，蛇刑猴，猴刑虎，为特势之刑，主仗势而致刑伤；

鼠刑兔，兔刑鼠，为无礼之刑，主无礼之事而致刑伤；

牛刑羊，羊刑狗，狗刑鼠，为无恩之刑，主有恩忘而致刑伤；

龙龙自刑

马马自刑

鸡鸡自刑

猪猪自刑

3. 十二生肖出生年份表

鼠	1924	1936	1948	1960	1972	1984	1996	2008
	甲子	丙子	戊子	庚子	壬子	甲子	丙子	戊子
牛	1949	1961	1973	1985	1997	2009	2021	2033
	己丑	辛丑	癸丑	乙丑	丁丑	己丑	辛丑	癸丑
虎	1926	1938	1950	1962	1974	1986	1998	2010
	丙寅	戊寅	庚寅	壬寅	甲寅	丙寅	戊寅	庚寅
兔	1927	1939	1951	1963	1975	1987	1999	2011
	丁卯	己卯	辛卯	癸卯	乙卯	丁卯	己卯	辛卯
龙	1928	1940	1952	1964	1976	1988	2000	2012
	戊辰	庚辰	壬辰	甲辰	丙辰	戊辰	庚辰	壬辰
蛇	1929	1941	1953	1965	1977	1989	2001	2013
	己巳	辛巳	癸巳	乙巳	丁巳	己巳	辛巳	癸巳
马	1930	1942	1954	1966	1978	1990	2002	2014
	庚午	壬午	甲午	丙午	戊午	庚午	壬午	甲午
羊	1931	1943	1955	1967	1979	1991	2003	2015
	辛未	癸未	乙未	丁未	己未	辛未	癸未	乙未
猴	1932	1944	1956	1968	1980	1992	2004	2016
	壬申	甲申	丙申	戊申	庚申	壬申	甲申	丙申
鸡	1933	1945	1957	1969	1981	1993	2005	2017
	癸酉	乙酉	丁酉	己酉	辛酉	癸酉	乙酉	丁酉
狗	1934	1946	1958	1970	1082	1994	2006	2018
	甲戌	丙戌	戊戌	庚戌	壬戌	甲戌	丙戌	戊戌
猪	1935	1947	1959	1971	1983	1995	2007	2019
	乙亥	丁亥	己亥	辛亥	癸亥	乙亥	丁亥	己亥

4. 十二生肖取名喜宜和忌讳用字表

关于生肖取名法,其核心部分就是十二生肖各有自己一套宜忌的范字,各种版本说法不一。有的以十二生肖生克制化关系为理论基础,如属鼠名字,应该选择申子辰相关的汉字,忌讳与之相冲相害的汉字。有的明显属于牵强附会,如老鼠喜欢打洞,所以宜"口"偏旁类的汉字。有的完全就是莫名其妙,如老鼠怕人,所以必须忌讳"亻"部首的汉字。

我们根据多种版本的不同内容,综合各家的精华,整理了此表,以供读者参考和选字。

生肖	喜宜生合的偏旁、部首、字根、要字	忌讳冲克的偏旁、部首、字根、要字
鼠	豆、麦、米、粱、禾、谷、艹、宀、斗、金、玉、木、田、口、品、王、令、君、彡、巾、糸、衤、采、示、亠、夕、晚、夜、申、辰、猴、亥、丑、牛。	山、刀、力、弓、土、月、忄、心、石、辶、几、弓、耳、己、马、火、灬、日、亻、羊、车、酉、皮、才、工、臣。
牛	艹、宀、栅、栏、册、田、土、车、禾、叔、麦、米、豆、氵、亻、巳、酉、鸟、羽、毛。	月、火、石、山、血、彡、刀、力、几、心、忄、木、纟、巾、衤、采、示、王、玉、君、帝、大、长、宀、示、日、山、羊、马、犭。
虎	山、木、林、王、君、大、令、将、主、山、日、京、占、忄、心、肉、月、衤、纟、巾、彡、金、玉、示、犭、灬、冫、马、午、南、火、戌、犬、卯、东。	小、门、皮、虍、米、豆、禾、田、艹、土、衤、口、囗、日、光、亻、彳、石、刀、力、血、弓、父、申、袁、候、辶、一、邑、虫、乏、弓、巳、辰、龙、贝、页。
兔	艹、禾、米、豆、麦、粱、稻、糸、衤、彡、巾、衤、木、月、一、白、玉、人、亻、穴、宀、亥、未、猪、羊、亥、未、猪、羊。	宇、安、女、心、忄、肉、日、阳、人、大、君、宀、帝、王、山、林、马、车、力、皮、川、酉、西、鸡、几、羽、金、辰、龙、贝、氵、水。
龙	金、玉、白、赤、鱼、酉、亻、星、云、辰、水、氵、雨、王、大、君、帝、令、主、长、幺、冫、子、壬、癸、申、袁、马、午。	口、辶、乏、弓、川、几、巳、宀、艹、田、臣、土、相、小、少、心、内、忄、肉、山、丘、虍、艮、寅、虫、戌、豸、犬、卯、兔、羊。
蛇	口、宀、冖、木、竹、乡、兰、衤、彡、巾、纟、走、弓、川、几、巳、虫、辶、乏、月、肉、心、忄、田、土、小、少、臣、士、夕、马、羊、酉、丑。	彳、亻、人、豆、米、禾、谷、日、艹、禾、虍、水、氵、子、小、弓、父、血、刀、幺、火、申、候。
马	木、禾、麦、叔、稷、豆、粟、粱、草、艹、宀、目、纟、巾、乡、衤、龙、皮、亻、人、幺、金、玉、月、土、才。	田、米、山、口、奇、其、彳、月、肉、心、忄、牛、丑、石、田、日、水、车、力、酉、刀、火。
羊	米、麦、禾、豆、粱、稷、叔、木、口、穴、门、足、几、金、白、玉、月、豆、米、鱼、豸、卯、巳、马。	月、肉、心、忄、大、王、君、长、衤、巾、乡、衤、纟、丑、牛、子、刀、皿、车、酉、金、水、犭、冫。

生肖	喜宜生合的偏旁、部首、字根、要字	忌讳冲克的偏旁、部首、字根、要字
猴	木、亻、彳、人、言、讠、王、纟、巾、糹、夕、衤、巾、礻、氵、丷、水、辰、金、玉、水、田、禾。	米、麦、禾、谷、田、稷、虎、虍、豕、金、火、幺、刀、血、力、刂、牙、君、将。
鸡	禾、豆、米、粱、麦、粟、虫、山、木、乡、兰、彡、纟、宀、冖、辶、廴、田、土蛇、牛形、独立的字形。	心、月、肉、忄、大、君、帝、王、卯、东、月、兔、金、酉、兑、申、秋、刀、示、力、石、人、虍、手、血、水、子、亥、北、氵、丷、弓、车、马、亻、犬、犭、戌、不易多口字、字脚分开形字。
狗	人、亻、纟、乡、巾、礻、宀、冖、心、忄、月、肉、小、少、士、臣、月、肉、豆、米、鱼、马、金、玉、草、田、木、禾、水、寅、虎、午、马。	彳、禾、米、豆、粱、稷、麦、口、日、两口、三口之字之字、田、犬、狄、鸡或与之相关之字、形、木、辰、贝、未、羊、丑、牛、雨、云、熊、水、子、氵、丷、北、亥之字根、火、石、幺、山、刀、车。
猪	豆、米、鱼、氵、金、玉、月、亻、山、土、艹、宀、穴、亻、门、田、口(宜大口)、亥、卯、未、子、丑、木、金。	大、君、长、帝、王、彡、纟、巾、衣、罒、礻、人、亻、上、刀、力、血、几、皮、石、巳、辶、川、一、乙、弓、阝、虫、申、袁、爱、侯。

四、程序方法

生肖取名法相对其他专业法比较简单,一是只有十二生肖,二是十二生肖的合冲的规则也比较简单,三是根据表格汉字对照宜忌即可。所以程序也比较简便。

1. 确认自己的生肖。

2. 在宜字表中选择自己生肖适宜的汉字进行取名。

3. 在忌字表中了解和回避自己生肖忌讳的汉字。

小 结

1. 专家认为,属相在生辰八字系统中,对于本人具有一定的作用,但是生肖起名法比较简单,有很大的局限性,它只是根据生肖的特性牵强附会地与名字的字形联系起来,这种方法也没有反映生肖五行的关系与日主五行,两者关系并不密切。

2. 生肖法有两个致命的缺陷,一是局限性太大。中国人口众多,高达十余亿人,而生肖只有十二个,按其法取名,重名概率将大大增加。第二是不符合客观事实,生肖与汉字没有内在的联系,生肖与人也没有内在的联系。因为生肖,某些字入名吉祥,某些字入名则大凶,没有理论基础。如属相为猪的,忌讳与华丽有关系的,如彡、巾、衣、采、糸部首的字取名,这是因为猪牲上供桌前,要将其身上华丽装饰一番。所以属猪的不宜有彩衣,否则自己得到部分最少,失去的反而是最多。如此实在令人感到可笑和荒唐。

3. 以生肖取名,只是人们的风俗习惯而已,至多具有纪念出生年代的功能,其取名用字有宜忌之分的说法缺乏科学依据,我们没有必要迷信它。

第三节 五格取名法

五格取名法又称五格剖象法,是根据取名者的姓氏笔画,再按照规则选取一定笔画的汉字组成名字,以获得五格吉祥数理的一种起名法。五格法认为姓名与人生的吉凶有着密切的关系,这由姓名的五格相互关系而决定。

一、历史发展

据有关资料所载,五格法是日本学者于 20 世纪初期发明,在 30 年代,由中国留日学生从日本辗转带回中国的。

日本是受中国汉文化影响很大的国家之一,其国民也都以汉字取用姓名。日本姓名学历史不长,在明治维新之前(十九世纪六十年代),平民百姓仍然处于有名无姓的阶段,当时只有贵族士大夫、富豪巨贾和大地主才有姓氏。直到明治八年(1875),日本天皇才下诏令全国的庶民都可以在名字上加冠姓氏,并凭姓氏向政府登记申请户籍,此后,日本的姓名学才得以形成和发展。

明治二十五年(1892),日本占术家佐佐木盛夫提倡姓名学。1918 年,日本学者雄崎健翁根据中国《易经》中"生克制化"理论,对于日本姓名学进行了较为系统的整理,研究出"五格剖象姓名学"。所以"五格剖象姓名学"也称为"熊崎氏姓学",并风行于日本,被誉为"圣学"。而在日本研究姓名学的门生,人们给予"圣学生"的名号。

1933 年,中国学生白玉光(后来改名白惠文)到日本留学,师从熊崎健翁先生学习姓名判断。1937 年,取得熊的同意,把该理论翻译成中文。后来白惠文回国后,整理出版了一系列姓名学著作——即"五格剖象法",后传入韩国乃至我国的台湾、东北等地。有专家认为熊崎式姓名学的架构,包括笔画吉凶、三才五格、生克关系等,其实是来自中国宋朝蔡九峰的姓名学理论。五格法传入大陆,文化大革命以后开始在我国流传并盛行,目前在我国已经成为一种非常流行的起名方法。

二、基本理论

1. 五格理论

五格剖象起名法理论认为,一个人的姓名在数理上分为天格、人格、地格、总格和外格,即五格。五格中的数理具有一定的吉凶,可以推算出一个人一生的命运。

2. 八十一灵动数理论

五格剖象起名法理论认为,五格的数理共有 81 个,分为吉数、凶数和中性数三种;有的姓名学专家将 81 数理划分得更细,分为大吉、小吉、中性、小凶和大凶五类。

3. 三才理论

三才理论就是借用了易经中的天人地的三道,是"天人合一"在姓名学中的体现。天格、人格、地格关系就代表了名字主人与其他人、周围事物环境的关系,以及形成的一生运势的缩影。

4. 五格关系理论

五格之间的关系决定了人生的吉凶范围和程度。

5. 汉字繁体字理论

五格法计算汉字笔画以繁体字为准,即以《康熙字典》为准,详见第四节《五行取名法》。

三、基本内容

1. 五格

(1) 天格。是根据姓名中的姓氏笔画,按照一定规则计算出的数理。由于姓氏来自祖先,也是先天就规定了的,故名天格,原则上是不能改变,只能接受的。其单独出现对人生是没有多大影响的,但天格与人格的数理关系即成功运,则对人生成功、发达、顺利与否,有很大的影响。天格,也称父母运,一般来说对于个人命运影响不大。

(2) 人格。是根据姓与名的第一个字相加笔画。人格在五格中最为重要,是一个人的基本运,对人生的影响最大,同时可以从人格看性格和脾气,所以又称主运。

(3) 地格。是根据姓名中的所有除姓外的名字总笔画。地格代表一个人 35 岁之前的命运,因此又称为前运,其数理可以探测其人与子女、部下、朋友及同事的关系。

(4) 总格。是整个姓名总笔画。总格代表一个人的后运,即 35 岁之后的命运,因此叫后运力。

（5）外格。是根据姓名中的最后一个名的字的笔画,按照一定规则计算出的数理。外格代表一个人的副运,所以叫副运力,即个人与外界的关系和谐与否。通过外格与人格的关系,可探测其家族亲缘厚薄及本人的社交能力。

五格法认为,一个人的命运,主要看人格数、地格数和总格数;天格和外格则作为参考。同时,五格相互关系,特别是三才(即天格、人格、地格)关系也决定一个人的事业运、健康、婚姻及家庭运,而人格与外格的关系决定了一个人的社交能力和诱导力。

2. 八十一数理暗示

这是五格法主要内容之一。即按繁体字的笔画数计算,相加出的五格数理一共有八十一位数,每位数都有一定的吉凶,都有具体的含义。目前有关五格法的书籍各种版本说法不统一,吉凶标准不一。在内容上表述也不同,有的是吉凶定语加四言诗;有的是具体到基业、家庭、健康等人生重大方面的内容。其理论最大的缺陷是无论是简单断语,还是具体方面,都没有依据和来源。

3. 数理吉凶

五行法认为 81 数作为姓名所用汉字的笔画有吉凶,各种版本 81 数吉凶标准不统一。

（1）大吉数 1　3　5　8　11　13　15　16　18　21　23　24　25　29　31　32　33　35　37　41　45　47　48　52　63　65　67　68　81

（2）次吉数 6　7　17　27　30　38　51　61　75

（3）大凶数(代表逆境、病难、沉浮) 2　4　9　10　12　14　19　20　22　26　27　28　34　36　42　43　44　46　47　50　54　56　58　59　60　62　64　66　69　70　71　72　73　74　76　78　79　80

（4）女性大吉数(代表品行温柔,相夫教子) 5　6　8　11　13　15　16　24　31　32　35

（5）女性孤独寡运大凶数(代表难觅夫君、家庭不睦、夫妻相斗) 21　23　26　28　29　33　39

（6）有财遇贵数 16　23　24　32　33　41　42

（7）败家运数 2　4　9　10　12　14　19　20　22　26　36

（8）孤独运数 4　10　12　14　22　28　34

（9）短命运数 4　9　10　14　19　20　22　28　30　36　40　44　50　52　54　56　59　80

4. 五行数理

五格法认为,五格数仍以八十一数理吉凶为准,但五格数理则以只计 0——9 计数,超过 9 的数,则以个位数计算。如 18 则为 8,34 则为 4。

五格数理与五行的关系：

1、2——木

3、4——火

5、6——土

7、8——金

9、0——水

五格数理的关系实质就是五行关系，并以五行生化克制的原理作为人生吉凶的标准。

5. 五格关系及其作用

（1）从人格和外格的数理关系，可推断人的性格和一生的情况；

（2）从天、人、地格数理可推断人在年轻时期及人生历程及其子女、部下、朋友和同事的关系；

（3）从总格数理可推断人在中年以后的人生历程；

（4）从天、人、地三格数理的关系可推断人的健康状况和生活顺利与否；

（5）天格与人格之数理关系为成功运，由此可推断人的事业成功率高低；

（6）人格与地格之数理关系，为基础运，由此可推断人的基础稳妥与否；

（7）从外格与人格之数理关系，可推断人的家庭亲缘厚薄及神交状况的优劣。

6. 掌握五格规则

（1）天格

口诀：单姓数加一，复姓数相加。

姓名模型	方　　法	实　　　　例
单姓单名	姓氏笔画数加1	周川　周8画　天格为9。
单姓双名	姓氏笔画数加1	周川祥　周8画　天格为9。
复姓单名	复姓笔画相加	诸葛亮　诸15画　葛15画　天格为30。
复姓双名	复姓笔画相加	宇文成都　宇6画　文4画　天格为10。

（2）人格

口诀：姓尾名头数相加。

姓名模型	方　　法	例　　子
单姓单名	姓字笔画加名字笔画	周川　周8画　川3画　人格为11。
单姓双名	姓字笔画加名字前字笔画	王大明，王4画，大3画，人格为7。

姓名模型	方 法	例 子
复姓单名	姓后字笔画加名字笔画	诸葛亮,葛15画,亮9画,人格为24。
复姓双名	姓后字笔画加名字前字笔画	宇文成都,文4画,成7画,人格为11。

（3）地格

口诀：单名数加一,双名数相加。

姓名模型	方 法	例 子
单姓单名	名字笔画数加1	周川,周8画,川3画,地格为4。
单姓双名	名字笔画数相加	王大明,大3画,明8画,地格为11。
复姓单名	名字笔画数加1	诸葛亮,亮9画,加1,地格为10。
复姓双名	名字笔画数相加	宇文成都,成7画,都15画,地格为22。

（4）总格

口诀：姓名各数全部加。

姓名模型	方 法	例 子
单姓单名	姓名笔画数相加	周8画,川3画,总格为11。
单姓双名	姓名笔画数相加	王4画,大3画,明8画,总格为15。
复姓单名	姓名笔画数相加	诸15画,葛15画,亮9画,总格为39。
复姓双名	姓名笔画数相加	宇6画,文4画,成7画,都15画,总格为32。

（5）外格

口诀：总格数减人格数,如有加数再加上。

姓名模型	方 法	例 子
单姓单名	总格数加天格加数和地格加数,减掉人格数即为外格数	周川,总格11—人格11,+天格和地格加数各1,外格即为2。
单姓双名	同上	王大明,总格15—人格7,+天格加1,外格数即为9。

姓名模型	方　　法	例　　　子
复姓单名	同上	诸葛亮,总格 39—人格 24,+地格加数 1,外格为 10。
复姓双名	总格数减掉人格数即为外格数	宇文成都,总格 32—人格 11,外格为 21。

7. 选择五格起名数局

五格法认为,名字在五格上皆宜为八十一数理中的吉数,以下是五格数的最佳组合,即按照此表所得五格的数理皆为 81 灵动数中的吉数。由于单名是重名的重要因素之一,所以提倡双字名,此表为百家姓双字名的数理表。

(1) 2 画

姓氏:卜、丁、刀、七、刁。

数局:

姓氏笔画	名字前字笔画	名字后字笔画	姓氏笔画	名字前字笔画	名字后字笔画	姓氏笔画	名字前字笔画	名字后字笔画
2	1	10	2	3	10	2	4	19
2	6	9	2	6	15	2	6	17
2	9	4	2	11	10	2	13	10
2	14	15	2	14	19	2	14	21
2	15	15	2	16	13	2	16	19
2	16	21	2	19	4			

(2) 3 画

姓氏:于、上、三、山、千、弋、弓、干。

数局:

姓氏笔画	名字前字笔画	名字后字笔画	姓氏笔画	名字前字笔画	名字后字笔画	姓氏笔画	名字前字笔画	名字后字笔画
3	3	12	3	12	6	3	4	14
3	5	10	3	13	5	3	8	5
3	8	24	3	20	12	3	10	8

姓氏笔画	名字前字笔画	名字后字笔画	姓氏笔画	名字前字笔画	名字后字笔画	姓氏笔画	名字前字笔画	名字后字笔画
3	12	17	3	8	10	3	13	3
3	14	4	3	10	22	3	18	14
3	5	8						

（3）4画

姓氏：孔、毛、王、文、方、尤、牛、尹、元、卞、支、巴、仇、公、井、水、元、支。

数局：

姓氏笔画	名字前字笔画	名字后字笔画	姓氏笔画	名字前字笔画	名字后字笔画	姓氏笔画	名字前字笔画	名字后字笔画
4	3	14	4	4	7	4	4	13
4	4	17	4	4	21	4	7	9
4	9	2	4	9	4	4	9	12
4	9	22	4	12	9	4	12	13
4	12	17	4	12	21	4	13	4
4	13	12	4	14	11	4	14	17
4	19	12	4	20	15	4	21	12

（4）5画

姓氏：史、石、央、甘、田、白、申、包、丘、皮、平、令、左、古、冉、由。

数局：

姓氏笔画	名字前字笔画	名字后字笔画	姓氏笔画	名字前字笔画	名字后字笔画	姓氏笔画	名字前字笔画	名字后字笔画
5	2	6	5	8	5	5	8	8
5	8	10	5	8	16	5	8	24
5	10	6	5	10	8	5	10	14
5	10	20	5	10	21	5	12	4
5	12	6	5	12	12	5	12	20
5	18	14	5	20	4	5	14	17

（5）6画

姓氏：朱、牟、伊、任、伍、米、安、羊、全、伏、戎、后、百、吉、年、向、同。

数局：

姓氏笔画	名字前字笔画	名字后字笔画	姓氏笔画	名字前字笔画	名字后字笔画	姓氏笔画	名字前字笔画	名字后字笔画
6	7	11	6	9	6	6	9	9
6	9	14	6	9	16	6	10	5
6	10	7	6	10	15	6	10	19
6	10	21	6	11	14	6	12	13
6	12	17	6	15	10	6	19	4
6	19	16						

（6）7画

姓氏：李、吴、宋、杜、江、吕、余、辛、谷、巫、车、成、危、利、甫、池、岑、何。

数局：

姓氏笔画	名字前字笔画	名字后字笔画	姓氏笔画	名字前字笔画	名字后字笔画	姓氏笔画	名字前字笔画	名字后字笔画
7	6	10	7	6	15	7	6	18
7	8	8	7	8	10	7	8	16
7	8	17	7	9	7	7	9	15
7	9	16	7	10	6	7	10	8
7	10	14	7	10	15	7	11	4
7	11	14	7	14	11	7	22	10
7	30	15						

（7）8画

姓氏：林、周、汪、沈、金、季、易、孟、岳、宗、卓、武、狄、屈、杭、牧、居、武、幸、宓、尚、狐。

数局：

姓氏笔画	名字前字笔画	名字后字笔画	姓氏笔画	名字前字笔画	名字后字笔画	姓氏笔画	名字前字笔画	名字后字笔画
8	3	12	8	7	9	8	7	16
8	8	9	8	8	10	8	8	13
8	8	15	8	8	16	8	8	17
8	8	21	8	9	6	8	9	7
8	9	16	8	10	5	8	10	15
8	10	21	8	13	12	8	13	16
8	21	16						

(8) 9 画

姓氏：俞、信、施、柯、段、姚、姜、柴、纪、韦、查、侯、柳、风、封、秋、咸、皇、柏、羿、红。

数局：

姓氏笔画	名字前字笔画	名字后字笔画	姓氏笔画	名字前字笔画	名字后字笔画	姓氏笔画	名字前字笔画	名字后字笔画
9	2	4	9	6	10	9	6	17
9	6	18	9	6	26	9	7	8
9	7	16	9	8	7	9	8	8
9	8	16	9	9	6	9	9	7
9	12	4	9	12	12	9	12	20
9	20	12						

(9) 10 画

姓氏：倪、秦、晋、袁、夏、翁、洪、高、花、徐、殷、孙、凌、席、班、乌、贡、宫、耻、家、祝、桂、马、唐、耿、徒。

数局：

姓氏笔画	名字前字笔画	名字后字笔画	姓氏笔画	名字前字笔画	名字后字笔画	姓氏笔画	名字前字笔画	名字后字笔画
10	3	10	10	11	2	10	13	12
10	6	15	10	11	14	10	14	17

姓氏笔画	名字前字笔画	名字后字笔画	姓氏笔画	名字前字笔画	名字后字笔画	姓氏笔画	名字前字笔画	名字后字笔画
10	3	12	10	14	5	10	11	12
10	8	13	10	19	12	10	13	10
10	11	10	10	6	7	10	14	7
10	11	20	10	8	15			

（10）11 画

姓氏：张、许、梅、章、胡、梁、范、康、麦、曹、崔、崖、那、荆、商、寇、苗、尉、苑、宿、邦、常。

数局：

姓氏笔画	名字前字笔画	名字后字笔画	姓氏笔画	名字前字笔画	名字后字笔画	姓氏笔画	名字前字笔画	名字后字笔画
11	2	4	11	4	20	11	7	14
11	10	14	11	10	20	11	12	6
11	12	12	11	14	4	11	14	10
11	14	23	11	18	6	11	20	4
11	21	20						

（11）12 画

姓氏：黄、曾、邵、邱、彭、程、阮、项、童、贺、乔、富、堤、冯、堵、盛、景、荀、闵、喻、云、贵、焦、舒、付、钮、单、间、傅。

数局：

姓氏笔画	名字前字笔画	名字后字笔画	姓氏笔画	名字前字笔画	名字后字笔画	姓氏笔画	名字前字笔画	名字后字笔画
12	1	12	12	3	10	12	3	14
12	4	9	12	4	13	12	4	19
12	6	11	12	6	15	12	6	19
12	9	12	12	9	14	12	9	16
12	12	13	12	12	17	12	13	4
12	13	12	12	20	15	12	23	12

（12）13 画

姓氏：杨、庄、詹、游、广、廉、雍、贾、雷、虞、楚、温、汤、费、路、裘、靳、莫、陆、逄、甄、载、曾。

数局：

姓氏笔画	名字前字笔画	名字后字笔画	姓氏笔画	名字前字笔画	名字后字笔画	姓氏笔画	名字前字笔画	名字后字笔画
13	3	15	13	8	8	13	8	16
13	10	8	13	11	18	13	12	20
13	12	23	13	17	6	13	18	6
13	18	14	13	18	17			

（13）14 画

姓氏：郝、连、廖、熊、华、褚、福、赫、署、管、涂、赵、裴、凤、齐、臧、烯、寿、郗、荣。

数局：

姓氏笔画	名字前字笔画	名字后字笔画	姓氏笔画	名字前字笔画	名字后字笔画	姓氏笔画	名字前字笔画	名字后字笔画
14	3	12	14	3	15	14	3	22
14	4	7	14	4	11	14	4	13
14	4	14	14	9	6	14	9	12
14	10	7	14	10	11	14	10	13
14	10	15	14	11	7	14	11	12
14	9	14						

（14）15 画

姓氏：剑、郭、叶、欧、董、鲁、乐、谈、樊、历、黎、满、刘、万、范、葛。

数局：

姓氏笔画	名字前字笔画	名字后字笔画	姓氏笔画	名字前字笔画	名字后字笔画	姓氏笔画	名字前字笔画	名字后字笔画
15	6	10	15	14	10	15	6	18
15	8	10	15	18	15	15	8	16
15	9	15	15	9	23	15	10	8

姓氏笔画	名字前字笔画	名字后字笔画	姓氏笔画	名字前字笔画	名字后字笔画	姓氏笔画	名字前字笔画	名字后字笔画
15	18	6	15	9	7	15	18	14
15	20	4	15	10	14	15	22	15
15	8	8						

（15）16 画

姓氏：陈、陶、赖、潘、陆、蒲、卫、穆、霍、诸、阎、鲍、骆、钱、锡、龙、卢、颖、历、熊、万。

数局：

姓氏笔画	名字前字笔画	名字后字笔画	姓氏笔画	名字前字笔画	名字后字笔画	姓氏笔画	名字前字笔画	名字后字笔画
16	8	5	16	8	7	16	8	9
16	8	13	16	8	15	16	8	17
16	9	4	16	9	6	16	9	7
16	9	14	16	9	16	16	13	4
16	13	12	16	13	16	16	19	4
16	19	5	16	21	4	16	21	10

（16）17 画

姓氏：蒋、蔚、邹、蔡、谢、韩、阳、应、赛、隆、钟、戴、隋、蔡。

数局：

姓氏笔画	名字前字笔画	名字后字笔画	姓氏笔画	名字前字笔画	名字后字笔画	姓氏笔画	名字前字笔画	名字后字笔画
17	6	12	17	8	7	17	8	8
17	8	10	17	8	16	17	12	6
17	12	12	17	18	6	17	18	17
17	20	15						

（17）18 画

姓氏：戴、颜、魏、简、礼、薄、聂、丰、储、鄢、丛。

数局：

姓氏笔画	名字前字笔画	名字后字笔画	姓氏笔画	名字前字笔画	名字后字笔画	姓氏笔画	名字前字笔画	名字后字笔画
18	3	12	18	6	5	18	6	7
18	6	11	18	6	15	18	6	17
18	7	6	18	7	10	18	7	16
18	11	6	18	11	10	18	14	7
18	14	15	18	19	10			

（18）19 画

姓氏：郑、萧、邓、薛、关、罗、庞、宝、沈、迟、薄、谭。

数局：

姓氏笔画	名字前字笔画	名字后字笔画	姓氏笔画	名字前字笔画	名字后字笔画	姓氏笔画	名字前字笔画	名字后字笔画
19	2	4	19	2	14	19	4	12
19	4	14	19	6	7	19	6	10
19	6	12	19	11	7	19	12	4
19	12	6	19	12	17	19	12	20

（19）20 画

姓氏：严、释、蓝、罗、钟。

数局：

姓氏笔画	名字前字笔画	名字后字笔画	姓氏笔画	名字前字笔画	名字后字笔画	姓氏笔画	名字前字笔画	名字后字笔画
20	1	12	20	3	12	20	4	6
20	4	11	20	4	17	20	4	21
20	5	11	20	9	8	20	9	12
20	9	23	20	11	4	20	11	14
20	12	20						

（20）21 画

姓氏：顾、巍、珑、铙。

数局：

姓氏笔画	名字前字笔画	名字后字笔画	姓氏笔画	名字前字笔画	名字后字笔画	姓氏笔画	名字前字笔画	名字后字笔画
21	2	14	21	4	12	21	4	14
21	8	8	21	8	10	21	10	6
21	10	8	21	10	14	21	11	5
21	11	20	21	12	4	21	12	12

（21）22 画

姓氏：苏、龚、权、器、芦。

数局：

姓氏笔画	名字前字笔画	名字后字笔画	姓氏笔画	名字前字笔画	名字后字笔画	姓氏笔画	名字前字笔画	名字后字笔画
22	9	6	22	9	14	22	10	5
22	10	11	22	10	13	22	10	15
22	11	10	22	13	4	22	13	12
22	19	4						

（22）23 画

姓氏：兰、栾。

数局：

姓氏笔画	名字前字笔画	名字后字笔画	姓氏笔画	名字前字笔画	名字后字笔画	姓氏笔画	名字前字笔画	名字后字笔画
23	1	15	23	6	10	23	8	8
23	8	10	23	10	6	23	10	8

（23）24 画

姓氏：陇

数局：

姓氏笔画	名字前字笔画	名字后字笔画	姓氏笔画	名字前字笔画	名字后字笔画	姓氏笔画	名字前字笔画	名字后字笔画
24	1	10	24	8	9	24	9	6

按五格法理论,其最佳组合应以81灵动数吉凶和三才配置吉凶为准,各种版本标准不一。

四、方法程序

1. 计算姓氏的笔画。如张姓,为11画(简体字为7画)。

2. 根据姓氏笔画,在《起名常用格局数理表》选择决定相关的笔画。

11	2	4	11	4	20	11	7	14
11	10	14	11	10	20	11	12	6
11	12	12	11	14	4	11	14	10
11	14	23	11	18	6	11	20	4
11	21	20						

共有13个模式组合,选择其中一模式,如11——2——4。

3. 根据决定的笔画数选择汉字组合成名字。

如笔画2汉字有二、十、厂、丁、七、卜、八、人、入、儿、九、乃、刁、刀、力、又、了等字。

如笔画4汉字则更多,一般取名可用字有元、云、艺、开、天、夫、太、尤、友、巨、中、仁、化、从、今、文等字。

可组合的名字有张九仁、张力文、张乃中等。

4. 计算五格

张九仁、张力文、张乃中三个名字笔画相同,所以五格也相同,天格为12,人格为13,地格为6,总格为17,外格为5。

除天格外(可不予检测吉凶),余皆为吉(有的版本为次吉)。

5. 检测五行

天格为12——木
人格为13——火
地格为6 ——土
总格为17——金
外格为5 ——土

其成功运为吉,基础运为吉,因为人格与外格关系为木克土,属于差。

6. 整体判断

这个名字属于中等,可以按照《起名常用格局数理表》重新选择其他模式,再按上述程序进行计算和检测,确定新的名字。

小　结

由于五格法简单易学,深得国人喜爱,且已泛滥成灾。信奉五格法的人认为,只有依据 81 灵动数并按照所排列好的各灵数的搭配表,选取笔画符合其要求的字搭配取名,就会有好运气;这不仅导致国人皆将五格法奉为取名上法,而且受到许多专家的吹捧。目前取名著作以五格法为主的居多,甚至被一些专家奉为姓名学的圭臬。有许多取名著作,号称自己发明创立取名新门派,其实仍然是以五格法作为核心法则。

五格法也受到许多专家反对,他们列举大量的案例进行论证和批判。这种质疑批判主要有以下一些观点:

1. 标准不一

在各种姓名学书籍中,关于五格法诸方面的标准不一。如 81 灵动数的吉凶标准不一,某数在有的书中为吉,有的书中为凶;如姓名五格数理表搭配标准不一,有的为吉,有的为凶;还如五格的行运年龄的划分迄至年龄标准不同;让人无所适从。

2. 八十一灵动数没有理论依据

五格法认为,自然数 1——81 具有灵动性,并具有一种特定的吉凶含义。如 1、3、5、6、7 等数是代表健全、幸福、名誉等,为吉利;2、4、9、10 等数是代表逆境、困难、沉浮等,为凶祸。但是许多专家考证,自然数这些特定的吉凶的理论、理由、依据及出处皆不明确,不像传统文化八卦、八字、五行法都有一定的理论基础以及出典,至今没有任何著作和专家能够说明 81 数吉凶的原理和依据。

3. 八十一灵动数的五行质疑

五格法认为,自然数 1——10 的五行属性是与天干的排列顺序和五行相一致的。但有专家认为,数理五行的真正的来源应该是以《河图》为源,汉字音律也仿效于此。所以两者五行标准不一,效果也会不同。

4. 忽视字音的灵动性

有专家认为,姓名使用的形式有两种,即称呼和书写,而且使用的频率,称呼的形式要比书写的要高得多。而五格法只是考虑了姓名汉字的笔画数理作用,没有考虑姓名的发音所起的作用,这是舍大取小。

5. 忽视汉字个别灵动性

有专家认为,姓名中的每一个字,对于主人都具有直接的作用。这好比在治疗疾病过程中,各药仍然起着各药的作用,几种药的搭配只能够起到药的协同效应。而五格法只认可姓名汉字的组合作用,否认各字的基本作用。按照五格法逻辑,姓名一样其吉凶就一样,但是事实上,同姓同名的人的运势可以是完全不一样的。

6. 自相矛盾

五格法认为可从人格看性格,但是我国十三亿数量的人口只有 10 种性格模式,不符合客观事实,实不可取。而且按照五格法的规定要求,许多方面又是结合其他五格来看事业、社交、健康等,不是又否定了人格的存在意义,所以自相矛盾(所以本书没有介绍人格性格表)。

7. 无视与命理的互动

有专家认为,按照五格法的逻辑,全国同姓同名的不少,只要姓名五格法相同,其人生运势就是一样,但是事实上却大不一样,这样的事例举不胜举。五格法只谈数理,虽然也涉及到了五行,但是五行只解决了五格的关系,不讲五行与名主的关系,使得五行成为无根之木,无源之流。不谈姓名与名字主人命理的相互作用,这是五格法最大的弊端。也有专家表示,流年和地域等时空产生的影响,在五格法里也得不到体现。

8. 机械的吉凶论

五格法中的数,能够男女共用的只有 20 多个吉数。我们暂且不管这些自然数吉凶的正确与否,这些数字不管对象是谁,吉数对于任何人都永远是吉数,凶数就永远是凶数。

五格法将 81 数机械化地分成吉凶,就像中医将中药简单分成补药和毒药。起名只能用吉数,不能用凶数,就像医生只能用补药,不能用毒药,事实上毒药在特殊的情况下,可以以毒攻毒;而补药未必能治百病。实际上同是一种药因人而异,因病而异,对于有的患者是有效果的,有的是没有效果的,有的甚至适得其反。所以同样一个数,对于不同的人所起的作用不应该是一样的。五格法是本本主义,是只会抄方,不会看病。

有专家曾经列出中国近代史上 100 位名人,用五格法逐一解剖,发现其准确率极低。

如伟人毛泽东、刘少奇、周恩来、孔丘的名字中都有 9 之凶数,名人齐白石、陈水扁、朱元璋皆有 10 之凶数,李煜、杨利伟、薄一波、沈雁冰等也有 20 之凶数。尤其 34 划之义更为夸张:为"破家亡身""短命"等,如郭台铭、马化腾等反而都是大富大贵之人。

第四节 五行取名法

五行取名法即根据名字主人的出生时辰,选择有利于名字主人八字命局用字的一种取名方法。由于以八字为基础,又称八字取名法。按五行取名法的要求,凡是名字符合五行要求的为吉名,不符合的则为凶名。

一、历史发展

《尚书·洪范》一书最早提出五行的概念,其出于西周时期的周武王之口。也有人倾向五行学说产生在商代或比商更早。战国时期,五行学说已经盛行,并且明确形成"五行相生相克"的原理。

唐朝时期,天文学家李虚中发明将人的出生的年月日,换算成干支,并融会了阴阳五行学说,根据八字的五行生克关系来预测人生的吉凶祸福。到了五代,徐子平发扬光大,并改以日干为我(日主),查四柱间之五行生克制化、刑冲会合为推命重点。所以当今的八字推命,皆以子平法为正宗,故又称为"子平法"或"子平八字学"。

用五行取名起始于唐朝,如唐人毕构,取有五行偏旁的字为名,其子毕炕,其孙毕垌、毕增,其重孙毕镐、毕钚、毕铼、毕锐,四代名字五行相生,井然有序。之后就出现了比较系统的,将八字与五行紧密相结合的五行取名法。

二、理论基础

1. 命理学说理论

命理学说是我国传统的一种预测系统。八字,又称四柱,即年柱、月柱、日柱、时柱。每柱两个字,由天干和地支两字组成,共八字,故名。

我国传统命理学说认为,一个人的命是天生注定的,运是后天变动的。现代基因科学也已证明,基因决定了人类很多方面的情况。但人们可以通过某些方法进行弥补或调整其先天不足,起名就是其中一个重要的方法。所以起名要与八字相结合,要为弥补调整其命理服务。合乎命理就是五行起名法的根本目的。

2. 五行学说理论

我国古代哲学家把自然界一切事物的性质,分别列入木、火、土、金、水这五大类的范畴,并以此说明世界万物的起源。五行学说是我国古代的物质组成学说。西方也有类似我国五行的地、水、火、风四元素学说。

五行学说认为五种物质是相互变化的,相互影响的。这种变化和影响就是生和克。这个行,不是走路的意思,是代表运动。用现在的解释有动能的意思。五行有生有克,没有生,即促进,就没有自然万物的生生不息,也没有世界;而没有克,即抑制,世界也会发生混乱。五行可以涵盖世界万事万物,不仅是命理学说的理论依据,也是目前专业取名的重要方法,其他专业起名方法或流派,其实都包含五行的要素。五行起名法,就是在名字用字上达到五行平衡中和的状态,从而起到人生平衡顺利的目的。所以五行学说是五行起名法的核心。

三、基本内容

1. 四柱内容

五行法要求将主人出生时间由公历换算为农历,再由农历换算成干支纪法,即主人的四柱(年柱、月柱、日柱、时柱),四柱中的每柱是由一个天干和一个地支所组成,所以天干地支是五行起名法的组成部分和重要前提。

天干又称"十天干",简称"十干",有甲、乙、丙、丁、戊、己、庚、辛、壬、癸十个元素所组成。地支又称"十二地支",有子、丑、寅、卯、辰、巳、午、未、申、酉、戌、亥十二个元素所组成。天干地支的搭配是按阳干配阳支、阴干配阴支规则进行的。十干之首为甲,十二支之首为子,甲与子相配为"甲子",是第一种组合。一共有六十个不同的组合,为了称谓方便,统称为"六十甲子"。由于这些干支组合不同,又称"六十花甲子","花"就是指它们的不同之处。六十甲子可以纪年,也可纪月、纪日、纪时,按照顺序,周而复始,循环排列。

六十甲子表

	1	2	3	4	5	6	7	8	9	10
0	甲子	乙丑	丙寅	丁卯	戊辰	己巳	庚午	辛未	壬申	癸酉
1	甲戌	乙亥	丙子	丁丑	戊寅	己卯	庚辰	辛巳	壬午	癸未
2	甲申	乙酉	丙戌	丁亥	戊子	己丑	庚寅	辛卯	壬辰	癸巳
3	甲午	乙未	丙申	丁酉	戊戌	己亥	庚子	辛丑	壬寅	癸卯
4	甲辰	乙巳	丙午	丁未	戊申	己酉	庚戌	辛亥	壬子	癸丑
5	甲寅	乙卯	丙辰	丁巳	戊午	己未	庚申	辛酉	壬戌	癸亥

甲子年表的排列具有一定的规律,我们可以利用这个规律背诵甲子年表,以便掌握。

1. 年份的个位数为 4,如 1924、2004 等,必定为甲当头;
2. 年份的个位数为 5,如 1925、2005 等,必定为乙当头;
3. 年份的个位数为 6,如 1926、2006 等,必定为丙当头;

4. 年份的个位数为 7,如 1927、2007 等,必定为丁当头;

5. 年份的个位数为 8,如 1928、2008 等,必定为戊当头;

6. 年份的个位数为 9,如 1929、2009 等,必定为己当头;

7. 年份的个位数为 0,如 1930、2010 等,必定为庚当头;

8. 年份的个位数为 1,如 1931、2011 等,必定为辛当头;

9. 年份的个位数为 2,如 1932、2012 等,必定为壬当头;

10. 年份的个位数为 3,如 1933、2013 等,必定为癸当头;

(1) 查年柱。年柱是表示人的出生年份,年柱的干支,分别为年干和年支。年柱的干支可以直接在《万年历》上查阅。

需要注意的是,天干纪法表示年份的分界线是以农历二十四节气中的"立春"(包括时辰)为标准的,既不是以公历的元旦为标准,也不是以农历的春节(正月初一)为标准。"立春"的日期和时辰,是历法学者根据地球的自转和公转精确计算出来的,有准确的科学依据。所以我国的黄历、以及传统的命理学、占卜学等民俗学,均以"立春"作为年份计算的依据。

(2) 查月柱。月柱是表示人的出生月份,月柱的干支,分别为月干和月支。月柱的干支也可直接在《万年历》上查阅,也可查阅《年上起月表》,只要确定某年的年干,按表就可查阅到某月的干支。

《年上起月表》

	甲己	乙庚	丙辛	丁壬	戊癸
正月	丙寅	戊寅	庚寅	壬寅	甲寅
二月	丁卯	己卯	辛卯	癸卯	乙卯
三月	戊辰	庚辰	壬辰	甲辰	丙辰
四月	己巳	辛巳	癸巳	乙巳	丁巳
五月	庚午	壬午	甲午	丙午	戊午
六月	辛未	癸未	乙未	丁未	己未
七月	壬申	甲申	丙申	戊申	庚申
八月	癸酉	乙酉	丁酉	己酉	辛酉
九月	甲戌	丙戌	戊戌	庚戌	壬戌
十月	乙亥	丁亥	己亥	辛亥	癸亥
冬月	丙子	戊子	庚子	壬子	甲子
腊月	丁丑	己丑	辛丑	癸丑	乙丑

需要注意的是,天干纪法表示月份的分界线是以农历二十四节气(包括时辰)为标准,不是以公历每月 1 日至 30 日为标准,也不是以农历每月初一至三十为标准。

二十四节气

	正月	二月	三月	四月	五月	六月	七月	八月	九月	十月	十一	十二
节	立春	惊蛰	清明	立夏	芒种	小暑	立秋	白露	寒露	立冬	大雪	小寒
气	雨水	春分	谷雨	小满	夏至	大暑	处暑	秋分	霜降	小雪	冬至	大寒

(3) 查日柱

直接查阅《万年历》。

(4) 查时柱

我国农历时间是按十二时辰划分的,一个时辰相当于现在的 2 个小时。

时辰表

时辰	子 23—1	丑 1—3	寅 3—5	卯 5—7	辰 7—9	巳 9—11	午 11—13	未 13—15	申 15—17	酉 17—19	戌 19—21	亥 21—23

子时又分为前子时和后子时。零时以前为上一日,即前子时;零时起为当日,即后子时。

时柱地支已经明确,则根据时干表上的月柱的天干选配时柱的天干。

时干表

	子	丑	寅	卯	辰	巳	午	未	申	酉	戌	亥
甲己	甲子	乙丑	丙寅	丁卯	戊辰	己巳	庚午	辛未	壬申	癸酉	甲戌	乙亥
乙庚	丙子	丁丑	戊寅	己卯	庚辰	辛巳	壬午	癸未	甲申	乙酉	丙戌	丁亥
丙辛	戊子	己丑	庚寅	辛卯	壬辰	癸巳	甲午	乙未	丙申	丁酉	戊戌	己亥
丁壬	庚子	辛丑	壬寅	癸卯	甲辰	乙巳	丙午	丁未	戊申	己酉	庚戌	辛亥
戊癸	壬子	癸丑	甲寅	乙卯	丙辰	丁巳	戊午	己未	庚申	辛酉	壬戌	癸亥

2. 四柱八字阴阳五行对应表

(1) 天干阴阳五行表

甲	乙	丙	丁	戊	己	庚	辛	壬	癸
阳木	阴木	阳火	阴火	阳土	阴土	阳金	阴金	阳水	阴水

（2）地支阴阳五行表

子	丑	寅	卯	辰	巳	午	未	申	酉	戌	亥
阳水	阴土	阳木	阴木	阳土	阴火	阳火	阴土	阳金	阴金	阳土	阴水

（3）时辰阴阳五行表

子时	丑时	寅时	卯时	辰时	巳时	午时	未时	申时	酉时	戌时	亥时
阳水	阴土	阳木	阴木	阳土	阴火	阳火	阴土	阳金	阴金	阳土	阴水

3. 五行关系

（1）五行相生

木生火，火生土，土生金，金生水，水生木。

木生火，木的力量消耗，火的力量增大。

火生土，火的力量消耗，土的力量增大。

土生金，土的力量消耗，金的力量增大。

金生水，金的力量消耗，水的力量增大。

水生木，水的力量消耗，木的力量增大。

（2）五行相克

木克土，土克水，水克火，火克金，金克木。

木克土，木的力量有所消耗，土的力量削弱。

土克水，土的力量有所消耗，水的力量削弱。

水克火，水的力量有所消耗，火的力量削弱。

火克金，火的力量有所消耗，金的力量削弱。

金克木，金的力量有所消耗，木的力量削弱。

（3）五行乘侮

多木生少火，为乘；木多到极点，为亢乘。少木生多火，为侮。

多木生少火，木的力量不变，火的力量消灭。少木生多火，木的力量消灭，火的力量不变。

多火生少土，火的力量不变，土的力量消灭。少火生多土，火的力量消灭，土的力量不变。

多土生少金，土的力量不变，金的力量消灭。少土生多金，土的力量消灭，金的力量不变。

多金生少水，金的力量不变，水的力量消灭。少金生多水，金的力量消灭，水的力量不变。

多水生少木,水的力量不变,木的力量消灭。少水生多木,水的力量消灭,木的力量不变。

（4）五行制化

木克土,中间有多火,火牵制木,化解土,为制化。

木克土,中间有多火,木的力量消耗,土的力量增大。

土克水,中间有多金,土的力量消耗,水的力量增大。

水克火,中间有多木,水的力量消耗,火的力量增大。

火克金,中间有多土,火的力量消耗,金的力量增大。

金克木,中间有多水,金的力量消耗,木的力量增大。

（5）字音五行

字音是指汉语拼音,一般以拼音中的声母五音五行为标准,又称为音补。

五　音	五　行	声　母	
		阴	阳
羽	水	b　m	P　f
徵	火	d　n　l	t
角	木	g	k
商	金	z　c　zh　ch j　q　r	s　sh x
宫	土	a　e　o　y　w	h

查阅各种版本,字音五行有所不同。

（6）字形五行

形,即指字形,指字的形体构成。许多汉字在字形上包含五行,所以可以按照字形来划分五行属性。也称为形补。

木形:

含有"木"偏旁的汉字,有朴、权、杜、材、栋等。

含有"木"字根的汉字,有术、本、未、朱、杏、条、枣、果、亲、林、森等。

含有"草头"的汉字,有艾、芯、芽、苗、茄、荔、菠、菱、芹等。

含有"竹头"的汉字,有竿、笃、笋、笔、策、筠等。

还有禾、秀、和、秦、未等。

火形:

含有"火"偏旁的汉字,有熠、烤、灿、炜、烨等。

含有"火"字根的汉字,有灵、炎等。

含有"日"字根的汉字,有日、旦、早、旬、旭、昌、明、春、映、晨、晶等。

含有"光"字根的汉字,有辉、煌等。

土形：

含有"土"偏旁的汉字,有地、均、坤、坡、城、培、增等。

含有"土"字根的汉字,有去、圣、圭、在、社等。

含有"山"字根的汉字,有岁、岛、幽、峰等。

含有"石"字根的汉字,有硕、碧等。

含有"田"字根的汉字,有甲、由、申、男、备、略等。

含有"王"字根的汉字,有玫、瑰、玮、琳、瑶等。

金形：

含有"金"偏旁的汉字,有钟、钢、钧、银、铭、锐、锋等。

含有"金"字根的汉字,有鉴、鑫等。

还有刚、利、剑等。

水形：

含有"水"偏旁的汉字,有冲、冰、冶、汇、汉、江、沛、涛、浦等。

含有"水"字根的汉字,有永、求、泉、泰、滕等。

含有"鱼"偏旁的汉字,有鱼、鲜、鲁等。

含有"雨"偏旁的汉字,有云、雷、雯、霖、露等。

(7) 字义五行

字的含义,包括字的本义和引申义,也可划分五行,又称为义补。

	木	火	土	金	水
五方	东	南	中	西	北
五季	春	夏	长夏	秋	冬
五气	风	暑	湿	燥	寒
五色	青	赤	黄	白	黑
五味	酸	苦	甘	辛	咸
五常	仁	礼	信	义	智
五谷	麻	麦	小米	稻	豆
五果	李	杏	枣	桃	粟
五情	怒	喜	思	悲	恐

（8）数理五行

数理五行表

数	1	2	3	4	5	6	7	8	9	0
五行	木	木	火	火	土	土	金	金	水	水

3. 日干及其旺衰分析判断

八字学说认为，在八字中，日干即日柱的天干，其代表主人本人，又称日主、日元等。在分析一个八字时，在取名时，以日干为自己，然后看整个八字中，有哪些干支是克自己的，有哪些干支是帮助自己的，最后权衡是克"自己"的力量大，还是帮助"自己"的力量大，这就是日干的旺衰。这是批八字的最根本的规则。

这也是取名的最基本的原则。取名时首先需要根据日干的旺衰，选择有利于日干旺衰的用神五行标准选择用字，取一个有利八字命理原局平衡的名字。

（1）确定日干。日干（即日柱天干）即生日。

（2）判断日干旺衰。日干虽然只有阴阳五行 10 种，但是根据各人四柱八字之间的相互关系千变万化，每个人的日干不同，并有旺衰之分。

一个人的八字一般是以日干为中心，其他的三柱或七字与日元之间的相互关系就决定了日元的旺衰。判断日干旺衰是八字学说中重要的步骤和内容，非常繁杂，起名不是算命，所以这里去繁就简，将判断日元旺衰的依据归纳为三大标准：

第一看日元是否得令。

日干的旺衰根据其所在月柱分五种：旺、相、休、囚、死（其力量从旺到衰依次为 5——4——3——2——1）。

五行旺、相为得令，日元力量为旺盛；休为平，日元力量为一般；囚、死为不得令，日元力量为衰弱。

日元得令表

	月　份	月支	旺	相	休	囚	死
春	正月　二月	寅　卯	木旺	火相	水休	金囚	土死
夏	四月　五月	巳　午	火旺	土相	木休	水囚	金死
秋	七月　八月	申　酉	金旺	水相	土休	火囚	木死
冬	十月　冬月	亥　子	水旺	木相	金休	土囚	火死
四季	三月　六月 九月　腊月	辰　未 戌　丑	土旺	金相	火休	木囚	水死

第二看日干是否得势。

在四柱八字中,日干与其他五行的生克关系如何决定是否得势。

阳日干势力表

生　我		克　我		同　类		我　生		我　克	
阴	阳	阴	阳	阴	阳	阴	阳	阴	阳
正印	偏印	正官	偏官	比肩	劫财	伤官	食神	正财	偏财

阴日干势力表

生　我		克　我		同　类		我　生		我　克	
阳	阴	阳	阴	阳	阴	阳	阴	阳	阴
正印	偏印	正官	偏官	比肩	劫财	伤官	食神	正财	偏财

正印、偏印为生;比肩、劫财为扶;正官、偏官为克;伤官、食神为泄;正财、偏财为耗。

如果生、扶日干的五行则旺;如果克、泄、耗日干的五行则衰。

第三看日元是否得地。

日元对照月支,可以找出在十二宫中的状态。

五行十二宫表

	长生	沐浴	冠带	临官	帝旺	衰	病	死	墓	绝	胎	养
甲木	亥	子	丑	寅	卯	辰	巳	午	未	申	酉	戌
丙火	寅	卯	辰	巳	午	未	申	酉	戌	亥	子	丑
戊土	寅	卯	辰	巳	午	未	申	酉	戌	亥	子	丑
庚金	巳	午	未	申	酉	戌	亥	子	丑	寅	卯	辰
壬水	申	酉	戌	亥	子	丑	寅	卯	辰	巳	午	未
乙木	午	巳	辰	卯	寅	丑	子	亥	戌	酉	申	未
丁火	酉	申	未	午	巳	辰	卯	寅	丑	子	亥	戌
己土	酉	申	未	午	巳	辰	卯	寅	丑	子	亥	戌
辛金	子	亥	戌	酉	申	未	午	巳	辰	卯	寅	丑
癸水	卯	寅	丑	子	亥	戌	酉	申	未	午	巳	辰

长生、沐浴、冠带、临官、帝旺、墓库为得地(也称得气)。

胎养为平(一般)。

衰、病、死、绝为不得地(也称不得气)。

(3)综合分析判断和解决方法

综合三方面的情况,判断日元的旺衰状态。如果日元太旺盛则为太过,则需要抑制。如果日元为衰弱则为不及,则需要扶生。

4. 确定喜用神方法

所谓的喜用神,就是有利于原来命局更加平衡中和的五行。

所谓忌神就是不利于原来命局平衡中和的五行。

五行平衡是一个复杂的系统工程,五行起名法只能比较简单地确定喜用神,相对摈弃忌神。

(1)根据日干所在的季节确定喜用神

五行四时宜忌表

日元	春天	夏天	秋天	初秋七月	八月	九月	冬天
木	喜火	喜水	喜火	喜火水	喜金	喜火	火土
火	喜土多	喜水重	喜火旺				喜木土
土	喜火生	喜水润		喜土	喜土		喜火木
金	喜金	喜水上	喜火木				喜土
水	喜土木	喜金水	喜火木				喜木土

(2)根据日干与其他五行的关系程度确定喜用神

日干为木表

格 局	性质	宜补五行	理 由	候补五行	理 由
木重水多	盛	金	砍木	土	1. 生金制水。 2. 木克土,泄木旺盛。
木微金强	弱	火	制金	木	1. 壮大木势。 2. 生火制金。
水盛木漂	弱	土	制水	火	火能生土。
土重木弱	弱	木	克土	水	生木制土。
火多木焚	弱	水	制火	金	金能生水。

日干为火表

格 局	性质	宜补五行	理 由	候补五行	理 由
火炎木多	多余	水	济火	金	1. 生水制木。 2. 火克金,泄木旺盛。

格　局	性质	宜补五行	理　由	候补五行	理　由
火弱水旺	不足	土	制水	火	1. 壮大火势。 2. 生土制水。
木多火只	只	水	制火	金	金能生水。
金多火弱	弱	火	克金	木	木能生火。
土多火晦	弱	木	生火制土	水	水能生木。

日干为土表

格　局	性质	宜补五行	理　由	候补五行	理　由
土重水少	厚	木	疏土	水	1. 生木制土。 2. 土克水，泄土旺盛。
土轻木盛	薄	金	制木	土	1. 壮大火势。 2. 生金制木。
火多土焦		水	制火	金	金能生水。
水多土流	弱	土	克水	火	火能生土。
金多土少	弱	火	生土制金	木	木能生火。

日干为金表

格　局	性质	宜补五行	理　由	候补五行	理　由
金多土厚	老	火	炼金	木	1. 生火制金。 2. 木克土，泄金旺盛。
木重金轻	嫩	土	生金	金	1. 壮大火势。 2. 生土制水。
土多金埋		木	制土	水	水能生木。
水多金沉	弱	土	克水	火	火能生土。
火烈金销	弱	水	制火	金	壮大力量。

日干为水表

格　局	性质	宜补五行	理　由	候补五行	理　由
水多金重	大	土	御水	火	1. 生土制水。 2. 火克金，又泄水旺盛。

格 局	性质	宜补五行	理 由	候补五行	理 由
水少土多	小	木	制土	水	1. 壮大火势。 2. 生土制水。
金多水浊		火	制金	木	木能生火。
火炎水耗	弱	水	克火	金	金能生水。
木多水缩	弱	金	生水制木	土	引木克土,分散吸水。

八字五行平衡的问题,即日干喜用神的问题非常复杂,我们取名只能大体上进行五行上的平衡,如果偏旺采用相克方法,如果偏弱则采用相生方法。

总之某一行偏盛,可以根据五行相克的原理,选择相克的五行进行平衡。如果木气亢盛之人,必须以金克木,取名宜用属金的汉字;如果火气亢盛之人,必须以水克火,取名宜用属水的汉字;如果土气亢盛之人,必须以木克土,取名宜用属木的汉字;如果金气亢盛之人,必须以火克金,取名宜用属火的汉字;如果水气亢盛之人,必须以土克水,取名宜用属土的汉字。

总之某一行偏衰,可以根据五行相生的原理,选择相生的五行进行平衡。如果木气衰弱之人,必须以水生木,取名宜用属水的汉字;如果火气衰弱之人,必须以木生火,取名宜用属木的汉字;如果土气衰弱之人,必须以火生土,取名宜用属火的汉字;如果金气衰弱之人,必须以土生金,取名宜用属土的汉字;如果水气衰弱之人,必须以金生水,取名宜用属金的汉字。

三、取名程序

1. 排列名主五行格局
   (1) 将名主出生时间由公历转换成农历。
   (2) 排出名主的四柱八字。
   (3) 排出名主的阴阳五行原局。
2. 排求名主的八字的喜用神
   (1) 确定名主的日主(日干、日元)。
   (2) 排求日主的月令。
   (3) 排求日主的互势。
   (4) 排求日主的十二宫气。
   (5) 确定日主的盛衰状态。
   (6) 确定日主的喜用神(五行)。

3. 确定选择符合五行的汉字

（1）确定选择补救形式，即选择形补、音补、义补及数补。

（2）确定选择补救数量，即选择单补、双补、三补，单补即选择其中一种形式，依次类推。

小　结

1. 八字命理学是中国特色的"基因"学说，比现代基因理论历史更加悠久，内容更加具体丰富，是中国特有的"人生预测系统"。

2. 就目前诸多专业取名方法来看，无论是简单还是复杂的，大多数方法仍以五行为核心内容，所以掌握八字和五行内容，对于其他取名方法同样至关重要。

3. 此法具有一定的难度，一般民间人士不易掌握，如没有扎实的功底，取名用字不一定准确。

4. 就目前各类取名书籍来看，汉字的五行标准还不规范，令学习者无所适从。汉字的五行标准划分目前体现在四个方面：

（1）字形五行。目前在绝大部分的取名书籍中，一般以汉字的偏旁或部首作为五行划分的标准，其五行属性比较明确，如林属木，如燃属火，如坤属土，如钢属金，如沙属水，令人一目了然。但是问题是，还有很多的汉字没有偏旁或者部首，如按照字形五行标准鉴别，许多不符合五行偏旁的汉字难以归类。如常用字：其、美、初、允、先、兆、中、临、事、乃、九、丹、鸟、上、世、之、主等。所以字形五行的"帽子"太小，无法涵盖所有汉字。

（2）字音五行。有的取名书籍认为，汉字五行应以字音作为划分标准，理由是汉语的产生早于汉字，名字的呼喊多于书写，所以汉语声音能量大于汉字字形的能量，所以字音五行非常重要。同时，以字音作为五行划分标准，并以汉语拼音的声母归类五行，可以涵盖所有汉字。但是问题在于与字形五行相矛盾，如林，拼音声母为 L，字音五行属火，字形五行属木，同一汉字五行属性却互相矛盾，难圆其说，且字形五行似乎更有道理，更客观。

更严重的问题是，提出字音五行的专家为数不少，但是各家著作中的字音五行标准各不一致，有完全不同的版本。有的以声母为标准，有的还包括一部分的韵母。有的以古音为标准，有的以现代汉语拼音为标准，不一而足。即使以声母为同一标准的也有很大的出入。如 H，有的为土音，有的为木音；如 Y，有的为土音，有的为金音。有的拼音此书为火，彼书则为水，水火不相容，则苦了读者。甚至有的著作以多种标准为一体,如"王"字,其依次属于水、木五行,最多的五行俱全。需要研究者进一步推进对于汉字五行的理论研究和标准规范的制定工作。

5. 有人认为八字首先要看五行齐全不齐全,最佳是五行齐全,缺啥补啥,如果缺木,就取带木字或者草字头的字,甚至干脆用林、森等字。

而许多专家认为,五行平衡不仅是缺啥补啥,最重要的是寻求五行的整体平衡,根据本人日干的格局来选择,使得五行更加有利平衡,日干太旺抑之,日干太弱扶之,缺者补之。

第五节 八卦取名法

八卦起名法又称卦象法,是以姓氏笔画确定八卦,再配以八字喜用神确定名字的变卦,从而选择与八卦对应的汉字的取名法,是直接采用八卦来弥补主人命局五行的一种起名法。

按照八卦取名法的要求,凡是名字符合用神五行,体用八卦相生的为吉名,如果成为忌神五行,体用八卦相克的则为凶名。

一、历史发展

《易经》是儒学群经之首,中华文化之源,其产生、创作、传承和成书经过了三个历史阶段,即上古(指伏羲、女娲生活的新石器时代)、中古(指夏、商、西周时期)、近古(指春秋战国时期以后)。

易的作者为三圣。第一圣人是伏羲,他为人类文明进步做出的具大贡献是始画八卦。《易传》说:在远古时代,包牺氏统治天下,他经常仰头观天象,研究日月星辰的运行;俯身察地形,考查山川泽壑走向。又观鸟兽动物皮毛的纹采和生长在大地上的各类植物各得其宜的情况,近从己身取象,远从器物取象,在这种情况下开始创造八卦,用来通晓万事万物变化的性质,用来分类归纳万事万物的形状。八卦可以推演出许多事物的变化,预卜事物的发展,是人类文明的瑰宝,是宇宙间的一个高级"信息库"。

第二个圣人是周文王,姬姓,名昌,是周太王之孙,季历之子。商纣时他为西伯,即西部诸侯(方国)之长,亦称西伯昌。因崇侯虎向纣王进谗言,他被囚于羑里,狱中悉心演绎上古八卦和《连山易》、《归藏易》,并在此基础上,演绎出新的六十四卦,重新整理编撰了卦辞。周公又在整理的基础上编撰了爻辞。从此,卦符就有了文字,图文兼得,象意参照,为《易经》成书奠定了基础。

第三个圣人就是孔子。他五十岁开始虔心研习《周易》,撰写了几万言的解读文字,有解释卦辞和爻辞的"彖辞传"、"象辞传"和"文言",有阐释易理的"系辞传",有说明卦象、卦理的"说卦传",有说明卦序排列的"序卦传"和"杂卦传",所以孔子是《周易》承前启后的圣人。

传说中易有三易:《连山易》为神农氏(即炎帝)所创。他将八卦首次演绎为六十四卦。因为炎帝又号连山氏,故以象征山的艮卦为首卦,取义为"山之出云,连绵不绝",又因为夏代流行,故曰"夏道连连"。《连山易》已佚。

《归藏易》为轩辕氏(即黄帝)所创。黄帝演绎的六十四卦,因为黄帝又号归藏氏,故以象征地的坤卦为首卦,地是万物的归宿和载体,故名,又因为商代流行,故曰"殷道亲亲"。《归藏易》也已佚。

《周易》为周文王所创。其演绎的六十四卦,因为以乾卦为首卦,表明天地初开,万物始生,易未济卦为末卦,表明一事的终末又是一事的开始,周而复始,故名《周易》。也因为乾卦为天,天尊地卑,故曰"周道尊尊"。我们现在使用的都是《周易》。

古代用八卦起名一般两种人,文士名流和精通周易八卦之人。在明清之前,运用八卦起名法一般比较讲究含蓄、隐晦,以寓意曲折取胜。到了近代则一反前风,流行比较明快和直接的风格。

1. 卦名(卦位)用字取名

东汉有杨震,南宋有朱巽,明代有王艮,南宋黄震,字东发,是卦名＋方位。现代也有,如明星陈坤。

2. 卦象取名

唐朝书法家王阳冰,字少温;阳指乾卦,冰为乾卦的卦象,少温即寒、冰,与卦象相合。又如李冰(乾卦卦象——冰)、吕布(坤卦卦象——布)等。

3. 卦辞取名

明朝高攀龙,字云从,即取自震卦爻辞。

茶圣陆羽,字鸿渐,其名是自己取自《渐卦》"鸿渐于陆,其羽可用为仪"。

二、理论基础

1. 八卦理论

易是《易经》的简称,八卦和六十四卦也称为易。《周易》为儒家经典,六经之首,因其体例和内容而被特别地列为占卜之书。《易经》具有深刻的思辩智慧和朴素的辩证观念,它肯定事物的运动变化永无穷尽,因其直指万事万物根本之理而为各科所援用。

八卦是中华民族先祖的聪明才智和朴素的唯物主义世界观的真实写照,也是汉字诞生之前的破译宇宙万事万物奥秘的无字天书。万物万象归于卦,万变万化归于卦,易道广大,无所不包。美国向太空发射的专门用来探索外太空星球生命的宇宙飞船"旅行者1号2号"里面都有八卦图形,试图以此与外太空生命沟通,并表明地球上的人类已经掌握了此种文明。八卦是开创智慧的金钥匙,所以也是八卦取名法的理论依据。

2. 体用理论

六十四卦又称别卦,为六爻,每个别卦又分用卦和体卦。卦与体卦之间的关系决定了名字的吉凶关系,也是辨别名字选择用字的基本原则。

3. 用神理论

所谓用神,即是指一个人八字的日干(或称日主、日元)所需要以救济其缺陷的一种五行。无论是扶其过弱,抑其太强,或者是抑其太过的扶,扶其太过的抑,扶其不及的扶,抑其太过的抑,只有起到救济的作用,即为用神。反之为忌神。用神概念属于八字学说的重要内容,在八卦取名法中,也是重要的原则之一。

三、基本内容

1. 八卦

《易经》:易有太极,是生两仪,两仪生四象,四象生八卦。

八卦是我国古代的一套有象征意义的符号,相传是6300年前中华民族始祖伏羲所创,后来用于占卜。

(1)两仪

一阴一阳即两仪,即为爻。爻是组成八卦的基本符号。八卦符号只有两种,称为爻,一长线━和两短线╍,━代表阳,称阳爻,象征万物归一,为大合之数;╍代表阴,称阴爻,象征一分为二,为小分之数。

(2)四象

分为太阳、太阴、少阳、少阴。

太阳:阳爻与阳爻相重━

太阴:阴爻与阴爻相重╍╍

少阳:太阳中的下爻变成阴爻╍

少阴:太阴中的下爻变成阳爻╍

(3)八卦

用阳爻和阴爻两个这样的符号,组成八种形式,故叫做八卦,又称经卦。

太阳再重一阳爻,名乾卦。

太阳上重一阴爻,名兑卦。

少阳再重一阳爻,名巽卦。

少阳上重一阴爻,名坎卦。

太阴再重一阴爻,名坤卦。

太阴上重一阳爻,名艮卦。

太阴再重一阴爻,名震卦。

太阴上重一阳爻,名离卦。

（4）卦象

每一卦形代表一定的事物,都有一定的卦象,卦象包括天象、象意、人物、性格、身体、疾病、物象、动物、场所、住宅、有利时间、不利时间、谋事方位、吉祥色彩、吉祥数字。

乾卦象征天,天行健,自强不息。

坤卦象征地,地势坤,厚德载物。

震卦象征雷,卦德为动。

巽卦象征风,卦德为入。

坎卦象征水,卦德为陷和险。

离卦象征火,卦德为附。

艮卦象征山,卦德为止。

兑卦象征泽,卦德为悦。

八卦表

卦名	符号	象征	数理	五行	天干	地支	旺令	衰令	方位
乾	☰	天	1	金	庚辛	申酉戌	秋	夏	西
兑	☱	泽	2	金	庚辛	申酉戌	秋	夏	西
离	☲	火	3	火	丙丁	巳午未	夏	冬	南
震	☳	雷	4	木	甲乙	寅卯辰	春	秋	东
巽	☴	风	5	木	甲乙	寅卯辰	春	秋	东
坎	☵	水	6	水	壬癸	子亥丑	冬	四季月	北
艮	☶	山	7	土	戊己	辰戌丑未	四季月	春	中
坤	☷	地	8	土	戊己	辰戌丑未	四季月	春	中

（5）八卦歌诀

乾三连,坤六段。

震仰盂,艮覆碗。

离中虚,坎中满。

兑上缺,巽下断。

2. 六十四卦

周文王囚禁期间在狱中写了《周易》一书,发明了文王八卦。后人将伏羲的八卦称为先天八卦,将周文王的八卦称为后天八卦。周文王又将八卦互相搭配又得到六十四卦,用来象征各种自然现象和人事现象。

两两重复排列为六十四卦。

六十四卦是大成之卦,又称为别卦。

每卦有六爻组成,是由经卦重叠而成,又称六爻。每个别卦由两个经卦组成,上面的经卦称为上卦,又称外卦;下面的经卦称为下卦,又称内卦;上下的经卦各有其名。先读上经卦的卦象,再读下经卦的卦象,最后读该卦之卦名。

六十四卦表

	乾　天	兑	离	震	巽	坎	艮	坤
乾	天	泽天央	火天大有	雷天大壮	风天小畜	水天需	山天大畜	地天泰
兑	天泽履	泽	火泽睽	雷泽归妹	风泽中孚	水泽节	山泽损	地泽临
离	天火同人	泽火革	火	雷火丰	风火家人	水火既济	山火贲	地火明夷
震	天雷五妄	泽雷随	火雷噬嗑	雷	风雷益	水雷屯	山雷颐	地雷复
巽	天风姤	泽风大过	火风鼎	雷风恒	风	水风井	山风蛊	地风升
坎	天水讼	泽水困	火水未济	雷水解	风水涣	水	山水蒙	地水师
艮	天山遁	泽山咸	火山旅	雷山小过	风山渐	水山蹇	山	地山谦
坤	天地否	泽地萃	火地晋	雷地豫	风地观	水地比	山地剥	地

3. 六十四卦结构和卦序

(1)卦的结构

内卦,因为是六爻的下部,又称下卦,由初爻、二爻、三爻组成。

外卦,因为是六爻的上部,又称上卦,由四爻、五爻、上爻组成。

(2)卦序

别卦的顺序——由下往上

```
——    上爻
——    五爻
——    四爻
——    三爻
——    二爻
——    初爻
```

4. 体用理论

按照体用理论,在八卦起名法中,前后要出现好几个八卦。而且这些八卦都有自己的卦名。

(1)主卦:

即以姓名笔画组合而成的姓名卦,即第一卦,又称原卦。

(2)体卦:

体卦,因为初爻、二爻、三爻,位于下部,即内卦和下卦。

象征事物的主体,表现出自己的征兆,代表本人。

宜旺。克用卦,吉;生扶用卦,忧;体用比合,顺。

(3)用卦:

用卦,因为四爻、五爻、上爻,位于上部,即外卦和上卦。

象征事物的客体,表现出他人的情况,代表所测的某一事物。

克体卦,凶;生扶体卦,喜。

(4)互卦:

代表事物发展的中间阶段,是事物中间克应推断的依据。互卦是由主卦变化而来的。

变化规则为:

其是将主卦的二三四爻为下卦,三四五爻为上卦,成为一个新卦。

互卦不称卦名。

称法:

上卦称为上互、外互、用互。

下卦称为下互、内互、体互。

(5)变卦:

是事物发展的最后结果。是事物最后克应推断的依据。

也是由主卦和动爻变化而来,即根据动爻数,将主卦动数进行阴阳变化而得变卦。

(6)动爻:

不用数字表示,而是用卦表示。

一爻动为乾卦(☰)表示，

二爻动为兑卦(☱)表示，

三爻动为离卦(☲)表示，

四爻动为震卦(☳)表示，

五爻动为巽卦(☴)表示，

六爻动为坎卦(☵)表示，

因为只有六个爻，所以无艮坤卦。

动爻是几爻则按阴变阳，阳变阴的法则进行变化。

（7）体卦与用卦的相互关系

体卦——宜受到其他卦的生扶(吉)，不宜受到克制(凶)。

体卦——克——用卦＝＝＝诸事吉利

用卦——克——体卦＝＝＝诸事皆凶

体卦——生——用卦＝＝＝损耗之忧

用卦——生——体卦＝＝＝诸事吉利

体卦——比肩——用卦＝＝＝诸事吉利

表示方法

主卦——动爻——互卦——变卦

相互关系

1. 主卦——体卦(无动爻)，用卦(有动爻)。

2. 动爻——两卦相加得爻动数，动爻用卦表示(无艮坤)。

3. 变卦——按爻动改变阴阳而得。

4. 互卦——由主卦而得。

原主卦的二、三、四爻为下卦(体为上称为体互，下称为用互)。

原主卦的三、四、五爻为上卦(体为下称为体互，上称为用互)。

5. 用神

（1）用神的概念

是主人日干所需要的，能够救济自己缺陷的一种五行。

日主有盛衰之分，过盛强或过衰弱都是一种缺陷。

如果日主太盛太强，需要抑制，则取克我者为用神；如果日主过衰过弱，需要生和扶，则取生我者或同类者为用神。

凡是能够生我、克我、泄我(我生)、耗我(我克)及同类的，并能够救济日主缺陷的五行就是用神。

（2）喜神的概念

就是用神，或生用神者(如用神为木，喜神即木，或即水)。

（3）确定日干的强弱

判断一个人日主的强弱，主要分析其八字之间的五行的关系，也是具体分析天干与地支之间五行具体的变化规律。这里介绍一个比较简单明了的方法：

一看日干所生的月份得不得令。

日干旺于月支，处于极旺状态，为得令。日干相于月支，处于相生状态，也为得令。而得令者日干就强。反之，如处于休、囚、死的月支，则为不得令。不得令者日干就弱。

二看日干在四柱中得到的生助是多少。

日干如果得到生扶多，为旺而得势，日干为旺。反之日干如得到克耗多，为弱失势，日干为弱。

三看对照地支的十二宫的得气状态。

其中沐浴、冠带、临官、帝旺，为得气得地，日干为旺。其他则为失气失地，日干为弱。

日干的旺弱共分为5种，同时采用相应的方法和措施：

旺——如果三者集于一身，日干即旺——宜克耗。

强——如果两者为一身，日干为强——宜耗泄。

中——如果得令，日干为中——生克平衡。

衰——如果只有一者，日干为衰——宜扶。

弱——如果三者皆无，日干为弱——宜生扶。

（4）五行日干取用表

属木的日干取用表

比　例	状　态	首　选	次　选
木重水多	盛	金（金可克木）	土（生金制水，泄木）
金强木微	弱	火（火可克金）	木（生火制金，扶木）
水盛木漂	弱	土（土可克水）	火（生土制水）
土重木弱	弱	木（木可克土）	水（生木制土）
火多木焚	弱	水（水可克火）	金（生水制火）

属火的日干取用表

比　例	状　态	首　选	次　选
火炎木多	有余	水（水可克火）	金（生水制木，泄火）
火弱水旺	不足	土（土可克水）	火（同类，生木制水）

续 表

比 例	状 态	首 选	次 选
木多火炽	炽	水（水可克火）	金（生水泄火）
金多火弱	弱	火（火可克金）	木（生火）
土多木晦	弱	木（木可克土）	水（生木）

属土的日干取用表

比 例	状 态	首 选	次 选
土重水少	厚	木（木可克土）	水（生木，耗土）
土轻木盛	薄	金（金可克木）	土（生金制木）
火多土焦	弱	水（水可克火）	金（生水耗土）
水多土弱	弱	土（土可克水）	火（生土）
金多如弱	弱	火（生土制金）	木（生火）

属金的日干取用表

比 例	状 态	首 选	次 选
金多土厚	老	火（水可克金）	木（生火泄金克土）
木重金轻	嫩	土（土可生金）	金（同类克木）
土多金埋	弱	木（木可克土）	水（水能生木）
水多金沉	弱	土（土可克水）	火（生土）
火烈金销	弱	水（木可克土）	金（生水扶金）

属水的日干取用表

比 例	状 态	首 选	次 选
水多金重	大	土（土可克水）	火（生土制水，克金泄水）
水少土多	小	木（木可克土）	水（同类，生木制水）
金多水浊	弱	火（火可克金）	木（生火）
火炎水灼	弱	水（水可克火）	金（生水）
木多水缩	弱	金（金可克木）	土（生金耗木）

四、程序方法

1. 求上卦

（1）计算姓氏笔画。

笔画计算可按照繁体字的笔画，也可按照简体字的笔画，但是不可混合使用。

例毛姓，无繁体字和简体字，为 4 画；华姓，简体字笔画为 6 画，繁体字笔画为 14 画；沈姓，为 7 画，按繁体字为 8 画。

（2）笔画数除 8。不足 8 数，则为本数。除尽 8 数，则为 8 数。除不尽 8 数，则为余数。

例丁姓，为本数 2 画。

（3）以数对应求卦（见八卦序数表）。

卦名	乾卦	兑卦	离卦	震卦	巽卦	坎卦	艮卦	坤卦
卦数	1	2	3	4	5	6	7	8

（4）其卦则为上卦（又称为外卦，又称为用卦）。

例丁姓为兑卦，林姓为坤卦，唐姓为兑卦。

2. 找用神

（1）主人出生时间由公历转为农历。

（2）排八字日元。

（3）根据八字日主确定用神。

可参考"第一节八字取名法"有关内容。

3. 求下卦

（1）根据用神确定对应的八卦。

卦名	乾卦	兑卦	离卦	震卦	巽卦	坎卦	艮卦	坤卦
五行	阳金	阴金	阳火	阴木	阳木	阴水	阳土	阴土

例用神金为乾卦或兑卦，用神火为离卦。以用神对应求卦（见八卦五行表）。

（2）其卦则为下卦（又称内卦，又称体卦）。

4. 求名字用字

（1）确定用字笔画数。

（2）确定用字笔画范围。

下卦数是最少笔画，以卦数 8 倍数为标准，依次类推，至最多笔画。

例下卦数为 6,其倍数为 14(6+8)、22(14+8)、30(22+8)。

(3) 在范围之内的汉字首先考虑字的偏旁五行,再考虑字的音、义。

5. 组成姓名卦(即主卦)

两个八卦相加为六爻卦——即完成姓名卦。

例:上卦为离卦,下卦为坎卦,两卦重叠为未济卦。

(1) 求动爻数和经卦。

上卦数+下卦数=和　　　　(也可上卦数+下卦数+六爻卦=和)

相加和数除 6,得动爻数。

不足 6 数,则为本数。

除尽 6 数,则为 8 数。

除不尽 6 数,则为余数。

动爻只有 6 个动爻(艮坤除外),用经卦表示。

例:未济卦的动爻数为 3(离卦数)+6(坎卦数),得和为 9,再除 6,余数为 3,得经卦离卦。

(2) 求互卦(中间环节,是由主卦变化而来)。

以主卦的二、三、四爻为下卦(又称为上互、内互)。以主卦的三、四、五爻为上卦(又称为下互、外互)。其卦即为互卦。

例:主卦为未济卦,以其卦的二、三、四爻为下卦,得经卦离卦;以其卦的三、四、五爻为下卦,得经卦坎卦;两卦重叠为既济卦。

(3) 求变卦。

确定主卦的动爻数,以阴变阳,以阳变阴,其卦即为变卦。

例:主卦为未济卦,动爻数为 3,原三爻为阴爻,现改动为阳爻,得变卦为鼎卦。

6. 检测诸卦相互关系

主卦、动爻、互卦、变卦的卦象信息要好,如果不好需要调整。

体卦——代表自己——宜旺(宜生不宜克)

用卦——代表他人

(1) 体卦克用卦——吉

(2) 体卦比用卦——顺

(3) 体卦生用卦——忧

(4) 用卦生体卦——益

(5) 用卦克体卦——凶

7. 方法总述

(1) 以姓氏笔画数为上卦(用卦)。

　　(2) 以喜用神确定为下卦(体卦)。
　　(3) 以下卦数确定名字用字笔画数。
　　(4) 确定用字笔画倍数范围。
　　(5) 排列姓名组合卦。
　　(6) 检测诸卦相互关系。

小　　结

　　1. 八卦是开创智慧的金钥匙,其始终贯彻着对立统一的辩证思维方法,被誉为东方大智慧。

　　八卦虽然简朴,寓义却十分丰富和广泛,包容天地万物之象。八卦本身的数理就含有先天八卦数和后天八卦数,含有神明之数,含有人们的欲知之数。八卦数理力量大于汉字单纯数理力量,此法可以借助爻辞中的神秘力量增强自我,可诱导按姓名卦的运程而运行,从而起到趋吉避凶的作用。

　　2. 八卦法认为由于此法,名字五行的喜用神,也是命局的喜用神,又是卦的喜用神,是共同的喜用神,所以达到命、名、卦三统一。这样的名字能够真正达到先天命局不足,由名字后天相补救的作用。这种补救不是外表的、形式的、与命局无关的、没有多大实际效果的,而是内在的、本质的、与命局密切相关的,能够达到和谐、统一的最好效果,达到天人合一。

　　3. 有些取名法大部分只注重名字的音、形、意,虽然取得名字动听、朗朗上口、寓意深远、笔画简易,但是没有从根本上对命局有滋生、扶助、纠偏、补救,从而使得命局趋于平衡。在八字结合八卦的基础上,五行的信息能量才能起到真正的作用,才能真正平衡弥补命局上的五行。

　　4. 由于此法建立在八字五行法基础上,在内容上又增加了八卦知识,更为深奥,一般人士难以掌握,学习比较困难。特别是有些八卦取名法书籍,不知是文笔水平低下,还是故弄玄虚,文字晦涩,内容深奥,一般读者难以看懂。

第六节　三才取名法

　　三才起名法是以三才(或称三材,即天、人、地)为要素,并以其最佳配置关系来保证主人人生吉凶的一种起名方法。

　　按照三才取名法的要求,名字的天格、地格"生"人格为吉名,如果名字的天格、地格克人格则为凶名。

一、历史发展

《易经》的六十四卦是在八卦的基础上发展起来的,六十四卦的每一个卦都是六爻,最上层的二爻象征天,中间二爻象征人,最下面二爻象征地。所以《易·系辞下》认为:"《易》之为书也,广大悉备,有天道焉,有人道焉,有地道焉。兼三材而两之,故六。六者非它也,三材之道也。"

三材之道是指天、人、地三道。材通假才,三才即易经中的天、人、地。三才起名法就是借用了易经中的天人地的三道,从而创造了天格、人格、地格起名方法及三才姓名学。在传统姓名学及取名方法中,三才法属于比较早期的起名方法。据专家考证,三才取名法早在1716年以前就已存在。至1716年《康熙字典》完成后,大约在1722年左右,中国的《康熙字典》和三才姓名学传入日本,当时被日本人称为"汉流",并在三才取名法的基础上演变成"五格取名法"。

二、理论基础

1. 三才理论

三才理论认为,天人地三道包罗万象,故产生了"天人合一"的观念,不同的姓名产生了三才,这也是"天人合一"在姓名学中的体现。三才之间产生了相互关系,这种关系就代表了名字主人与其他人、与周围事物环境的关系,以及由此形成的一生运势的缩影。

2. 数理五行理论

数理也有五行之分,三才方法就是根据五行相生相克的原理,推演三才之间的关系,并以此来判断姓名的吉凶。

三、基本内容

1. 三格理论

三才法创造了三格,即天格、人格和地格。三格是三才法的主要特征。

(1) 天格

即姓氏笔画数加一,如果复姓则两字笔画数相加。

(2) 人格

即姓氏笔画数加名字首位字笔画数。

(3) 地格

即名字两字笔画数相加。

(4) 三才的计算表

三才	单姓单名	单姓双名	复姓单名	复姓双名
天格	姓氏笔画数＋1	姓氏笔画数＋1	姓氏两字笔画数相加	姓氏两字笔画数相加
人格	姓氏笔画数＋名字笔画数	姓氏笔画数＋名前字笔画数	姓氏后字笔画数＋名字笔画数	姓氏后字笔画数＋名前字笔画数
地格	名字笔画数＋1	名字笔画数相加	名字笔画数＋1	名字笔画数相加

汉字的笔画数应以《康熙字典》的繁体字为标准。

2. 三才数理与五行配置

三才中的格数为1——10,1——10数有阴阳五行之分。

1	2	3	4	5	6	7	8	9	10
阳木	阴木	阳火	阴火	阳土	阴土	阳金	阴金	阳水	阴水

（1）凡单数为阳,双数为阴。

（2）三才之数只按个位上的数计算。如28这个数,只计作8;又如43,只计作3,依此类推。

3. 三才与五行配置数理的暗示力

三才数理又代表各自的五行,其配置不同,就代表不同的暗示力。

三才的配置的吉凶,可以判断一个人的综合运势,预测一个人的事业成功率和健康状况,以相生为吉,以相克为凶。

三才配置以五行为天格,共有木、火、土、金、水五大类,每大类各有25个配置,具有各个不同的运势,包括各方面的具体内容,基本上按五行生克制化的规律得出优劣运势。如果按照三才法取名,则以三才配置优劣运势来衡量姓名天格、人格、地格的情况。

各种版本对于(三才配置表)的暗示力解释和吉凶标准略有不同,但基本一致,大同小异。而且三才配置还能看出一个人容易患的疾病。

四、方法程序

1. 根据名主的姓氏笔画确定天格数。

2. 根据天格的五行,在(三才表)中选择确定吉祥的三才配置格局。

3. 根据确定的三才配置格局选择相应的笔画汉字备用。

4. 最后根据自己的喜好选择备字确定名字。

三才取名法第一次根据易经学说提出了天、人、地三格的概念,认为姓氏一般总是沿袭祖传的,故为天。据分析推测,我国姓氏有复姓和单姓的缘故,所以复姓两字笔画数相加即可为天格,易学有"一生二"之说,故单姓则是在姓上加"一"为天格,以区别于复姓。三格的出现,使得姓名汉字脱离了字数,形成了自己的特色,并成为其他诸如五格起名法的滥觞。所以日本传入我国的五格法,其实是在三才法基础上发展起来的,五格并非五格法独创。

也有专家指出三才法的不足,首先仅仅直接应用了五行理论,但是没有更深一层的原理,所以相对其他方法比较原始。其次三才法只是涉及到象,还没有涉及到数。还有它虽然注重汉字笔画的五行,却忽视了汉字的本身,常用的汉字多达3千多,但是被抽象成五行的为数不多,重数不重义。

三才法还是比较机械,其模式不符合客观事实。三才配置共有125个模式,据统计其中有25个大吉,30个小吉,15个一般。我国有超过十亿人口,其命运模式实在太少,而且成功吉祥模式更少。

第七节　纳　音　取　名　法

以六十甲子纳音五行与姓名五格之间生克关系作为标准进行起名的方法。其法是,凡主人出生年纳音五行生或者同姓名五格为吉名,主人出生年纳音五行克姓名五格,或者姓名五格反生出生年纳音五行为凶名。其法主要以五行作为标准,所以又称为纳音五行起名法。

六十甲子是我国古代用来进行纪年的方法,其天干地支也代表着宇宙自然。作为大自然的产物——人其一生必然受到六十甲子的影响,即自然的影响。按照古代天人合一的思想,所以又称为天运起名法。

一、历史发展

关于甲子纳音,成熟于宋代。宋代大学者沈括在其书《梦溪笔谈·卷五乐律一》曾记载了这么一段内容:"六十甲子有纳音,鲜原其意。"而纳音起名法,应晚于五格法。

二、理论基础

1. 纳音五行理论

六十甲子中,天干有五行,地支有五行,地支藏干有五行,纳音也有五行,是天干与地支组成的新五行,不同的干支有不同的纳音五行。人的出生年份不同,就天生带有不同的纳音五行,就会受到不同纳音五行的影响。

2. 五格五行理论

与其他起名法内容相同,但也区别之处:

(1) 人格代表"自己",其他四格是代表与"自己"相处不同的人以及"自己"所处的环境关系。

(2) 年龄标准和代表含义。

地格为 1——24 岁阶段,代表性格和潜意识;

人格为 25——36 岁阶段,代表个性和内心感情;

外格为 37——48 岁阶段,代表外在行为表现;

总格为 49 岁——60 岁阶段,代表外在行为表现和一生运程。

(3) 五格数的五行。

1、2 属木,3、4 属火,5、6 属土,7、8 属金,9、0 属水

3. 纳音与五格的五行关系理论

纳音五行是先天的,即天运;姓名五格五行是后天的。两者之间不同的关系,代表着不同的吉凶。

4. 汉字笔画数按照《康熙字典》标准计算。

三、基本内容

(一) 六十甲子纳音五行表

甲子乙丑海中金,丙寅丁卯炉中火。

戊辰己巳大林木,庚午辛未路旁土。

壬申癸酉剑锋金,甲戌乙亥山头火。

丙子丁丑涧下水,戊寅己卯城墙土。

庚辰辛巳白蜡金,壬午癸未杨柳木。

甲申乙酉泉中水,丙戌丁亥屋上土。

戊子己丑霹雳火,庚寅辛卯松柏木。

壬辰癸巳长流水,甲午乙未沙中金。

丙申丁酉山下火,戊戌己亥平地木。

庚子辛丑壁上土,壬寅癸卯金箔金。

甲辰乙巳覆灯火,丙午丁未天河水。

戊申己酉大驿土,庚戌辛亥钗钏金。

壬子癸丑桑柘木,甲寅乙卯大溪水。

丙辰丁巳沙中土,戊午己未天上火。

庚申辛酉石榴木,壬戌癸亥大海水。

(二) 关系吉凶的标准

1. 大标准

(1) 大吉——纳音五行生五格五行。

(2) 中吉——纳音五行同五格五行。

(3) 半吉——五格五行克纳音五行。

(4) 次凶——五格五行生纳音五行。

(5) 大凶——纳音五行刑克五格五行。

2. 天格

纳音法理论认为,姓氏为家族传承,一般不予改变,所以天格五行不论吉凶。但两者之间关系将反映出主人上辈的运势情况。

(1) 五行生纳音五行——上辈运势弱。

(2) 五行克纳音五行——上辈有奋斗精神,但财富平平。

(3) 五行同纳音五行——上辈运势不错。

3. 人格

(1) 五行生纳音五行——先天财运不错,但在本阶段中,付出多,回报少。

(2) 五行克纳音五行——有奋斗精神,非常辛苦,意志战胜命运。

(3) 五行同纳音五行   本年龄阶段中顺利,有贵人。

4. 地格

(1) 五行生纳音五行——付出多,回报少,在本阶段中不佳,妻子天运很差。

(2) 五行克纳音五行——本阶段中生活辛苦,但妻子子女会辛勤工作。

(3) 五行同纳音五行——本阶段中顺利,子女有出息,妻子有帮夫运。

5. 外格

(1) 五行生纳音五行——贵人少,周围朋友运势弱。

(2) 五行克纳音五行——周围朋友能力强。

(3) 五行同纳音五行——周围朋友,兄弟姐妹运势佳,自己有贵人相助。

6. 总格

(1) 五行生纳音五行——付出多,回报少。

(2) 五行克纳音五行——不服输,工作事业辛苦。

(3) 五行同纳音五行——有事业性,自己有贵人相助。

四、方法程序

1. 确认主人出生年的纳音五行。

2. 确认主人姓氏字的笔画数和天格的五行。

3. 按照天运法的内容和标准,确定人格的五行和符合笔画数的备用字。

4. 按照天运法的内容和标准,确定地格的五行和符合笔画数的备用字。

5. 按照天运法的内容和标准,确定外格的五行和选择地格的备用字。

6. 按照天运法的内容和标准,检验总格的五行和调整人格或地格的用字。

7. 最后在备用字中选择自己喜欢或需要的字起名。

小　　结

1. 其法与五格法有所不同,人格代表自己,所以以人格为中心。

2. 五格的年龄划分标准不同。

3. 其时间规则是以农历正月为主,与八字以节气作为时间标准不同。

4. 认为同姓的人,天格皆同,所以无法区别同姓人的差异性,但是又认为天格与其他四格的关系对于主人仍然起到一定的影响和作用。

5. 起字用字选择范围非常有限。

6. 外格和总格的确定完全被动于人格和地格,没有选择余地。但理论认为外格和总格的年龄阶段是从 37 岁起的人生后半生,如此重要人生阶段却没有地位,甚至无法解决。

第八节　十格取名法

十格法是在八字"用神"理论基础上,结合汉字读音、笔画五行,改良五格法,并将人生运势分为十步(十格)的一种取名法。

此取名方法在人生十格(即 10 个阶段)中,要求五行齐全,六亲齐全,十神齐全,所以又称为全家福起名法。

一、发明发展

国际姓名文化研究会会长、湖南人氏向梦孙先生著作自述,他在对社会中风行的取名方法"五格剖象法"进行深入的研究后,特别是在为人取名服务的实践中,发现"五格法",尤其是 81 灵动数的许多弊端,遂于 1988 年突发奇想而创造发明了十格取名法。发明者否定了"五格法"81 灵动数固定的吉凶性质,认为其数性质应为随着名主的八字的喜忌而定,如是"喜用神"则为吉数,如是"忌神"则为凶神。发明者同时增加了汉字读音五行,结合先天五行(即汉字笔画数)和后天五行(即五格数),要求五行齐全(包括忌神)、六亲齐全及十神齐全。发明者根据现代科学的标准将健康长寿者年龄定位在 100 岁,并分为 10 个阶段。在十格之中,五行关系要求步步相生、相合、相助,同时避免形成不利的关系,从而让名字真正起到对于人生趋吉避凶的作用。

其著作《十格起名法点窍》自述,经过 20 余年的实践,并且例举数百例古今名人的名字分析,对于十格法进行检验和证明,认为该取名法发展至今已经基本形成比较完整的系统。

二、理论基础

1. 八字理论

十格法认为,八字理论是十格法的基础。因为十格法取名用字的依据和法则,就是依据八字学说中的"喜用神"、六亲、十神、空亡、天罗地网等有关内容进行选择的。同时十格的划分也是根据八字理论中的"大运"路线设计的。

2. 五行理论

十格法认为,五行理论是十格法的灵魂。其法不仅具有数种形式五行,包括读音五行、先天五行和后天五行,更加重要的是整个大运小运循环路线,名字的吉凶关键就在于五行,包括所有五行形式相互关系的性质。

3. 吉数理论

十格法认为,数无定数,本无吉凶,只有随着名字主人八字的喜用神来确定其吉凶。所以需要根据名主的八字选择恰当的汉字,特别是决定名字的后天三才的吉凶。

《十格法》保留了《五格法》的五格方法,但对 81 数进行了改革,根据八字"忌神"的理论,创造出五行的每一行仅有 16 个凶数,克服原有的片面性和局限性。

4. 字音理论

十格法认为,汉字的字音同样重要,同样具有阴阳五行,是十格法中不可或缺的一个环节和标准。

5. 十格理论

十格法认为,现代人健康长寿者年龄可达 100 岁,每 10 岁为一阶段,共有 10 个阶段。格与格之间,五行相生、相合、相助则吉,五行相克,或空亡、天克地冲等则凶。

三、基本内容

1. 十格法一览表解释

十格法是采用表格方式进行运算,所以必须理解表格上的名词概念。

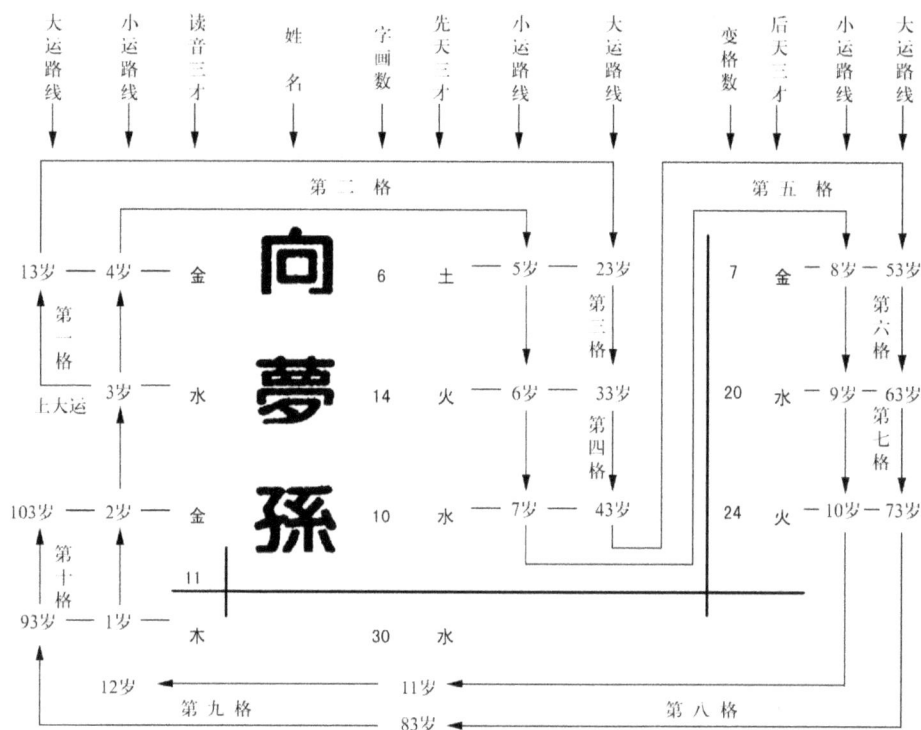

（1）姓名

即姓氏和所取名字三字，如向梦孙。

（2）音韵声律

即姓名三字的音韵。

如向 xing

梦 meng

孙 sun

（3）声调平仄

即姓名三字的声调平仄，如向的声调为第四声，为仄声，为阴声；梦的声调为第四声，为仄声，为阴声；孙的声调为第一声，为平声，为阳声。

（4）读音三才

即姓名三字的字音三才（天、人、地）。如向为金，梦为水，孙为金。

（5）字画数理

即姓名三字的字画数理。如向 6 画，梦 14 画，孙 10 画。

（6）先天三才

即姓名三字的先天三才（天、人、地）。如向为土，梦为火，孙为水。

（7）后天三才

即姓名的五格。如天格 7 画为金。人格 20 画为水。地格 24 画为火。总格 30 画为水。外格 11 画为木。

（8）六亲十神

六亲有父母、兄弟、姐妹、配偶、儿女。

十神有正官、正印、正财、偏财、食神、文昌、贵人、马星、朋友等。

（9）小运路线

即名主 1 岁至 12 岁的运程，1 岁为 1 格。

1 岁	2 岁	3 岁	4 岁
从外格起——姓名第三字的读音三才——第二字的读音三才——姓氏的读音三才			

5 岁	6 岁	7 岁
——姓氏的先天三才——第二字的先天三才——第三字的先天三才		

8 岁	9 岁	10 岁	11 岁	12 岁
——天格——人格——地格——总格——外格				

（如果单名则为 10 岁。）

（10）大运路线

即名主的大运，一格为 10 岁，共 10 格，代表 100 岁。

几岁起运即为第一格，第二格沿着小运路线进行，10 岁为 1 格，共 10 格。

2. 日干

八字学说历史悠久，内容丰富，每个人在出生时，也就决定了他的八字，而且非常神奇。十格法取名中涉及到八字许多内容，并将这些内容作为用字选择的标准和原则，其中包括日干内容。

日干是八字中日柱天干，又称为日元、日主等。

如某人的八字为：辛酉（年柱）——庚寅（月柱）——戊子（日柱）——癸丑（时柱），其日干即为"戊"。而这个八字就是日主命局，这些都是先天客观存在的，而且不可更改，所以日干的意义重大，因为这个八字中，就是代表自己。在八字中，以日干为中心形成了各种各样的关系，也决定了日主的或旺或弱各种状态，并共有五种状态。不管是谁，每个人日干必定属于五种状态中的一种，这五种状态代表五种质量：

（1）旺——最好

（2）相——中上

（3）休——中等

（4）囚——中下

（5）死——最差

日干的旺盛与否是选择用神的基础,也是取名时选择用字的依据,选字要有利于日干的平衡,也就是有利于八字的原局。

3. 用神、喜神及忌神

从有利于八字原局的角度出发,日干偏旺不好,偏弱也不好,必须采用生、扶、克、泄某种方法进行调候,以达到命局的中和。如八字旺、相的用克、泄的方法;八字休、囚的用生、扶的方法。

十格法也讲究生、克、扶、泄,达到名局的中和。

用神、喜神或忌神都是对于日干或有利或不利的一种五行形式。

(1) 用神

用神如父母那样会全力以赴扶助你,是立身之本,是保全人身平安的最大吉神。用神健在,人身安泰;用神被克,必有病灾;用神不存,人亡殒命。如果八字中用神不被刑、冲、克、害者,人聪明,生活安稳,身体健康,容易发展,喜多忧少,有贵人相助,遇难呈祥。同样,名字中有用神,才能起到好作用,没有用神的名字,犹如群龙无首。

(2) 喜神

是扶助用神的得力吉神,所以也是保全人身的大吉神、大吉数,犹如兄弟姐妹好朋友一样重要,是立身的可靠帮手,但是也有私心,没有父母那样全心全意。

在名字中如果用神和喜神都有,名字才起大作用;如果仅有用神,没有喜神,好运不长,后劲不足。

(3) 闲神

为小吉神、小吉数,属于中立人物,有吉素,也有凶素,你去团结他,他就对你好,在姓名格局中可以放心使用,但是要在他的上下安插用神或喜神,可以转化为大吉。

(4) 忌神

是坑害八字、命运的天敌,是与用神势不两立的对抗者。忌神得势,用神就遭殃,必有病灾;忌神猖狂,用神就不存,必有丧命之忧。名字也是如此。

所以"喜用神"是取名用字第一标准,第一元素。特别是姓名人格位置一定要用"用神"或者"喜神",千万不要有"忌神"。

4. 读音五行

取名用字宜选择用神和喜神,所谓的用神是以五行形式出现的,而首先是体现在读音五行上。

首先选择读音五行具有重要的意义。因为一个人的姓名或者名字,在字音上同样具有吉凶的诱导作用。一个人不可能天天需要签名,尤其是未上学的幼儿或退休老人,书写自己姓名的机会更少,所以姓名字音的威力要比汉字的数理大,如果姓名的字音不吉则比数不吉危害更大。

读音五行是根据汉字字音的声调阴阳和声母决定的。

汉字的声调有四声：

一、二声为平声，平声为阳；

三、四声为仄声，仄声为阴；

字音五行表

木	J k g
火	D T n l z zh
土	Y w a e
金	C ch s Sh x r q
水	B p M f h

十格法读音五行专用表

木		火		土		金		水	
阳木	阴木	阳火	阴火	阳土	阴土	阳金	阴金	阳水	阴水
1	2	3	4	5	6	7	8	9	10
甲寅	乙卯	丙午	丁巳	戊辰戊戌	己丑己未	庚申	辛酉	壬子	癸亥

如下列字的五行

字	读音五行	声调	五行
艾	土	四声 ／ 阴	己丑
捆	木	三声 ／ 阴	乙卯
方	水	一声 ／ 阳	壬子
兰	火	二声 ／ 阳	丙午
宋	金	四声 ／ 阴	辛酉

注意：如复姓，读音五行只计第二字。

十格法要求：

世上万事万物，都须阴阳结合，只有阴阳结合，才能产生万物，才能永恒成立。

姓名在字音上也须有阴阳结合，即姓名字音不能一平到底，也不能一仄到底。这样名字叫起来不仅在听觉上有抑扬顿挫的节奏感，而且会产生激励的能量。

特殊情况例外：

如果遇到八字纯阴，姓名的声调可以一平到底；如果遇到八字纯阳，姓名的声调可以一仄到底。

5. 先天五行

数	1	2	3	4	5	6	7	8	9	10
五行	木	木	火	火	土	土	金	金	水	水

是指汉字的笔画数理,每个字都有一定的笔画数,其数代表一定的五行。

6. 吉数理论

这里的数是指五格数理,也是指后天三才,不是直接指汉字的笔画数。

十格法认为,法无定法,数无定数。根据辩证法原理,81 数本身是没有吉凶的,其吉凶也是不固定的,在八字命局里根据需要灵活变换。某数可能在此命局中成为"喜用神",是吉数;也可能在彼命局中成为"忌神",是凶数,所以数是没有绝对的吉和凶的。

十格法的吉数理论认为,81 数,对于五行在任何人的八字中,永远只有一个"忌神",所以永远有 65 个吉数,只有 16 个凶数。

十格法认为,此法中的数是吉多凶少,如果按照五格法的理论法则则是凶多吉少,十格法中的属于水的数中,只有 29、39 两数才是吉数,已经无法给需要水的人取名了。

假设我国有 15 亿人口,按照八字理论,用神分别为五行,属水的人口平均 3 亿,都无法得到用神了。这显然不符合客观规律和客观事实。

同时,十格法作者列举 1 000 位历史和现代名人伟人的名字,他们虽然名字五格中都是凶数,但是事实证明,他们人生的精彩是难以与五格法则合拍的。

十格法认为五格法简单机械地将所有的数分成"吉数"和"凶数",就好像将药物简单地分成补药和毒药一样,取名只用吉数,不碰凶数,犹如医生不管什么疾病都用补药,丝毫不用毒药。其实以补药包打天下是一种不分对象,不讲对症下药的"庸医"。所以许多人用电脑测名,吉数就是好名字,就会打高分,完全是一种只看数,不看人的"本本主义"。

7. 三要三无理论

十格法要求在小运岁与岁之间和大运格与格之间,做到三要三无。

(1) 要六亲齐全

六亲表 1

	正印	偏印	正官	偏官	比肩	劫财	伤官	食神	正财	偏财
男	母	继母	领导、子女	小人、子女	兄弟	姊妹	晚辈	女婿、孙子	父亲	情妇
女	母	继母	丈夫	情人	姊妹	兄弟	子	外祖母	父亲	婆婆

六亲表 2

年干	年支	月干	月支	日干	日支	时干	时支
祖辈		父辈		同辈		下辈	
祖父	祖母	父亲	母亲	自己	妻子 (兄弟)	儿子	女儿

即在姓名格局中要体现有父、母、兄、弟、姐、妹、配偶、儿、女。如果缺谁、克谁，就对谁不利，如果六亲不全，家之不幸。

生我者为印，为母。

我生者为儿女，同性为女，异性为儿。

克我者为官，

我克者为财，正财为妻，偏财为父。

比肩为兄弟姐妹，同性为兄弟，异性为姐妹。

（2）要十神齐全

即在姓名格局中要体现有财、官、印、食、七杀、文昌、马星、贵人、朋友、将星、华盖等。有了十神，富贵有望。如没有财、官、印的人，也就没有升官发财的缘分和可能。

（3）要步步相生、相合、相助

即在姓名格局中做到如此，人生才能顺利走完十格，活到 100 岁。

（4）无自坐空亡苦象

在姓名人格部位，忌讳"空亡"，如有空亡，则忙忙碌碌无为一生。所以空亡是诱导人一生碌碌无为之兆。

六十纳甲空亡表

	1	2	3	4	5	6	7	8	9	10	空亡
甲子旬	甲子	乙丑	丙寅	丁卯	戊辰	己巳	庚午	辛未	壬申	癸酉	戌亥
	海中金		炉中火		大林木		路旁土		剑锋金		
甲戌旬	甲戌	乙亥	丙子	丁丑	戊寅	己卯	庚辰	辛巳	壬午	癸未	申酉
	山头火		涧下水		墙头土		白蜡金		杨柳木		
甲申旬	甲申	乙酉	丙戌	丁亥	戊子	己丑	庚寅	辛卯	壬辰	癸巳	午未
	泉中水		屋上土		霹雳火		松柏木		长流水		

续　表

	1	2	3	4	5	6	7	8	9	10	空亡
甲午旬	甲午	乙未	丙申	丁酉	戊戌	己亥	庚子	辛丑	壬寅	癸卯	辰巳
	沙中金		山下火		平地木		壁上土		金箔金		
甲辰旬	甲辰	乙巳	丙午	丁未	戊申	己酉	庚戌	辛亥	壬子	癸丑	寅卯
	佛灯火		天上水		大泽土		钗钏金		桑柘木		
甲寅旬	甲寅	乙卯	丙辰	丁巳	戊午	己未	庚申	辛酉	壬戌	癸亥	子丑
	大溪水		沙中土		天上火		石榴木		大海水		

空亡就是没有，即使有，也等于没有，或最终没有。八字的日主是空亡，称为自坐空亡。这会导致此人一生碌碌无为，施恩却招怨，或者最后是前功尽弃，空忙一场。

名字的人格是空亡，也称为自坐空亡。所以十格法忌讳人格是空亡。

（5）无天克地冲凶象（10 年大运）

在姓名格局中忌讳"天克地冲"，因为"天克地冲"凶于八字运程的"岁运并临"，如遇"天克地冲"，自己不死，也死亲人。

进入"天克地冲"，就如进入"天罗地网"，难逃厄运。也有解脱方法，即在 10 年里经常在外流动或者远出一次，可免极凶。"天克地冲"犹如马星，离开马栏在外则吉，守栏则凶。

"天克地冲"实际就是"天干五行相克，地支五行相冲"，即阴克阴，阳克阳；阴冲阴，阳冲阳。共有 60 对，必须记住。

甲子 60 组，每组都有"天克地冲"。

六十甲子"天克地冲"表

1	2	3	4	5	6	7	8	9	10
甲戊子午	乙己丑未	丙庚寅申	丁辛卯酉	戊壬辰戌	己癸巳亥	庚甲午子	辛乙未丑	壬丙申寅	癸丁酉卯
甲戊戌辰	乙己亥巳	丙庚子午	丁辛丑未	戊壬寅申	己癸卯酉	庚甲辰戌	辛乙巳亥	壬丙午子	癸丁未丑
甲戊申寅	乙己酉卯	丙庚戌辰	丁辛亥巳	戊壬子午	己癸丑未	庚甲寅申	辛乙卯酉	壬丙辰戌	癸丁巳亥

1	2	3	4	5	6	7	8	9	10
甲戊午子	乙己未丑	丙寅申寅	丁辛酉卯	戊壬戌辰	己癸亥巳	庚甲子午	辛乙丑未	壬丙寅申	癸丁卯酉
甲戊辰戌	乙己巳酉	丙庚午子	丁辛未丑	戊壬申寅	己癸酉卯	庚甲戌辰	辛乙亥巳	壬丙子午	癸丁丑未
甲戊寅申	乙己卯酉	丙庚辰戌	丁辛巳亥	戊壬午子	己癸未丑	庚甲申寅	辛乙酉卯	壬丙戌辰	癸丁亥巳

8. 五行

要求一定要把五行全部安插在姓名格局中,包括不好的忌神,但要注意不能让它呈现旺盛的状态。

只有五行齐全,才能保证三全三无,才能避免险凶,才能做到"全家福",才是大吉之名。

五行中,必须用生、克、制、化相互制约,相生相扶。

9. 五格

(1)天格是忌神,一定要泄他气,用人格用神克它。

(2)人格一定要用神气,不可空亡。

(3)十格宜步步相生,相助。

第六章　改 名 法

我国有句俗话："行不更名,坐不改姓。"因为姓氏是祖传的,名字是父母所取,在传统文化的背景下,名字就是名声,绝大部分人一辈子都非常珍惜和维护自己的名字,不会有丝毫改名的念头。而且在历史上,中国人姓名有个完整的体系,除了名,还有字、号,所以也没有更名的必要。改名又是我国一个历史现象,而且大部分情况都是由于种种客观上的原因,是被动的改名。自从新文化运动之后,更改姓名的现象开始普遍起来。

由于父母有着自己的生活阅历、文化背景、价值取向、审美观念、希冀愿望、时代局限、风俗习惯等,所以孩子的名字无不带有父母的痕迹。随着孩子自我人格的光大,阅历的丰富,时代的变迁以及其他特殊因素,许多原来父母所赐名字逐渐显示出不尽如人意的弊端;另外由于本人的身份、地位、环境等发生变化,原来名称已经不能适应自己社会交往的需要,改名也提到了议事日程上。

第一节　古代更名的原因及方法

中国人更改名字的历史源远流长,大约始于周代。如贵族死后就成为神明,祭祀神明是不可直呼其名的,于是就产生了第一种更名的原因——避讳。

一、避讳更名

避讳,又称为名讳,即皇帝的名号是任何臣民不能用来取名字的,这是中国一种独特的历史文化现象。臣民如果与帝王同名,必须更改,否则就是犯讳。如本来名字中有字一旦与皇帝名讳相同,那就必须改名。这种规矩代代相沿,直至清王朝灭亡。在古代,这种做法还影响到宗族家庭生活,一般人还要对圣贤和自家尊长的名字避讳。

1. 直接改名

如宋代名将杨六郎,原名杨延朗,由于当朝皇帝认了道教传说中的人皇赵玄朗为宗室,于是为了避讳只好改名杨延昭。即使人死后,也要避讳更名。著名理学家周敦颐,原名为周惇颐,在他死后 100 年,因为要避宋光宗赵惇字讳,改为现在的名字。甚至大慈大悲的观世音菩萨也不例外,因为与唐太宗李世民同一个"世"字,唐朝以后为了避讳,就改称为观音。

2. 减为单名

将双名中的犯讳字删去。

3. 缺笔空字

人名中若有与唐太宗李世民相同的名字汉字,可进行缺笔处理,如世改变为"卅"字。还有如果人名中有讳字,就在讳字地方,或者空格,或者划一方框,或者写"某"、"讳"。

二、按照习俗更名

1. 随母改嫁

范仲淹出生后不久父亲死亡,母亲改嫁朱姓,范仲淹亦改姓朱,取名为说。20年以后,他考中进士,才将母亲接回范家,恢复范姓并更改了名字。

2. 过继养子

改从养父姓和名字。如曹操之父亲,原来姓名夏侯嵩,过继到曹家而改变了姓名。

3. 成为奴婢

旧时大户人家的家仆奴婢,一般都是卖身的性质,所以要根据主人的要求从主姓并改名字。如著名的"唐伯虎点秋香",唐伯虎到华府当了家童,华太师给他取名字为华安。

三、隐蔽身世更名

战国时魏国人范雎,因被人诬陷,被魏国丞相魏齐派人打得皮开肉绽,几乎丧生。在朋友的帮助下,为避祸他改名为张禄,得以逃亡到秦国。

还有人为了躲避乱世而隐姓埋名。如明清时期名士方以志,由于朝廷奸臣的诬陷,不得不辗转浙江、福建等地,两弃家室,五改姓名。

第二节　现代改名的因素

随着封建皇朝的土崩瓦解,新文化运动的兴起,人们的思想发生很大变化,通过改名体现自己的思想变化和进步也成为一种形式和方法,尤其是文人志士主动改名现象非常普遍,几乎所有的文化名人和老一辈革命家都有着一段更改名字的故事。

更名的原因各种各样,主要分为主动更名和被动更名。

一、主动型

由于主观思想上的变化、身份的变化,不满意自己原来名字而改名。

1. 强化励志而改名

许多仁人志士为了强化自己的意志,实现自己的抱负和理想,或为了国家民族的利益,或表达自己献身于共产主义事业,毅然改名立志。

(1)表达思想变化和追求

如朱自清,原名朱自华,字秋实。他在年轻时,为了勉励自己在困境中不丧志,保持清白,便取《楚河小居》中"宁廉洁正直以自清乎"一句中的"自清"两字为名字。

如陶行知,原名陶文濬,他提倡"行是知之始,知是行之成"思想,并且将自己的名字也改成陶行知。不久,他又改名为陶衡,表示他的行知观念不断循环往返,以致无穷。

还有刘海粟,原名刘季芳,为表示自己在艺海无涯中毕生求索的志向,改名为刘海粟。

徐悲鸿,原名徐守康,热爱绘画,又由于贫苦,常如鸿燕悲哀,于是改名,立志发愤求学,决心依靠自己才能立身于世。李苦禅,原名为李英。他决心像和尚修行一样耐得住清苦寂寞,取得艺术上的成功。为了激励自己,他真的把自己名字改为了李苦禅。

(2)表达为国和民族大业

如李公朴,因四兄弟按"仁义康祥"排序为李永祥。后受新思想的影响,不满封建意识,决心愿做人民的公仆而改名。

如邹韬奋,原名恩润,在上海主编《生活》周刊时,改名为韬奋,激励自己为国家和民族的振兴多作贡献。

如延安五老之一的教育家徐特立,原名徐懋恂,又名徐立华。在青年时他乘船到衡山,见十余同船之人,一路上对船工态度横蛮,极感不平,乃自戒自己若能应举及第,只当教员,不当欺压百姓之官,并取"特立独行,高洁自守,不随流俗,不入污泥"之意,改名为徐特立。

还有周立波,原名周绍仪、周凤翔,入党后,为了在现实主义文学领域里有所作为,以"解放"英文译音作为自己的名字。

2. 仰慕偶像而改名

为了仰慕自己所崇拜的人物,特意更名,并将有关名人名字中的相关字嵌在新名中。

如有著名诗人高兰,原来名郭德浩,仰慕高尔基和罗曼·罗兰而改名。作家骆宾基,原名张璞君,仰慕骆宾王和高尔基而改名。文学家鲁兵,原名严光化,仰慕鲁迅而改名。诗歌评论家闻山,原名沈季平,仰慕闻一多而改名。

3. 为了需要而改名

由于特别的需要,特意更名,明白地表示自己的强烈愿望。

如台湾明星黎姿 2008 年嫁富商马廷强。2009 年年底,马为了求子,竟然出重金,让黎姿改名为"黎珈而",希望为其生育男儿。

4. 树立形象而改名

很多影视艺人为了在艺坛上树立自己崭新形象而改名。特别是现代社会中,众多明星大部分是经过更名的。

总之,改名的原因很多,还有为了纪念某些特殊的情况,或特殊的需求,即使原名质量尚可,主人还是以新代旧。也有原名字落后、鄙俗,明显与时代不符,主人不满意而改名的。

二、被动型

被动改名大部分是由于客观环境的因素,必须临时更改或以新名替代自己的原名。

1. 隐蔽型

由于环境的恶劣,为了革命工作的需要,必须隐蔽自己的真实姓名。

如茅盾原名沈德鸿,字雁冰。1927 年大革命失败后,从武汉来到上海,为了避免国民党政府通缉,用茅盾发表其处女作《蚀》。

何长工,原名为何坤,1927 年大革命失败后,党派他去湖南开展地下活动。当时白色恐怖十分严重,于是取了一个新名字。

1947 年 3 月,解放军决定撤离延安,中央机关都用代号,中央的领导也要使用化名,于是毛泽东改变为李德胜,周恩来改为胡必成。

2. 临时型

又分两种,除了自己改名还有他人改名。

如冯玉祥原名冯基善,有一次营中有一个缺额,由于管带不知道其名,为了不贻误时机,随手写了"冯玉祥"三个字,于是成了他的名字。

如阎锡山,原名阎万喜。2002 年,为了报考山西武备学堂,他父亲花钱请了算命先生改了名字"锡山"。又如叶圣陶,原名叶绍钧。在苏州光复第一天,他找到学校,请先生给改了这个名字。还有齐白石,原名齐纯芝,"白石"为他的老师胡沁园先生所取。李四光,原名李仲揆,留学日本在填表时,误在姓名项目里填写了年龄"十四",一时无奈,机灵一动,改为李四光。

第三节　现代改名法规

《民法通则》第九十九条规定："公民享有姓名权,有权决定、使用和依照规定改变自己的姓名,禁止他人干涉、盗用、假冒。"

第一表明公民享有改名的权利,第二必须依照规定改名。

我国《姓名登记条例(初稿)》对于姓名更改作了具体的规定,本章只介绍关于改名的内容。

第十五条:申请姓名变更,须经户口登记机关审核批准。

第十六条:无正当理由,不得变更姓名。

第十八条:有下列情形之一的,可以申请办理名字变更登记:

(一)同时在同一单位工作或者在同一学校学习姓名相同的;

(二)与社会知名人士姓名相同的;

(三)与声名狼藉人员姓名相同的;

(四)与被通缉的犯罪嫌疑人姓名相同的;

(五)名字粗俗、怪异的;

(六)名字难认、难写的;

(七)名字可能造成性别混淆或者误解的;

(八)公民出家或者出家人还俗,变更为法名、道名或者原姓名的;

(九)因其他特殊原因的。

第十九条:有下列情形之一的,不予办理姓名变更登记:

(一)因故意犯罪或违法行为曾经被处以有期徒刑以上刑事处罚或者劳动教养的;

(二)正在服刑或者被执行劳动教养的;

(三)正在接受刑事案件或者治安案件调查的;

(四)民事案件尚未审结或者尚未执行完结的;

(五)行政案件尚未审结或者行政处罚尚未执行完结的;

(六)个人信用有严重不良记录的;

(七)公民担任法定代表人(董事长、总经理、经理)时,因故意行为造成单位信用有严重不良记录的;

(八)户口登记机关认定不宜变更的其他情形。

第二十条:年满十八周岁的公民依照第十八条的规定申请办理名字变更登记的,以一次为限。民族良俗有约定的,从其约定;宗教教规有规定的,从其规定。

第二十五条：已满十八周岁的公民和以自己的劳动收入为主要生活来源的十六周岁以上不满十八周岁的公民申请办理姓名变更登记，应当出具下列证件和证明材料：

（一）本人的居民户口簿、居民身份证；

（二）本人签字的《姓名变更登记申请表》；

（三）户口登记机关要求提交的其他证明材料。

第二十六条：未满十八周岁的公民申请办理姓名变更登记，应当由父母或者其他监护人代为办理，并应出具下列证件和证明材料：

（一）本人的居民户口簿、居民身份证；

（二）父母或者其他监护人的身份证件或者证明材料；

（三）父母或者其他监护人协商同意变更子女姓名的证明。

父母一方亡故另一方再婚后要求变更未成年子女姓名的，应当区别以下不同情形，准予当事人及其监护人凭上款要求出具的证件和证明材料办理姓名变更手续：

（一）以本人劳动收入为主要生活来源的十六周岁以上未满十八周岁未成年人的父亲和继母，或者母亲和继父要求变更其姓名的，必须征得其本人的同意。

（二）十周岁以上的未成年人的父亲和继母，或者母亲和继父经协商同意，要求变更该未成年人姓名的，应当征得其本人的同意。

（三）不满十周岁的未成年人姓名的变更，由其父亲和继母，或者母亲和继父协商一致后决定。

第四节　哪些名字需要更名

除了《条例》规定中的一些情况需要改名，还有如果在实际生活中出现以下情况，建议也应该改名：

1. 姓名出现不良、不雅、不吉祥的谐音时，需要改名，新的名字可释放心中长期不快，减少自卑感，有利心情舒畅，改变自己的心态。

2. 性格孤僻者需要改名，新名字有利培养良好性格，获得良好的人际关系。

3. 客观环境长期对于自己不利，久处困境时，需要改名，新的名字有利化被动变主动，调整心态，起到激励作用，以获得新的发展机会。

4. 体弱久病长期不愈，需要改名，新的名字有利康复和身体健康。

5. 生意亏损巨大，或长期处于亏损状态时，需要改名，新的名字有利于开启财运。恋爱和婚姻长期不顺时，需要改名，新的名字有利于喜获良缘，促进家庭和睦幸福。

6. 学业不佳,长期停止不前时,需要改名,新的名字有利增强自信心,开发潜力,起到鞭策和鼓励作用。

根据心理专家在心理动机上分析,改名能够对人起到积极的诱导暗示作用。改名是一种心理自我暗示和抚慰方法,能够不时唤起人们的美好的联想,能够使得当事人得到鞭策和鼓励,产生心理诱导。

第五节　更名的方法

更名方法有两大类,一类是已与原名毫无关系,实际就是重新取名,可参考专家和民间取名方法章节内容。一类是在原名的基础上进行更改,这也是本章主要介绍的内容。

如果说前者是大改,后者是小改,小改的难度更加大,要有变化,但变化不大,更加容易让熟人理解和接受。

改名主要在原名的字音和字形上做文章:

一、谐音法

即在原名的基础上,以同音字或者近音字来改名,这是一种比较容易让人接受的改名方法,即可保留原来名字的发音,又可改变原名的寓意和书写,以达到改名的目的。这样的实例最多。利用谐音字,稍作变动,方法简单,变字不变音,在交流称呼中,基本没有影响。而且寓意完全不同,令人耳目一新。此法案例,举不胜举。

如侯宝林,原名是侯宝麟,麟与林,同音而形义不同,最大的特点就是书写更加简便。如作家赵树理,原来名字赵树礼,树礼与树理虽然同音,境界大不相同,名字的寓意一下子升华到一个全新的高度。

贾平凹对于自己的改名,在《小传》里写道:姓贾,名平凹,无字无号;娘呼平娃,理想于通顺;我写平凹,正视于崎岖。一字之改,音同形异,两代人心境可见也。

科学家彭加木,原名彭加睦。1956 年,他自愿申请到新疆工作,就在决心书上正式改名为彭加木,他说,加木合起来就是架,我要为上海和新疆之间架起一座桥梁。方法简单,稍作改变,字音相同,字义截然不同,令人耳目一新。

著名运动员庄泳,父母都爱好音乐,为孩子起名"庄咏",希望她今后成为音乐家。但是孩子天生与水有缘分,在幼儿园时就学会了游泳,后来将咏改成了泳,真正名副其实了。

还有著名电影明星葛优,原名是葛忧。1957年,葛忧出生是难产,当时几乎要了他妈妈的性命,也让他爸爸吃足了担惊受怕的苦头。出生后身体也弱不禁风。父母干脆给他起名为忧。后来,北影厂的老书记陈昭,到托儿所检查工作时,了解到葛忧的名字的来历,建议葛存壮把孩子的名字改了,新名赋予吉祥的含义。

还有一种谐音改名形式,是根据字义采用谐音更名。如1919年9月,周恩来和邓颖超在天津组建了革命组织"觉悟社"。大家为了便于进行革命活动,用号码抽签,按所抽号码的谐音改名。周恩来抽到5号,便取其谐音名"伍豪",邓颖超,原名邓文淑,抽到1号,就取名为"逸豪"。

又如1947年,胡宗南向延安发动重点进攻。中共中央决定撤离延安,以此诱敌深入,再在游击战中消灭敌人。在撤离前夕,毛泽东为自己改了一个化名——李德胜,即离开就得到胜利。于是,李德胜的名字就在转战陕北中使用传播开来,最终逢凶化吉,大获全胜。

这种方法有改一字,也有改二字的,如王志洋,改为王智阳。还有一种是近音法,如王志洋,改为王智向。

二、改形法

1. 改部首

将原来名字的部首进行增减或替换,通过改变字形,来改变名字的含义,这也是一种常用的更名方法。

如科普作家高士其,原来名字高仕镇,30年代,看到国家一片黑暗,愤然改名立志,"扔掉人旁不做官,扔掉金旁不要钱",充分显示了作家的情操和人格。

2. 减笔法

还有一种是减笔法,如漫画家王复祥,改为王复羊。如老舍,原名舒庆春。改名后,不仅减少了庆春两字,而且将姓氏舒字减少一个部件。沈尹默,原名沈君默。一朋友与他开玩笑:君既不作声,何必多一口。他听了觉得有理,于是将君字下半部的口字也不要了,改君默为尹默,彻底地不发声音。

3. 加笔法

如宋健华,原名宋建华。名字叫"建华"的,铺天盖地,实在太多。遂根据本人八字,将建字改为健字,其重名率大大降低。

三、改字法

1. 减字法

如古元,原名古帝源,去帝字。如秋瑾,原叫秋闺瑾,小名玉姑,于是取掉一字,小家之气一扫而光。萧乾,原名萧秉乾,吴晗,原名吴春晗,皆为此类。还有导演成荫,原来名字成荫五(排行老五),一字之删,韵味全出。郎平,原来名字郎小平,上学后自己偷偷删掉"小"字,平添了几分大人气。

2. 加字法

将单名改为双名的方法,便于称呼,减少重名,拓宽名字的含义。如闻一多,原名闻多,后来改为闻一多。

3. 换字法

将原名中的一个字进行易换。何其芳,原名何永芳,永为辈字名。在四川万县读中学时,文章就写得非常漂亮,深受国学老师的青睐,便将其名字改永为其,使得名字大放异彩。原来的姓也变成一个双关语,姓名变成了一个激情洋溢的感叹句。有只改前字的,如赵文德,为赵崇德,改后字的则为赵文武。

四、拆字法

1. 拆姓法

古月,原名胡诗学,将其姓字胡一分为二,改名古月,独特而简单,又因是毛泽东的特型演员,其名真正是闻名全国。曹禺,原名万家宝,此法与古月改名异曲同工,但有差异,因为他是将繁体字的万一拆为二,万字的偏旁草头,以谐音曹为姓,万字下面禺为名。

2. 拆名法

如谢翱——皋羽、章溢——三益、徐舫——方舟、宋玫——文王、尤侗——同人、林佶——吉人、李楷——皆木、毛奇龄——大可、卢文弨——弓召等。

第六节　改 名 的 应 用

一、按照法律规定操作

改名是一件严肃之事,必须要经过一定的合法手续,世界各国都是如此。《瑞士民法典》第30条规定:如确实存在重要原因时,经住所所在地的州政府允许,方可更改姓名。芬兰《姓名法》规定:公民若要改变姓名或者增减自己的名字,必须向省政当局提出书面申请,经核准后在地方报纸上声明(若更改姓名还必须在官方报纸上声明),然后向户籍机关登记备案,方始生效。

中国公民领取身份证之后,更改名字将会给有关部门带来许多麻烦,所以一般没有充分理由,不批准更改名字。我国受理名字更改的管理机构是各地公安局的户籍部门,必须到有关部门进行登记,履行审批手续,更改后的名字才能够得到法律的承认。没有经过法定审批手续的更改名字,不受法律保护,也就意味用非法定名字所办的一切事情都得不到法律的保护。

二、多用新名

根据取名专家的经验,原名不佳者,必须更名,又难以被审批通过的,也可以改名。在日常生活和社交中,除必须实名制行为外,让别人知道和了解自己的新名,经常使用和书写,广而告知让众人称呼,而不必改变本名,以免多费手续。新名除了实名制范围以外,同样可以在日常交往中使用,无需履行法律程序(户口簿、身份证等),只要自己确认即可。应该多多应用新名于日常社交,只要自己确认并且多用就行,同样可以起到一定的作用。有的姓名学专家介绍,如果举行新名字启用仪式,会有很好的效果。

三、取字、号、笔名、艺名

我国古代传统的姓名体系,比较现代意义的姓名范围要大,共有名、字、号、小名四大类。我国历史上的名人皆是名、字、号齐全,而且名号的内涵非常丰富,是我国传统文化中一种特有的文化现象。随着时代的发展,又出现了艺名和笔名。这些名字形式大大丰富了中华姓名文化的内涵和外延。

中国现代社会,传统的姓名体系发生根本的变化,除保留小名的习俗,原来的字、号基本消失。由于国家法律法规的规定,改名是一件严肃也是比较困难的事情,但是实际情况又必须要改名,在此两难的背景下,取用传统的字和号,包括别名和笔名,不失为一个有效的好方法。在社会生活中,除了规定必须实行实名制的场合和事情,一定要时时刻刻地使用新名,以扩大新名的效应。

小　结

每个人的名字基本上为父母所赐,名字多为父母自己的审美情趣和自我意识的反映。随着阅历的丰富和自我人格的完善,有些人会对自己、特别是质量不佳名字产生不满。或由于自己环境、身份、地位的变化,名字不能适应自己社会交往的需要。改革开放以来,中国发生天翻地覆的巨大变化,人们对于名字的理解、认识、观念也发生巨大的变化,这就增加了名字的“代沟”,更名的意识更加强烈。所以近年来,一些地方公民申请姓名变更的事例呈增多趋势。有不具正当理由的,有频繁变更姓名的,有利用改姓易名逃避社会义务,隐瞒曾经所犯违法犯罪行为事实的,由此导致公民权利、义务关系混乱,影响了社会正常秩序。

更名意味着一个人旧的身份结束,新的身份诞生,所以要庄重、严肃、慎重,既要对自己负责,还要对社会负责。改名是一种创作。改名其实在本质上也是取名的一种特殊形式,但是改名又有着独特的意义,而且第二次名字完全由自己作主,更加重视,不仅要投入,甚至有时需要灵感,以求得更有意义、更有魅力、更加吉祥的名字。更名尽可能小幅度的变动,最好变字不变音,或改动一个字,不要作大幅度的变动。

第七章 取名防错法

我国人名取名方法历来丰富繁多,既告诉我们取名的许多原则、规则及要求,同时也告诉我们取名的各种构思和技巧。但是再好的取名法,如果不掌握防错的方法,不注意避免和忌讳一些不利于姓名或名字的形象和内涵,那么就会前功尽弃。

姓名姓名,是姓和名的组合,如果姓名搭配不当,也会影响姓名的音响听觉、形体视觉和含义心理效果,这是取名一个不可忽视的重要方面。不管什么方法,所取名字一定不能有错,这是取名的底线,如果突破这个底线,就不是一个合格的名字,也无从谈起质量和艺术。

佳名难求,但须无错。在长期的取名实践中,人们和专家已经总结了许多经验,归纳了许多方面的禁忌,下面是本书收集和整理的忌讳和防错内容。

第一节 防止违反有关法律法规

我国目前还没有专门的姓名法,但是有关法律还是涉及到有关姓名的部分内容,有关法规对目前取名也有所规定,每个公民有权利和义务享受和遵守国家现行关于姓名的法律法规。

据悉我国第一部《姓名登记条例(初稿)》已由公安部研究起草完成,并下发各地公安机关组织研修。公安部相关业务部门人士称,"条例"还在研究过程中,现在只是个初稿。《姓名登记条例(初稿)》第一次对公民起名作出了一系列硬性规定,也是我们取名时必须遵照的内容。

一、防止姓名中出现国家法律法规不准的内容

《条例》规定,姓名不得含有下列内容:
1. 损害国家或者民族尊严的;
2. 违背民族良俗的;
3. 容易引起公众不良反应或者误解的。

如北京一市民给自己的孩子取名为"万岁"，这样的名字违背了我国传统的习俗，也不会被公众接受，结果从来没有一人称呼，连自己也感到别扭，最后只得取消。

二、避免姓名字数超过规定

《条例》考虑到我国姓名所用字数中，单姓的通常为二至三个汉字，复姓或者采用父母双方姓氏的多为三至四个汉字，所以规定：除使用民族文字或者书写、译写汉字的以外，姓名用字应当在两个汉字以上、六个汉字以下。

如有一王姓为纪念长征，给自己儿子取名为"王二万五千里"，虽然在六个字范围内，后来因为称呼实在太麻烦，又改名为"长征"，六字以上的后果更是可想而知了。

三、防止姓名中出现禁止的文字和符号

《条例》规定，中国公民起名要求全部用汉字，姓名中不得使用或者含有下列文字、字母、数字、符号：

1. 已简化的繁体字；
2. 已淘汰的异体字，但姓氏中的异体字除外；
3. 自造字；
4. 外国文字；
5. 汉语拼音字母；
6. 阿拉伯数字；
7. 符号；
8. 其他超出规范的汉字和少数民族文字范围以外的字样。

以上情况已在取名中屡有发生，既得不到有关部门的批准，也不符合我国取名的习俗，应该防止这种现象出现。

四、防止姓名中出现不规范用字

公安部门表示，在二代身份证换领过程中发现，要应付中国人的名字，连目前汉字国际编码也不够用，至少还有 8 000 个字找不到，其中至少一半是错字和别字。国家语委拟出台《人名用字规范表》，取名用字有限制，拟我国新生儿的取名用字将在规范字中选取。

第二节 防止违反字音规律

姓名用字在音律上有其客观规律，讲究声韵和节律的名字才能给人以听觉美

的享受。如果用字在声韵节律上不当,就会在字音上不协调、不和谐,就会发生拗口晦涩现象,影响听觉美,从而对于他人及自己在心理上产生消极的、甚至恶劣的影响和效果。汉字同音字很多,往往一个读音有数个甚至数十个形义不同的字。

一、防止字音相同或接近

所谓的姓名用字同音,即姓名三字全部或者邻字同音,如王望旺,虽然字意非常吉祥,但在字音上令人无法接受,一般无人会采用此法。即使姓名字音不相同,但是非常接近也不可取。如季力、艾安蔼,其含义也不错,但听起来同样令人难受。所以必须选择恰如其分的用字,在字音上必须拉开距离,才能取得特殊的效果。

二、防止声母相同或接近

即姓名三字全部或者邻字同一声母,叫喊拗口不爽,听了含糊不清,令人不适。应该避免此类情况。如王文、曹才灿、李来岚、白邦贝、李莲玲、张壮竹、刘既济、姚楚初、陈云应、王力历、季国固等。

附:不宜搭配的声母表

声母	应 避 声 母	相关拼音的汉字
a	a　y　w	ai　an　ao
b	b　a　m　f　p	ba　bai　ban　bao　bei　bi　bian　bin　bo　bu
c	c　z　s　zh　ch sh	cai　cang　cao　cong　cui　cen　chai　chang　cao che　chen　cheng　chi　chong　chu
d	d　t　n　l	da　dai　dang　dao　de　deng　di　diao　ding　dong dou　du　duan
f	f　b　p　m	fa　fan　fang　fei　feng　fu
g	g　k　h	gan　gao　ge　geng　gong　gou　gu　guan　gui　guo
h	h　g　k	ha　hai　han　hang　he　hao　hei　hong　hou　hu hua　huai　huang　hui　huo
J	j　q　x	Ji　jia　jian　jiang　jiao　jin　jing　ju
k	k　g　h	kang　ke　kong　kou　kuang　kui
l	l　d　t　n	lai　lan　lang　lao　le　leng　li　lian　liang　liao　lin ling　liu　long　lou　lu　luan　luo
m	m　b　p　f	ma　mai　man　mao　mei　meng　mi　miao　mo　mu

声母	应 避 声 母	相关拼音的汉字
n	n d t l	na nan ni nian nie ning niu nong
o	o y w	ou uo
p	p b m f	pan pang pei peng pi piao ping pu
q	q j x	qi qian qiao qin qiu qu quan
r	r	ran rao ren rong ruan rui
s	z c sh zh ch s	sa sang shao shan shang shao she shen sheng shi shui song su sui sun suo
t	t d n l	tai tan tang tao tian tie tong tu
w	y w	wei wu
x	j q x	xi xia xian xiang xiao xie xin xing xiong xiu xu xuan xue
y	y w	you yu
z	zh c s z ch sh	zang zeng zong zou zu zuo zhai zha zhan zhang zhao zhen zheng zhong zhou zhu zhuang

三、防止字韵相同或接近

即姓名三字全部或者邻字同一韵母。与姓名同声一样,双名三个字不宜叠韵。名字两个字同韵母,即叠韵,这样的名字发音费力,拗口,就像绕口令,难叫,难听,而且容易读错,听错,会给人一种极为不舒服的感觉。如黄光昌、姚保、曹行放、张回奎、单新进、姚朝涛、洪栋容、邓航珩、孙翱高、毛翔强、南尼兰、李尼丽、孙存春等,都属韵母相同,应该避免。

附:同类韵母表

1	a	ua	ia			
2	e	o	uo			
3	ê	ie	üe			
4	u					
5	ai	uai				
6	ei	uei	ui			

续　表

7	ao	iao				
8	ou	iou	iu			
9	an	ian	uan	üan		
10	en	in	uen	un	ün	
11	ang	iang	uang			
12	eng	ing	ueng	weng	ong	iong

四、防止声调相同

汉字的四个声调给人的感觉不一样,姓名三个字都是同一个声调,读起来单调别扭,而搭配得不好,叫起来费劲,也不好听。

1. 全部阴平

姓名三字声调全部都是阴平,名字声调平平,没有丝毫变化,名字叫喊毫无生气,如章尚昌、方争双、公 刚等。

2. 全部阳平

姓名三字声调全部都是阳平,读起来别扭,如张书襄、曹奇卓等。

3. 全部上声

姓名三字声调全部都是上声,读起来别扭,就好像不能一口气读完似的。如柳景选、沈海埂、胡谷岗。

4. 全部去声

姓名三字声调全部都是去声,短促、沉闷,难叫难听。如宋兆盛、芮秀静等。

5. 避免双名仄声

无论是单名还是双名,最末字最好不用仄声字,因为这样名字叫起来在音调上就好像"急刹车",而且尾声没有拖音,不响亮。如丽、正。

6. 防止其他不良搭配的声调

如

阴——阴——阳	阴——阴——上	阴——阳——上	阴——上——上
阳——阴——阴	阳——阳——阴	阳——阳——上	阳——上——上
上——阳——阳	上——阳——上	上——上——阴	上——上——阳
去——阳——阳	去——去——阴	去——去——阳	去——去——上

五、防止使用多音字

汉字一字多音或者一音多字的现象比较普遍,如果取名用字不当,容易造成误会和曲解。有部分姓氏字也属于多音字,比如单、解等,单有 dan、shan 两种读音,解也是如此,有 jie、xie 两种读音。在姓氏上,单正确读音为 shan,解正确读音为 xie,但还是有少数人往往会闹出笑话,更何况是名字呢,所以没有必要采用多音字,以免笑话和麻烦。

一种是不知道读何音,如容志行的行字,有 2 种读音:hangh 和 xing;贾平凹的凹字有 2 种读音:ao 和 wa;省有两个读音:sheng 和 xing。如果没有特定的语言环境,就会让人无所适从。我国大史学家胡三省,有些文化的人知道出于《论语》吾日三省吾身,音 xing,但是至今读 sheng 的大有人在。所以尽量少用。

还有一种是根本无法读,连姓带名都是多音字。如历史人物刘禅,到底读 chan,还是读 shan,至今还作为学术探讨问题,专家各执一词,争论不已。

不确切的读音,别人需要费力揣摩和研究,自己也需要不断地解释和纠正,不利于交际,增加不必要的麻烦,所以不可取。

如果一定要用,一定要通过连缀成义的方法来表示确定的读音,如乐有 8 种读音,一般大家熟悉的读音有快乐的乐,或音乐的乐,如宋快乐,李乐章,一般就不会搞错了。

以下的字都是多音字,读音不确定,寓意不明朗,如:

朝(cháo zhāo)　茜(qiàn xī)　重(zhòng chóng)　乐(yuè lè)
好(hǎo hào)　蒙(méng mēng)　省(shéng xǐng)　行(háng xíng)

六、防止谐音不佳

谐音是汉字一种特殊的现象,所以汉字的视觉和听觉效果有时完全不一样,甚至南辕北辙,稍微不留心,谐音不好的名字会给孩子造成沉重的心理负担,甚至终身遗憾,后悔莫及。

汉代以降,字形基本固定。但是人们往往利用谐音的不同意义,作为嘲谑之用。名字谐音不好的有三类:

1. 谐音不良

鲍宇——鲍鱼、范婉——饭碗、侯岩——喉炎、卢辉——炉灰、吴礼——无礼、殷宇天——阴雨天、计吕芝——骑驴子、陶好——讨好、于刚——鱼缸

2. 谐音不雅

朱伟——猪尾、晓建仁——小贱人、迟思余——吃死鱼、朱畅智——猪肠子、毕云涛——避孕套、白延良——白眼狼、杜子达——肚子大、魏君智——伪君子

3. 谐音不吉

姚培谦——要赔钱、韩渊——含冤、王佳——亡家、宋忠——送终、任博才——

人破财

赵诗——找死、刘放——流放、苏光——输光、段明——短命、裴光——赔光

以上名字的谐音,不管是谁,都不会愿意再取这样的名字,但一旦已经取好,即使要更改,也是十分麻烦的事情,所以谐音不佳是取名大忌。

取名在避免不佳谐音方面,特别需要注意以下几点:

1. 特别要注意容易在姓名连义上造成不佳谐音的姓氏,稍不当心就会出差错。容易出差错的姓氏有:王姓、朱姓、吴姓、施姓等。

2. 还需注意方言谐音现象,一般当地人熟悉方言,不太会出现这个问题。由于现在人口流动比较大,在自己家乡没有方言谐音,或者使用普通话也不存在这个问题,但是一旦到了另外一个地区或城市长期居住,就会产生方言谐音不佳的缺陷。

如聂世平,这样的名字在各方面都没有什么问题,但是到了上海,却与沪语"热水瓶"谐音。周明,比较大方,到了宁波却变成了"救命",这样的例子谁都可以举出几个。

如今中外交流大大扩大,所以还要注意名字读音与英文谐音的问题。

第三节　防止违反字形规律

姓名用字在形体上有其客观规律,讲究变化和平衡的名字才能给人以视觉美的享受。如果用字在形体上不讲究变化,就会影响姓名在形体上的不平衡、不协调、不和谐,就会发生呆板失衡的现象,影响视觉美,也会在他人及自己的心理上产生消极甚至恶劣的影响和效果。一般取名避免使用繁体字、国家禁止的异体字以及错字、别字、自造字,否则是无法通过户籍登记的。即使平时自己书写使用,也是过不了电脑(没有相关的字库)关的。

一、防止繁难字

所谓繁难字,即结构复杂,笔画很多的字。有些人就是喜欢专挑繁难字取名。如臧懋谦、顾颖馨、警黎骋、阙繁篮、梁碧馨这样的名字,每个字都超过10画,总笔画超过40多画,写起来费时,黑糊糊的一片,黑白失调,给人感觉沉重。姓氏字本来就是笔画繁多,再加上名字全部取以多笔画,使得名字发胖,令人产生憋闷、有透不过气的感觉,不但自己不好写,签名麻烦,别人也不便于辨认,不便于传播。特别在童年时代,孩子一上学,就在自己名字上花费许多精力,实在得不偿失。大凡繁难字,一般不是常用字,字义也比较狭窄,一般人不认识,不会读,也不理解字义,这

样的名字影响和降低交往功能。如彝 19 画、邋 17 画、懿 22 画、璨 17 画、蠻 17 画等。

其实大人物的名字,皆朴实平凡,如孙中山、齐白石、岳飞,笔画简洁,书写流畅,不繁琐,美观大方。取名采用繁字大可不必。

二、防止用字笔画搭配混乱

姓名用字在笔画上如果不讲究搭配,笔画多少不均,就会出现视觉欠佳的后果,应该避免。如丁为独体字,笔画少,与其搭配的字宜笔画少,如丁一仁,给人单薄空虚,不堪一击之感。如丁繁盛,头小身体大,令人不快。如丁一薪、文麟德,则是一头轻一头重,不平衡。还有燕一蕾、鞠一鹤,好像一条扁担两个筐,毫无美感。而燕蕾一,完全头重脚轻。

三、防止用字偏旁、部首相同

汉字大部分属于合体字,即一个字有两个或以上部件组成,姓名三字如果全都同一偏旁或者同一部首,如何信仪、赵起越、宋宏宝、迟迅迈、蔡荣茂等,不管读音多么动听,字义多么美好,但是给人感觉死板、拘谨、单调、重复,视觉效果差,也不利于书写和签名。

四、防止用字结构相同

汉字有独体字和合体字之分,合体字还有一个结构类别。如果取名用字不考虑汉字的结构因素,姓名三字结构完全相同,则已无悦目之感了。

如何振传都是左右结构,高赏莞都是上中下结构,包匀都是半包围结构,还有聂森晶都是品字结构,像这样同一形体的名字可能不会有人喜欢和满意。

五、防止用字体形相同

汉字构成除了结构以外,还有一个外形的问题,有肥瘦、长短、实虚、强弱等形象之分,这也是名字是否形体美一个重要的因素。所以要注意避免字形外观相同或近似;要注意字形的搭配和平衡,既要变化,又要和谐,要有建筑美;还要注意字形与内涵的一致,不要内外矛盾,貌合神离。

如刀可已,由于太虚,会给人感觉空虚、空洞;

如黎康国,由于太实,则给人堵塞、臃肿之感;

如辛申年,由于太长,令人感到细长、不稳定;

如丘士由,由于太短,使人有一种"武大郎"的形象;

如于小千,由于太瘦,让人产生弱不禁风的联想;

如施满圆,由于太肥,给人自信不足感觉;

如武猛飞,由于太强,给人压抑感;

如章梦,由于太弱,缺乏果断。

以上用字不讲究形状和性质,名字的体形既无视觉美,又缺乏美好的联想。

第四节　防止违反字义规律

汉字是表意文字,每个汉字都有一定的字义和内涵,而且有褒贬和中性之分。如死、葬属于贬义字;如好、华属于褒义字,也有属于中性的。但是汉字的褒贬性质在特定的语境中会发生变化。如霍去病,病字毫无疑问属于贬义字,但有了前面的动词"去",其字随着词组在性质上发生了性质的变化。又如黄字是个中性字,后面与河字组合成为黄河,成为名词,是会令人自豪和振奋的字,而与泉字组合成为黄泉,就成为令人反感、恐怖的字。即使褒意字,如果组合不当,也会产生不良效果。

注重选字和讲究字义,这是中国人取名的传统,也是取名用字的重点。取名如果选字不当或组合不当,名字就会令人不舒服,甚至授人笑柄,所以我们取名选字时必须尽可能避免违反字义规则。

一、防止生僻字

生僻字即比较陌生而冷僻,绝大部分人不识的汉字。如黄俣扬,俣读音 yu,义为身材高大;邹荆燚,燚读音 yi,义为火燃烧的样子;高垚,垚读音 yao,义为土多的意思;梁优頔,頔读音 di,即美好的意思;还有勍字,读音 qing,义为强劲;虓字,读音 xiao,即虎啸;芃字,读音 peng,义为草茂盛状。这些字在《新华字典》是找不到的,只有在《康熙字典》才有,甚至有的字在《康熙字典》也没有,所以绝大部分的人都没有看见过,认不得,读不出,写不准,不好记,更无法理解其字的含义。

取名采用生僻字出现的原因:

1. 显示学问

有的父母为了体现自己的学问高深,特别是一些文人名士喜欢使用生僻字给自己孩子取名。其实,生僻字并不一定有深刻含义,并非越是生僻越深奥。

2. 担心重名

有的父母担心重名和雷同,所以避开许多常用字,而采用常人不熟的生僻字,以免俗套。

用生僻字取名有很多弊端和危害性。

一般生僻字笔画很多,会给孩子带来许多麻烦。特别是在学校里经常被老师和同学叫错,笑话百出,长期以往容易给小孩带来阴影。所以据心理学家统计,凡是生僻字取名的人,一般社交能力差,性情孤僻。

由于大部分人不认识生僻字,面对这样的名字容易产生一种不愉快,甚至讨厌的感觉。许多人在心理上怕叫错,担心表现出自己的知识贫乏,所以一般人不会自找没趣,自然不会主动叫喊,甚至不与你打交道,影响人际交往,甚至失去许多机会。

心理学家曾经对使用生僻字名字的人进行统计,发现生僻字名字者往往难以融入社会,产生姓名交际功能的障碍,也失去了姓名具有自我介绍和塑造自我形象的意义功能作用。

由于生僻字常常是电脑普通汉语字库里所没有的,在存银行,买保险,上医院、学校,订购航空机票,办理证件时发生困难,就是翻遍电脑中所有的输入法,也很难找到这些生僻字。在做社保卡、身份证时,甚至在出入境时,也会遇到问题。生僻字取名在生活中会给使用者和社会带来不便,带来许多麻烦,甚至损失。

名字主要目的是用于人与人之间的沟通和交流,如果除了父母以外的人都不认识,那就失去了取名的意义,所以取名最好不用生僻字,否则只有弄巧成拙,适得其反。

我国著名大书画家米芾,原来名字为黻(fu),由于是个生僻字,而且笔画实在太多,后来自己也烦了,就换了一个芾字,并表示两个字意思是一样的,都是官服外的装饰图案,一下子减少 11 画。

在信息化占主导地位的社会生活中,尽管有关部门正在做生、冷僻字字库,但面对不断冒出的更为生、冷僻的字,人力物力的投入还是很惊人的。我国《通用规范汉字表》即将面世,一经公布,我国新生儿的取名用字必须从中选取,给孩子取生僻字名等现象将受到遏制。

二、防止歧义字

许多汉字具有一字多义的现象,一字多义并非是本义和引申义,而是两个完全不同的本义,有时在引申义上也有多种解释。如果有的字发生歧义,名字会给人造成误解。如段薪,由于"薪"有两种字义,一是柴草,二是薪水,加上谐音,名字的含义就会成为"断了薪水"了。

三、防止字义不吉祥

汉字中有不少含义不吉祥的字,都不宜于用来取名。还要防止即使在名字中没有出现此类字,但在谐音上或姓与名连读非常容易引起不吉祥的字。

不吉祥的字有：

1. 灾祸字，有灾、祸、罪、难、葬、冥、狱、牢、押、墓、卡、陷、堕、坟等。
2. 恐怖字，有黑、暗、阴、沉、昏、夜、暴、哀、恐、怖、黯、厄、恶、狂、冥等。
3. 坎坷字，有困、扰、艰、难、纠、葛、坑、湾、曲、折、坎、坷、压、抑、挫等。
4. 疾病字，如疾、病、患、血、痤、瘤、疮、癌、伤、症、疤、痛、肿、痈等。
5. 诅咒类。如死、败、孽、杀、亡、灭、绝、呆、溺、虐、佞、损、失、毒、残等。
6. 失落字，如失、落、鄙、溃、损、腐、朽、徘、徊、彷、徨、茫、抑、废等。
7. 鬼魔字，如鬼、怪、妖、魔、狰、狞、狡、诈、狠、酷、魈、毒等。
8. 污秽字，如尘、垢、污、浊、秽、埃、垃、圾、渣、滓、灰、烬、腥、肮、脏等。
9. 刀枪字，如刀、枪、击、杀、灭、伤、刺、斩、丧、降、伏、垮、败、刑、罚等。

但是如果用得巧妙，也可以收到良好的效果。如尚方剑、戈战妖、闫震冥、廉涤尘等，都是有积极意义的好名字。

四、防止字义不雅观

这是指人们特别敏感的一些字，名字中直接用这类字的几乎没有，但是谐音转化成这类字的偶尔仍有出现，这也是应当防止和避免的。如秃、驴、醋、酸、臭、绿等字，这些字与不雅观、不文明为同义字。

古代人们将龟归入"四灵"（龙凤麟龟）之一，是吉祥福寿的象征，古人的名字中用"龟"的不少，如汉代的李龟年，唐代的陆龟蒙。宋代诗人陆游，晚年以龟堂为号。但从元代开始，人们发现龟不能性交，所以称外淫之妻的丈夫为乌龟，明代则有"缩头龟"、"龟奴"、"龟公"等骂人话流行。近代则把"乌龟王八蛋"连用，成为社会败类、渣滓、坏人的代称。因此，现代人对于"龟"以及有牵连的字讳莫如深，"龟"当然就成了取名之忌。

同时注意谐音。如吴（乌）、金贵（龟）、王霸（八）、吕（绿）金（巾）荣、项尚（上）图（秃）、班之侣（驴）等。

五、防止字义凶坏

人们习惯将对人类有害的东西，都归于"凶坏"的范畴，千方百计铲除它，战胜它。用这类字词命名，是违背人们的意愿的，是一种悖谬行为，应当防止。

如元凶、朱邪、郭老虎、许赤虎、王黑、李劫夫、洪水、乌云、黄天等。这类名字，有的是"洪水"、"猛兽"，威胁着人们的生命与安全，是人类的大敌，大难不死的幸存者，对它们心有余悸；有的则直接以"凶"、"邪"的面貌出现，原意似乎是"以凶对凶、以邪治邪"，但无意间又给人们的心灵带来了阴影，令人担惊受怕，难以安生。这类名字的存在，给人们带来的总是不安与不快。

六、防止字义恶劣

字义"恶劣"包括两层意思,一是指品行方面的,二是指"恶劣"后果的。用这两种意思起名,让人认为主人本身有恶劣的品行,也使人联想到恶劣的事物,都会给正直、善良的人们造成反感,因而是不可取的。

用"恶劣"的品行字命名,这样的名字,会令人望而生"畏",不敢接近;或见而设防,小心"上当";或望而生"鄙",一种"鄙视"、瞧不起的情绪顿时兴起。这些情感,对于建立良好的人际关系都是不利的,而且会影响到对"主人"的态度,产生消极的作用。竖刁、刁邪、唐狡、狂狡、熊疑、赵奢、田横、吴贱安、李混子等即此类名字。

表示后果"恶劣"的名字,有的以死而终,令人沮丧;有的"衰"、"沉",情绪低落;有的用令人不快的现象命名,如牛牢、樊篱。

这些名字,容易给人造成颓丧、压抑、失落感,而毫无生气和鼓舞向上的力量,所以也是不可取的。崔夭、陈完、闵损、赵衰、杨弃、普穷、叶光、田芜、营终、寒贫、周公卒、孔翁归、国归父、郭则沉、陈大悲、熊负羁、毕祖朽等皆此类也。这样的名字作为修辞方法,一般在文学作品中出现,生活中很少有人染指。

七、防止字义伤残

用伤残字取名的现象却古今皆有。战国著名军事家孙膑原名孙宾,因受刑去掉了膝盖骨(即膑骨,也写作宾骨),后改名为孙膑。近代大家吴昌硕,由于晚年双耳失聪,故自称"大聋"。爱国志士苏郁文,由于抨击袁世凯的窃国行径,惨遭迫害至双目失明。他忿然自号"眇公",以示对迫害者的控诉。以上都是用"伤残"字命名的例子。

现代社会用"伤残"的遗症起名,等于揭人的伤疤,这样做是不道德的。如果以伤残字起名,呼唤者与主人都会产生不愉快的感觉。给别人起绰号,更不应以生理缺陷为话柄。不用"伤残"字起名,就是说在起名时也要发扬这种人道主义精神。所以应当防止伤残字起名。

八、防止字义丑陋

取名要美,是人之常情,丑陋是美的对立面。由于陈规陋习和落后意识的影响,用"丑陋"字取名,在我国由来已久,特别是农村偏僻地区仍有遗风至今。此类名字一般指粗俗、粗野、粗鲁、俗气,如张小傻、王超人、钱万富、石头、狗蛋、范嚣、李雄北、何霸天、荆蛮等,这样的名字不文明、不优雅、不优美、不和善、不细腻,缺乏修养,容易使人误解。这种陋习必须革除和防止。

九、防止字义狂妄

一般人都不喜欢高傲自大、狂妄放肆、自诩自夸、自我吹嘘的人,也不会喜欢这样的名字,因为这种人缺乏修养,以自我为中心,没有谦虚态度,这样的名字容易引起大家的反感。如古代的李元霸、华雄等,都是狂妄之名,但结果都是因为其名死于非命。所以取名也要掌握一定的度,防止字义狂妄。狂妄名有王君、冠雄、文圣、武魁、天才、人杰等。

十、防止字义自贬

这是另外一种过度的态度,即自贱、自卑、自贬,其实这是一种虚伪,也为人难以接受。如莫我愚、杜不如等。矮、愚、迂、痴等字也不宜入名,特别注意不要谦卑过分。

十一、防止字义消极

这是在名字上表现的一种心理状态上的低落、忧伤和玩世不恭,此类名字缺少积极向上的意义和鼓励激励的因素,容易使人萎靡不振,消沉低落,消极厌世,结果,容易瓦解主人的意志,造成心灵上的伤害。

有心态低落型:如张恨水、徐悲鸿、郑愁予、黄孤郁、周心楚等;

有哀怨忧愁型:如魏废、姚孤、陈独彷、刘之徨、莫愁、辛幽苦、吴含茹、黄莲、李独鸣等;

有瘦弱消极型:如陈瘦燕、陆秋草、张忍之、陈疲娟、曹弱等;

有灰暗阴冷型:如姜默、周残阳、吴归雁等。

有庸俗土气型:如菜花、富贵、生财、发财、狗蛋、狗娃等。

十二、防止字义赚人

即在名字上赚人的便宜。名字是用来呼唤的,有些词语用作名字,甲呼唤,乙应答,在一呼一应中乙就赚了甲的便宜。这样就容易引起不必要的纠纷或者造成心理障碍,影响正常的社会交往。这样的名字有点"变着法骂人",令人感到低了一个层次,所以这类名字属于不礼貌,甚至不道德。取名时应小心防止。

容易造成"赚人"效果的词语主要有两类,一类是用于尊长的称谓词,如父、叔、翁、公、老、伯、祖、宗、姑、娘、母、奶、婆等。包括谐音,如王达仁(谐音王大人)、王怡(谐音姨),不管是谁都管叫王大人和王姨,如果呼应,就有"赚人"之赚,不伦不类。

另一类是用于表示官衔、职称及尊称的词语,如总理、部长、科长、师长、连长、政委、教授、高工、专家、明星、经理、先生等。用这些词及谐音词取名的有魏相、伊尹、袁于公、庞德公、张侯、宋航长(宋行长)、曹纵立(曹总理)、陈献章(陈县长)、何宪章(何县长)、廖逋彰(廖部长)、傅正委(傅政委)、毛俊璋(毛军长)、骆指挥、高干等。这些名字在呼唤中容易造成误解,在误解中使主人不自觉地沾了便宜,同时在误解中可能产生不良后果。取名时应考虑周密,要防止可能产生"赚人"后果的词语进入名字。

这里还应说明一点,"父、甫、叔、伯、公、翁、侯"等字,都曾是古代男子取名命名的美辞,那时用这类字起名,不存在"赚人"问题,后来这些字的意义和用法起了变化,才出现这个问题。

十三、防止字义为丑陋动物(贱名)

其实这是旧时贱名习俗。有的地方骂人时说:某某连猪狗都不如,可见猪狗是丑陋物的代表。可是有些地方,由于受到"贱名长命"落后意识的影响,却以"猪狗"作人名,特别是小名。这种做法是对主人的极大不尊,也是对人名文化的玷污,与当今讲文明、爱美的社会风尚极不协调,应当坚决扫除。丑陋动物用字还包括驴、猴、鸡、鼠、猫以及狐狸、猫头鹰之类令人不快的动物。还有用令人厌恶的毛虫命名,如甘蝇、汤蠖、张蚝、梅虫儿。

十四、防止字义杂拼

好名字讲究的是含义优美和寓意深刻,如果将两字只是一种简单的、随意的"拼凑"和"硬配",不是有机地连接,那么就不会产生清晰的含义,更谈不上寓意。杂拼的名字,则会给人含糊不清、不知所云、不伦不类之感。赵如书,赵怎么也与书联系不起来,令人极不舒服,莫名其妙。

还有一种无义字最好不用,如微量元素镓、氨、氧、氢等字,仅仅是一个化学符号,没有任何意义,用此类取名,既毫无意义,也没有美感。

十五、防止字义过于平庸

由于一些父母没有文化,根本就没有水平给孩子取名,只能马马虎虎给孩子取名,如根弟、菜花等。这样平庸的名字,日后给小孩造成压力,影响和妨碍他们的发展。

十六、防止姓名连义不良

取名时,除了用字需要精心推敲,还需仔细斟酌姓氏与名字的字义相互关系。姓名所涉三或四个汉字,每个字都有自己的字义,但是姓名又是一个整体,各字的字义都发生了微妙的变化。所以一个名字取得含义和寓意再好,一旦与姓氏结合,可能保持原意,不会发生变化,可能是天衣无缝,锦上添花,也有可能发生"化学反应",名字的含义走向反面。所以姓字的含义与名字的含义不要冲突,不要产生不佳的支义。

第五节　防止违背民族良俗

一、防止男女混淆

按中国人的传统观念,取名应该男女有别。男子应该具有刚强、英勇、奋进等阳刚之气;而女子应该具有温柔、贤惠和美丽等柔美之气,所以在起名时,在用字上和字义上都要有所不同,一看名字就能够分辨出是男是女。

男女毕竟在气质、性格、体态、思维等方面都有着明显的区别,所以男女有别是一般人的正常心理活动,名字上如果男女不分,男取女名,或女取男名,就会有违于传统心理和审美观念,造成人们心理暗示的混乱,容易引起不必要的麻烦。

如父母出于重男轻女的封建思想,给自己小女孩取名为王铁柱,但数十年后,小女孩成为一个娇弱的小女子,这样的名字不知让人有何感想。无独有偶,一个彪形大汉名字是周小丽,一定让人哭笑不得。这种笑话在现实生活中时有发生。如岳娟汉,名字不男不女,男女混淆,不统一,不协调,一定严重影响本人的形象。

性别严重混淆的名字,会给生活和交际带来麻烦。如有个刘小英,父母的本意是希望他成为小英雄。但就是这样的一个名字,他有好几次在活动中被分到女生组。特别是在恋爱中,几位姑娘一看名字就打了退堂鼓,连面都不愿意见。因为名字的原因而恋爱屡屡失败。

在我国传统习俗上,男孩肩负着家庭传宗接代的使命,并承担着安邦治国的重任,所以"重男轻女"的封建思想,历来在取名上非常突出。现代社会提倡男女平等,"重男轻女"的封建思想已不可取。人有性别之分,男女特别是在社会责任上毕竟具有不同的区别,许多汉字已经约定俗成成为男女专利用字,所以取名不可男女混淆。取名并非女性一定要美,男性一定要刚,但是如果男取女名,女取男名,尤其是男取女名,在名和人不是同时出现时,可能会给本人带来不应有的影响;同时男名过阴柔,女名过坚刚,也不利于本人的阴阳平衡。

男孩取名应该忌讳以下容易给人女性联想的名词或字。

1. 带"女"偏旁的字:娘、姨、姐、妹、女、姑、姬、娥、媛、婢、娟、娇、婷、妙、媚、婉、娴、妩、妍、嫣、姹、娜、妤、丫等。

2. 闺房之物品用字:钗、环、绣、珍、翠、秀、珠、黛等。

3. 女性专用的花卉用字：花、芹、莲、蓉、薇、梅、莲等。

4. 有些事物并非是女性专用的，但已约定俗成变为女性专用字：如琴、淑、霞、燕、莹、香、芳、碧、倩等。

二、防止老小不分

人的称谓是有一定的年龄时段的，取名用字应该防止老小不分的现象。一个人只有在一定的年龄，一定的场合才能称姐称妹，遇到比自己大的管叫姐，小的管叫妹。如小、妹、弟等，充满稚气，在童年时期自然可爱，但是到了青年甚至老年时代，这样的名字就显得不妥。如七十岁的老伯伯叫王小弟、八十岁的老太太叫唐小妹，他(她)们的晚辈自然不会直接称呼，但是在公众场合必须称呼时就不舒适了。如王一、丁怡(谐音姨)，对于这些名字，不管年龄大小，谁都得管叫王姨和丁姨。比她小的称呼她，不知道的人还以为是真的阿姨；比她大的，甚至其父母亲也得叫姨，实在不妥。

还有翁、老、姐、娘、伯、姨(包括谐音)，在小时候，取这样的名字实在是老气横秋，而且不管什么人都得一样叫，将比自己小的叫姐、娘、伯，肯定心里不平衡。杨八姐、杜十娘等名，都是古代特定时期的产物，现代社会应该避免。

三、防止模仿名人

汉族传统比较讲究辈分，所以要避讳祖先字，以免打破辈分，而且这也被视为对于祖先不敬。伟人、名人等特定用字也应该避免。其实这样的做法，是一种机械搬用，毫无创造性，也不符号独立精神，没有自己的个性，显示了自己的没有信心。

四、防止过度洋化

世界各国，各个民族的名字都具有自己的民族特色和民族特征，这也是各民族文化在名字上的体现。汉字语音优美多变，铿锵有力，婉转绵长；汉字字形多姿多彩，灵活生动，气韵传神；汉字字义博大玄妙，丰富多彩，深厚悠远，所以汉字名字具有独特而无穷的魅力。我们应以自己有中华民族的名字自豪，中国人的名字体现自己民族的特征，这是每个炎黄子孙的责任和义务。

随着中外文化的交流日趋扩大，为了生活和工作上的需要，专门取个英文名字，也无可非议。有些父母由于特殊的背景，给自己孩子取个中西文化搭配的名字，往往也是能够反映出独到的文化价值和趣味的好名字。但是的确不少人知识浅薄，盲目地崇洋迷外，热衷于带有洋味，甚至过度洋化的名字。如杨玛丽、朱丽莎、张约翰、李洛夫、王琼斯、王玛妮、李洛娃、于安娜等，这些人名中不中，洋不洋，四不象。

由于带有洋味的中名,其实是由字音而来的汉字组合,字与字之间缺乏必然的内部联系,所以显得索然无味,没有什么确切的汉字意义,仅仅是一种符号而已,所以不符合中国人取名讲究字义的习惯。

一般取洋名反会给人一种疏远感,甚至很难达到信任和理解,在社交中不一定得到本来向往的效果,甚至会影响自己的机遇。

五、防止哗众取宠

千万不要别出心裁,哗众取宠,拿自己的名声开玩笑。现在不少小青年,追求时尚,就连取名也不放过。有关资料显示,姓名中已经出现何首乌、陆海空、管风琴等奇奇怪怪的名字。

第六节 防止其他方面的问题

一、防止涉及政治专用语

取名最好防止和避用政治专用术语,因为政治事件具有历史性,事过境迁,原来历史的名字也就过时了,轻者容易重名,重者滑稽可笑,甚至有的名字令人不快、反感,招致厌恶和唾弃,从而影响人际交往。

历史的发展已经证明如大跃进、文革等阶级斗争运动的错误和荒谬,当年的大跃进和十年浩劫,至今刺痛着人民的心灵,想必当年被家长们起了这些名字的孩子已经进入中年,拥有这些名字的人士恐怕早已改名了。如马文革,姚学彪诸类名字,其弊端显而易见。

在历史进程中,总会发生一些政治事件,今后也恐难免,所以起名时,千万不要以政治事件为名,不要将政治专用语融入名字。历史的教训要牢记,但不要让孩子用名字去记录政治历史。

二、防止重名

关于重名问题内容,已在理论篇第三章中详细阐述,本节不再赘叙。这里仅从用字方法上探讨防止重名问题。

汉字常用字 3 500 个,除去不宜取名的字,只有 1 500 个左右。据统计:姓名中使用频率比较高的字有 200 个,所以要避免高频率字。

1. 全国性高频率常用字

中国文字改革委员会曾于 1984 年用计算机对全国七个地区的 194 900 个人名

用字进行过分析统计,发现用字最多的前 10 个"超级常用字"分别是:英、华、玉、秀、明、珍、文、芳、兰、国。

2. 男性高频率字

忠、义、仁、德、福、永、世、成、安、宁、子、建、志、军、荣、杰、富、民、昌、康、元、宗、俊、天、良、贵、山、光、海、波、涛、明、辉、艾、峰、林、刚、强、勇、健、文、力、保、和、平、裕、朝、臣、坤、昌、祥、仁、贵、佳、庆、辉、泉、云、建、进、康、运、鸿、小、晓、宏、茂、锦、新、利、彬、斌、清、瑞、伟、明、强、博、亭、才、育、东、国、高。

3. 女性高频率字

梅、兰、芳、菊、桂、莲、芹、芝、萍、莉、花、春、秋、红、雪、月、云、华、彩、霞、雁、娥、燕、凤、芬、淑、美、英、金、银、宝、玉、珍、珠、翠、佩、玲、琴、秀、丽、惠、巧、慧、敏、洁、娟、爱、招、娣、艳、香、静、琳。

下篇　取名文化

　　无论在史书里，还是在生活中，由名字衍生或演绎的文化现象比比皆是，甚至使得人们熟视无睹。取名也是一种文化，取名文化是"取名学"不可或缺的组成部分。我们在大量的资料中，筛选了一些典型例子，归纳出两类名字文化现象，在本书中用"名人取名改名法"和"名字引起的故事"两个章节专门加以说明。前者告诉我们，"英雄不论出身，名字皆有出典"，大凡名人的取名或改名都可以说出一段故事，也可作为本书的、尤其是民间取名法和改名的实例和典范。而后者则提醒我们，这些名字背后的一个个故事说明，取名乃人生大事，千万不可轻视忽视。

第八章 名人取名法

1. 借喻型、植物法（葫芦）

伏羲（生卒年不详，传说距今 8000 年前）

伏羲氏，《史记》中写作伏牺氏。传说他是华胥氏之子、少典之父、炎帝和黄帝之祖父，是女娲（也称女娲氏）的哥哥兼丈夫，为上古"三皇"之一，与女娲同被尊为人类始祖，与黄帝同被尊为人文初祖。还有称在陶器发明之前，寻找合适的专用取水用具是先民们急于解决的最大问题。先民可能会尝试着用各种瓜皮取水。在一代又一代的尝试中，逐渐认识到葫芦最适合用做取水用具，遂逐渐形成制瓢技术。这就是"匏析成瓢"。另一个可能是"匏系氏"，就是把葫芦系在腰间增强浮力以便涉水渡河的意思。伏羲即为太昊伏羲氏。而在汉文古籍中，太昊又被记作太昊、太皞、太皞等。古风台人说伏羲原名为"风伏羲"，和《三皇本记》记载"人昊庖牺氏，风姓"相吻合。伏羲的名号，古籍中有许多写法，包羲、庖羲、疱牺、炮牺、庖牺、包牺、伏牺、伏戏、宓犠、宓羲、宓牺、虑羲、牺皇、皇羲、太昊、苍牙等。

2. 许愿型、美德法（土德）

黄帝（前 2717—前 2599 年）

华夏始祖之一、人文初祖，与生于姜水（今宝鸡境内）之岸的炎帝并称为中华始祖，中国远古时期部落联盟首领，少典之子。本姓公孙，长居姬水（今陕西武功漆水河），故改姓姬，居轩辕之丘（今新郑西北），故号轩辕氏，出生、建都于有熊（今新郑），故亦称有熊氏，因有土德之瑞，故号黄帝。他以统一中华民族的伟绩载入史册。

3. 纪念型、事件法（相距遥远）

尧（前 2377—前 2259 年）

我国原始社会末期的部落联盟长。帝尧小时候先随外祖父家姓，为伊祁（耆）氏，名放勋。传说尧的名字是其父亲帝喾取的。当时喾带着妻子常仪、帝女等，在南方巡视。到了一个万里沙地（即今长沙），遇房国兵变。待平息兵变后，帝女又被盘瓠背进了深山，灾难不断。这时家里又传来两个消息，一个是老母亲逝世，还有一个是三妃庆都在山西长治一个叫丹陵的地方生了儿子。此时离家已经十四个月，而且地处遥远的南方的啻，心想我们父子分开太遥远，就用同音的字给儿子取名，于是就有了最贤明的帝王——"尧"。尧年轻时，以擅长制作陶器在远近部落中著名，帝喾看到自己的儿子有出息，便把尧封为唐侯（唐是大的意思），所以史称陶唐氏、唐尧。

4. 借喻型、植物法（无名花）

舜（约 2277—2178）

舜是黄帝的八世孙，颛顼的六世孙，中国传说中父系氏族社会后期部落联盟领袖人物。父亲瞽叟是个盲人，瞽叟的妻子握登在姚墟生下了舜，故姚姓。舜两眼都是双瞳仁，故名重华。舜定都在蒲阪（今山西永济），其国号为"有虞"，故号为"有虞氏帝舜"。帝舜、大舜、虞帝舜、舜帝皆虞舜之帝王号，故后世以舜简称之。

还有一说，山西垣曲县东北四十里有座诸冯山，山上有一种很美丽的花叫舜。舜出生时，长得很异常，面貌如花；掌纹就像一个"褒"字；眼睛双瞳；又因为排行第二，所以其母亲就给他取名为仲华，因为美丽独特故又叫舜。舜是中国百家姓之一。

5. 借喻型、珍宝法（薏明珠）

禹（约公元前二十世纪）

禹，姒姓，夏后氏，名文命，号禹，是黄帝轩辕氏玄孙。禹通过禅让得到帝位，传说是夏后氏部落的首领，是子承父位、中国奴隶制的创始人。因在涂山（在今安徽省蚌埠市）治水有方，疏导长江，被后人尊称为"大禹"。传说禹的母亲女嬉，三十多岁仍未怀孕。一天来到水边，看见一颗大如鸡卵，外形像"薏"的明珠，爱不择手，便含在口中，不料竟吞下腹里。晚上她梦里得知自己有喜。怀孕了十三个月，仍然不生，最后还是从其脊背骨缝里钻了出来。禹生下时，胸上有"斗"文，足上有"己"文，即为"北斗之下，一人而已"，这就是所谓的天传文字而得名的"文命"。因为母吞明珠形如"薏"，背部像甲虫，故取名为——禹。后来禹成为中国的一个姓氏。

6. 纪念型、特征法（头颅），借喻型、山岳法（尼丘山）

孔子（前 551—前 479）

伟大的思想家、教育家和儒家学派创始人孔丘，子姓，以孔为氏。因孔子在家排行老二,故字仲尼,后被尊称为孔子。孔丘的名字为父母所取。孔子的父亲叔梁纥,母亲颜征在,在孔子前,已有十个儿女,但是只有一个儿子,而且还是个瘸子,所以他们很想再要个健全的儿子。于是夫妻俩就到附近的尼丘山祈求再赐一子。后来,果然生下了孔子,他们认为这是在尼丘山上求来的。再则孔子刚刚生下来时,头颅是中央低四周高,状如尼丘山,于是取名为"丘"。

7. 许愿型、兴国法、爱民法(济世爱民)

李世民(599—649)

李世民为唐高祖李渊与窦皇后的次子,唐朝第二位皇帝,谥号文武大圣大广孝皇帝。唐太宗四岁时,有一位书生参见唐太宗父亲李渊,称自己善于相面,他对李渊说:公是贵人,且有一个贵子。书生见到贵子后说:姿态如龙凤,仪表如天子,至二十岁时将济世安民。高祖李渊一听,大吃一惊,怕那书生泄露天机,给自家带来杀身之祸,正想把那书生抓来杀掉灭口,那书生却突然不见了。李渊认为那书生是仙人化身,因此就采用其言为儿子命名"世民",取济世爱民之意。后来果然应了那书生之言,李世民成为一代英主。

8. 许愿型、立志法(男女平等),借喻型、天象法(日月)

武曌(武则天)(624—705)

唐朝武则天是中国历史上第一个女皇帝,690年自称圣皇,改国号为周,执政长达40多年。武则天本名不详,14岁选入宫中,唐太宗赐名媚,人称"武媚娘"。她的别称很多,有武昭仪、则天顺圣皇后、圣母神皇、则天皇帝、女皇武则天、武才人、则天大圣皇帝。武则天称帝后,改名为武曌(音 zhào),其字是她自己创造的。这个"曌"字,上明下空,具有特殊的含义。在字义上,由日、月、空三字组成,一表示中国有史以来,统治者都是男性,男尊女卑,如今日月并列,阴阳并列,其意明显。二是明空即代表自己政治清明,天下太平,明空一般。

9. 纪念型、事件法(赋诗)、兆梦法(太白星)

李白(701—762)

李白为中国唐朝诗人,有"诗仙"、"诗侠"之誉。他字太白,号青莲居士。李白在周岁抓周时,抓了《诗经》一书,这意味着其长大后要成为一名诗人。他父亲一定要给自己儿子取个诗人的名字,但是一时难以找到,一直拖至未成。七岁那年春天,其父想赋一首《春日》七绝,并有意考查一下儿子。他先咏了两句:春风送暖百花开,迎春绽金它先来。妻子在旁接续一句:火烧杏林红霞落。不料儿子随即手指李树,脱口而出:李花怒放一树白。父亲一听连声叫好,当即决定为儿子取名为李白。

也有史料记载,在李白出生的时候,其母亲梦见了长庚星,长庚星又名金星、启明星、太白星,因此以白为名,字太白。李白一生才华横溢,诗风飘逸,被世人誉为诗仙,确有太白仙人下凡之神韵,可谓人如其名。

10. 另类型、八卦法(卦辞)

陆羽(733—804)

茶圣陆羽,又字鸿渐,又名疾,字季疵,号竞陵子、桑苎翁、东冈子,又号茶山御史。陆羽因其相貌丑陋,于唐开元二十三年(735),被遗弃在湖北天门县西门外西湖之滨那时才三岁,后被当地龙盖寺和尚积公禅师收养。《陆文学自传》是陆羽于二十九岁时为自己写的小传,可信度较高。他在自传中写道:"字鸿渐,不知何许人,有仲宣、孟阳之貌陋;相如、子云之口吃。"积公以《易经》自筮,为孩子取名,占得"渐"卦,卦辞曰:"鸿渐于陆,其羽可用为仪。"于是按卦词给他定姓为陆,取名为羽,以"鸿渐"为字。

11. 借喻型、物品法(车横木、车辙)、许愿型、敬贤法(白居易)

苏轼(1037—1101)

苏轼,字子瞻,又字和仲。北宋散文家、书画家、文学家、政治家、诗人,又是豪放派词人的主要代表。他和父亲苏洵,弟苏辙合称为唐宋八大家中的"三苏"。

苏洵27岁时,大儿子出生了,取名为苏轼,字子瞻。轼,古代设在车前供人凭倚的横木,瞻,为眺望。合起来就是:凭轼而观之,登高而望远。三年后,第二个儿子又出生了,为他取名辙,字子由。辙,指车轮碾过的痕迹,由,是顺之随之的意思,合起来就是:车轮沿着辙痕,你就走吧。两个儿子的名和字合起来,就是希望他们,在漫长的人生之路上,一定要经常凭轼而望,别要走错道;要顺着车辙走,以免翻车。含意深刻,富有哲理。在进京之前,苏洵为了勉励兄弟两人奋发向上,特写了《名二字说》分析两人的名和字,以及他们的不同的个性,送给他们。短文言简意赅,以车前横木比喻苏轼,担心他锋芒毕露而不加掩饰;以车轮碾出的痕迹象征苏辙,说他介祸福之间,既使有翻车之祸也不会殃及于他。表达了父亲的劝勉、担心和希冀。后来,两兄弟的境遇证实了预言:苏辙为人不愿人知之,仕途平稳,一生没有大问题。而苏轼刚正不阿,但却屡遭挫折,一生坎坷。

苏轼被贬到黄州(今湖北黄冈)以后,开始自称东坡居士,人称苏东坡,此名与他仰慕白居易是分不开的。白居易有许多关于"东坡"的诗,如《东坡种花》诗两首,有"城东坡上栽"诗句。这些都是白居易做忠州刺史时所作的。苏轼在黄州,与白居易在忠州的遭遇非常相似,之后苏轼在《去杭州》诗序写道:"平生觉得从小到老的经历大致和白居易相似。"可见,苏轼对白居易的仰慕之深与"东坡"一名绝非偶然巧合。

12. 纪念型、巧事法(大鹏飞过),借喻型、动物法(大鹏)

岳飞(1103—1142)

岳飞是中国历史上著名战略家、军事家、民族英雄、抗金名将。传说,岳飞刚生下来的时候,恰巧有一只大鹏鸟从屋上飞过。父亲岳和、母亲姚氏,就给他起了个单名叫飞,字鹏举。鹏举,就是大鹏举翅高飞,表示希望儿子将来能鹏程万里,远举高飞的意思。岳飞长到七八岁,在地上铺上一层细沙,用树枝在沙上练写字。有一天,岳母挖野菜回来,发现沙地上写满了"举朋"二字,心想,我让他写"鹏举",他偏偏写成"举朋",这不是心不在焉吗?于是,她怒冲冲地把岳飞喊到身旁,厉声质问起来。岳飞不慌不忙地回答:"母亲要孩儿长大报国,可孩儿一人又能有多大能耐!所以,孩儿立志要广交朋友,举朋报国。"岳母恍然大悟,连声说:"我错怪孩儿了,你做得对!"

13. 纪念型、兆梦法(紫云)

文云孙(文天祥)(1236—1283)

民族英雄文天祥,初名云孙,字天祥。在其出生前夕,其祖父梦见孙子腾紫云而上,醒后大喜,为其孙起名"云孙",为腾云之孙大吉之名的略写。文天祥选中贡士后,换以天祥为名,改字履善。宝祐四年(1256)中状元后再改字宋瑞,后因住过文山,而号文山。文天祥以忠烈名传后世,受俘期间,元世祖以高官厚禄劝降,文天祥宁死不屈,从容赴义,生平事迹被后世称许,与陆秀夫、张世杰被称为"宋末三杰"。

14. 纪念型、事件法(祭孔)

金圣叹(1608—1661)

清初文学家、文学批评家金圣叹,本名采,字若采;还有一说姓张,名喟。明亡后改姓金,名人瑞,字圣叹。一次,他和一群秀才到文庙祭孔。按照当时迷信习俗,谁抢到祭孔的大肥肉和大馒头,谁就会中举、高升、做大官、得肥缺。大典方毕,那群平时斯文温顺的书生,突然一起哄抢供桌上的供品,抢肥丢瘦,丑态百出。而张某却不信那一套,在一旁袖手旁观,无比慨叹,还当场赋诗讥讽:"天晚祭祀了,忽然闹吵吵,祭肉争肥瘦,馒头抢大小。颜回低头笑,子路把脚跳,夫子喟然叹:在陈我绝粮,未见此饿殍!"从此,他改姓为金,改字为圣叹。金者,孔子偶像为金身也;圣叹者,孔子为之叹息也。

15. 借喻型、色味法(大红)

顾绛(顾炎武)(1613—1682)

著名思想家、史学家、语言学家,与黄宗羲、王夫之并称为明末清初三大儒。本名继坤,改名绛,其意大红色;取字忠清,以示红色而不失纯净。却不料日后清朝会替代明朝。十岁时就奋读《资治通鉴》、《孙子》等史书和兵书,并立下报国大志。14岁时就加入了复社。

1645年,清兵南下,他投笔从戎。抗清失败后,牢记母亲遗训:勿为异国臣子,毅然改名为炎武,字宁人,号亭林,自署蒋山佣,以示不与清朝政权合作。之后曾专心写下了《日知录》等巨著,为后人留下一笔珍贵的思想遗产。

16. 纪念型、环境法(古板桥)

郑板桥(1693—1765)

扬州八怪之一、清朝著名画家、文学家郑板桥,原名郑燮,字克柔,号板桥,也称郑板桥。本名是其父亲取《书·洪范》"燮友柔克"之意,为他起名为燮,字柔克,期望儿子一生和顺,幸福美满。郑板桥家乡江苏兴化,有座石桥名叫古板桥,幼时的他常在桥上玩耍。成年后长期飘泊外地,思念故乡,他亲自题了"古板桥"三字,并刻碑竖于桥南端,自称"板桥道人",以致原名郑燮鲜为人知。后来他中了进士,又刻了一枚"二十年前旧板桥"的印章,以表达对故乡的思念。

17. 借喻型、物品法(菜肴)

曹雪芹(1715—1763)

古典名著《红楼梦》的作者曹雪芹,原名曹沾(音 zhān),字梦阮,号雪芹、芹圃、芹溪。名中"雪芹"字颇有来历。据说他经常自己动手烹调佳肴,最拿手的一道菜就是"雪底芹芽"。所谓"雪底芹芽",是用冬雪遮盖下的芹菜嫩芽,炒鸠肉丝精制而成,味道清淡鲜美,实为不可多得的好菜。曹雪芹的"雪芹"二字也就由此而来,原来是道美味佳肴,大有色、香、味俱全之意。

18. 纪念型、事件法(新官上任),许愿类、敬贤法(福建巡抚)

林则徐(1785—1850)

清末政治家,民族英雄林则徐,字元抚,又字少穆、石麟,晚号俟村老人、俟村退叟、七十二峰退叟、瓶泉居士、栎社散人等。他的名字大有来历。其父林宾日在 37 岁的时候,已有几个女儿,原有一儿,但已早夭,所以多年来盼望生个儿子。这一年,儿子出生,在林家门口正好经过一队官府的人马,敲锣打鼓,非常热闹,而轿子里坐着的是新上任的福建巡抚徐嗣曾。其父大喜,认为这是一个好兆头,于是给儿子起名为林则徐,字"元抚"。则为学习、效法之意;徐指巡抚徐嗣曾;元抚即指儿子的人生以徐巡抚为良好开端,期望儿子长大以后能够像巡抚徐嗣曾这样的大人物一样显达高升,建功立业。林则徐没有辜负只是个穷秀才的父亲的希望,也没有辜负父亲的严格教育,其历史地位与知名度远远超过了他父亲要他效法的徐巡抚。

19. 文学型、典故法(仁爱)

龚自珍(1792—1841)

清末著名思想家、文学家、近代中国维新思想的先驱者龚自珍,字尔玉,又字璱人,号定盦(ān);更名易简,字伯定;又更名巩祚,号定盦,又号羽琌山民。龚自珍的名字是他的外祖父著名文学训诂学家段玉裁亲自而起:自珍,字爱吾,字璱人。段玉裁根据孔子"仁者爱人"的思想,认为一个人首先要自珍自爱,才会进而爱人,故为爱孙取此大名,璱,意即洁净鲜明,所以其字、号都是与自珍意思一致。龚自珍的诗文"我劝天公重抖擞,不拘一格降人才",更是无人不晓。

20. 纪念型、特殊法(被讥笑)

汪笑侬(1858—1918)

中国京剧作家,表演艺术家,满族。本名德克金(亦作德克俊),字润田,号仰天;又名僎,字舜人,号孝侬,别署竹天农人。出生北京官宦之家,自幼聪明好学。22 岁中举,却无意于仕途,其父花钱给他捐了个河南太康的七品知县。谁知他上任未久,惩办邪恶,惹恼了当地的土豪劣绅,他们向太守行贿,将汪笑侬罢了官。汪笑侬离别官场,只身来到天津,他十分敬慕在京剧表演方面造诣高深的名角儿汪桂芬,登门表达了拜师学艺的想法,没料到汪桂芬拒绝了他的请求。从此以后,他就给自己取了"汪笑侬"的艺名,意思是汪桂芬曾经讥笑过我。经过多年不懈的磨砺,他终成享誉梨园的京剧表演艺术家与剧作家。

21. 纪念型、环境法(白石镇)

齐白石(1864—1957)

世界级的艺术大师齐白石,原名纯芝,小名阿芝,字渭清,后改名璜,号兰亭、濒生,别号白石山人;并有齐大、木人、木居士、红豆生、星塘老屋后人、借山翁、借山吟馆主者、寄园、萍翁、寄萍堂主人、龙山社长、三百石印富翁、百树梨花主人等大量笔名和自号。在清光绪十四年(1888),他是个27岁的雕花木匠,人称芝木匠。在距他家不远的地方,有个秀才胡沁园先生,胡先生断定他是个可塑的奇才,于是将他收为门生。芝木匠听了,激动万分,立即向沁园深深地三跪九叩首行了拜师大礼。从此齐纯芝在胡家住下,潜心钻研诗词书画。为了便于齐纯芝将来作画题诗,胡沁园一直琢磨着给他取个好名号。一天胡沁园对为齐纯芝授课的陈少蕃先生说:"按照老习惯,在授课时需要给纯芝取个号,是不是取其'璜'字,王旁的'璜'。"陈先生说:"有意思,半只璧形的玉。那取什么号呢?""你看取作'濒生'如何?""不错,湘江之滨生,湘江之滨长。"胡沁园又说:"画画恐怕还得取个别号啊,纯芝的家乡是湘潭县白石镇,就叫'白石山人'吧!"

22. 另类型、即兴法(笔误)

孙中山(1866—1925)

伟大的革命先行者孙中山,幼名"帝象",10岁入私塾读书时,塾师为他取名"文",字"德明";稍长取号"日新"。1892年他在香港西医书院毕业后,于港澳等地行医时改号"逸仙",广东方言中的"逸仙"与"日新"谐音。旅欧期间他曾多次使用此号。

1897年8月下旬,孙先生亡命日本。他的日本朋友宫崎滔天和平山周准备把他安排在东京银座的对鹤旅馆暂住。为了安全起见,不便公开孙先生的姓名和身份,在对鹤旅馆登记时,平山周想起了来旅馆途中路过一位"中山"侯爵的府邸,于是在旅馆登记簿上就写下了"中山"二字。日本的习俗,"中山"只能是姓,孙先生还必须有一个名字,平山周正在踌躇时,孙先生接过登记簿,在"中山"二字后面添上了一个"樵"字。自此,孙先生便以"中山樵"之名,住在日本。"中山樵"表达了孙先生在充满荆棘的丛山中,大刀阔斧,为中国开辟革命道路的雄心壮志。孙先生经常幽默的说:"我是中国的山樵。"

最早将"孙中山"三字连在一起作为姓名的据说是章士钊。那是20世纪初的一天,章士钊从友人处借到日本人宫崎寅藏的新作《三十三年之梦》一书,内容是介绍孙逸仙的革命事迹,他很高兴,便用过去学过的那点日语知识,不分昼夜地把它翻译了出来,题名为《大革命家孙逸仙》,以"黄中黄"的笔名公开出版。他在序言中称赞孙中山是"近今谈革命者之祖,实行革命之北辰"。在翻译这本书时,由于章士钊一时笔误,将孙先生的真名(孙文)与假名(中山樵)的两个姓连缀成文,写成"孙中山"。该书出版,"孙中山"三个字也就随之传开,久而久之竟成了正式名字。后来,孙先生也就改名为"孙中山"了。孙中山致力于革命40年,为拯救中国、振兴中华,耗尽了毕生的精力。他披荆斩棘,挥舞着反帝反封建的开山大斧,奋斗一生,不愧为伟大的"中国的山樵"。

23. 许愿型、敬贤法(顾炎武)

章太炎(1869—1936)

一代国学大师。原名学乘,字枚叔,后来改名为章炳麟。由于他从小就听外祖父和父亲讲述顾炎武反清的故事,所以从小就产生了浓郁的反清思想。甲午战争的惨败,强烈震撼了苦读经书的他,他仰慕顾炎武的学识和为人,改名为绛,号太炎。1897年,他毅然告别杭州恩师赴上海,帮助梁启超办《时务报》,以章太炎之名开始了革命生涯。

24. 纪念型、双姓法(母亲姓氏)

鲁迅(1881—1936)

著名文学家、思想家、革命家鲁迅,原名周树人,字豫山。他祖父周介孚在北京当官,接到鲁迅出生的家信时,正好内阁大学士张之洞来访,祖父便用其姓为鲁迅取小名"阿张",后又以张的谐音取大名"樟寿",字"豫山"。在家里大家就叫阿樟、樟官、豫亭,后改名为豫才。鲁迅是周家的长子,其父亲怕养不好他,专门带着小阿樟到长庚寺拜一个和尚为师,又得法名为长庚。

鲁迅7岁进私塾,以豫山为学名,该名与绍兴话雨伞谐音,常被同学取笑,于是又改为豫才。18岁时,祖父和父亲去世,家道中落,他就毅然进入水师学堂学习。学堂的监督是其叔祖周俅生,他认为作为本族的后辈,鲁迅学习海军,实在有损周家"名门望族"之雅,又让鲁迅改名为周树人,取十年树木,百年树人之意。

1918 年 5 月,周树人应朋友之邀,在《新青年》发表了第一篇用白话文写的小说《狂人日记》,第一次署名鲁迅。他自己曾经解释了鲁迅名字的含义:

1. 母亲姓鲁。

2. 周鲁是同姓之国。

3. 取愚鲁而迅速之意。

4. 因为《新青年》编辑不愿意一般的署名,所以笔名不止一个,而鲁迅就是承迅行而来的。据统计鲁迅笔名共计 179 个:一字笔名有 15 个,二字笔名有 116 个,三字笔名有 37 个,特殊类笔名有 11 个。

25. 另类型、即兴法(随手写)

冯玉祥(1882—1948)

军事家、爱国将领、蒋介石之结拜兄弟的冯玉祥,原名冯基善,字焕章。11 岁时因家境贫寒失学,在父亲的营盘里自修功课。其父希望替他补上兵额。有一次营中有了一个缺额,同营的苗管带就说,把冯大爷的儿子补上去。有人问:他的儿子叫什么名字?苗管带被问住了,因为他不知道基善其名。为了不贻误时机,他连声说,我知道,我知道,于是随手写了"冯玉祥"三个字。结果他的原名"冯基善"反而随着岁月的流逝不为人知了。冯玉祥一生倒戈三次,所以人称"倒戈将军",另外还有"基督将军"和"布衣将军"之称。

26. 另类型、五行法(五行缺金)

阎锡山(1883—1960)

阎锡山原名阎万喜,字百川(伯川),号龙池。14 岁辍学,随父阎书堂到五台县城内自家开设的吉庆长钱铺学商,参与放债收息及金融投机。1900 年在一次投机中惨败,负债两千吊,父子二人被迫逃往太原躲债。不久盘缠全完,父子俩只好在客栈跑堂,一住就是 2 年。1902 年的一天,山西巡抚衙门前贴出文告,要创立山西武备学堂,招收武备生员。其父一心希望儿子出人头地,便花钱找到一个学过新学的叫赵廉佑的当枪手,替儿子冒名顶替应试。同时,父亲又花钱请了算命先生改了名字"锡山",锡取喜字的谐音,以补充五行缺金,又因是长子,遂字伯川,川与山对应。赵廉佑顶替阎锡山之名应试,发榜后,阎锡山大名列于榜首,父子惊喜不已。从此阎锡山对算命先生深信不疑,不管什么事情都离不开卜问吉凶。抗战开始,他从太原逃到洛川,洛落同音,伯川入洛川不吉,于是改驻宜川。而他的司令部就设在宜川的秋林镇,为图吉祥将秋林改名为兴集。

27. 文字型、减笔法（君改尹）

沈尹默（1883—1971）

著名诗人、书法家沈尹默，原名沈君默，字中、秋明，号君墨，别号鬼谷子。尝署名沈中、长名思渊次。斋名秋明、匏瓜，人以斋为号。其名由来是因为原来一直沉默寡言，不善辞令。有朋友开玩笑说：你既然默不作声，何必再开口，意思是君默两字中已经有了默字，但是君字下面还是有口，与默字不相称，显得多余。沈听了以后觉得有道理，遂将君字去口，更名尹默。

28. 另类型、谐音法（勉旃改丏尊）

夏丏尊（1886—1946）

文学家、语文学家，五四时期即与陈望道、刘大白等倡导新文学和白话文，人称"四大金刚"。原名夏铸，小名钊，字勉旃，号闷庵。早年留学日本，回国执教于浙江第一师范学校。1912 年辛亥革命后，杭州一些地方政客绅士，热衷于议员竞选，常常闹得乌烟瘴气。夏丏尊淡薄名利，十分反感，极力回避，但他颇有声望，还是有人提名。于是精于文字学的夏就在名字上做文章，勉旃（zhan，音站，助词，焉），夏先生把他改成为"丏尊"，丏（音同勉），意为遮蔽、看不见。尊（音与旃接近）。丏是一个偏僻怪字，而且极容易写成"丐"字。如果有人要选举他的话，投票时大多数人会写错，写错名称的票就是废票，这样他就不会卷入到他认为无聊的选举活动中去。果然，他改名之后，就摆脱了许多麻烦。

29. 纪念型、事件法（争气），许愿型、特殊法（超过前辈）

盖叫天（1888—1971）

京剧表演艺术家盖叫天，生于 1888 年，原名张英杰，号燕南。8 岁开始学艺，10 岁登台，是南派武生李春来的徒弟。小英杰出色地继承了南派武生身轻如燕、开打利索的特点，主张"武戏文唱"。张英杰的原来艺名叫"金豆子"，但是这个名字对于"武戏文唱"有点不太恰当。他 13 岁那年，到杭州演出，戏班的同行们商量为他另起艺名。改什么名字好呢？小英杰想到了当时名震艺坛文武老艺术家谭鑫培由慈禧太后所赐艺名"小叫天"。当时，张英杰谦虚地对同行说：谭鑫培艺名"小叫天"，我就叫"小小叫天"吧。不料他的这句话竟然遭到在座一同行的讥笑："哼，你也配叫这名儿。"少年气盛的张英杰当场同他顶起嘴来。他想，自己不但要继承前辈艺术，还要盖过"小叫天"，为争一口气，他索性改艺名为"盖叫天"。从此，这个艺名激励着他为名实相符而终生奋斗不懈,创立了盖派艺术。他在更新舞台演出了头二本《武松》,从"打虎"一直演到"逃亡",先后演了三个半月。由于他在武松戏方面的突出创造,因此被世人誉为"活武松",又称"江南武松"。

30. 另类型、即兴法(填表格)

李四光(1889—1971)

著名地质学家李四光,原名李仲揆,他自幼就读于其父李卓侯执教的私塾。14岁那年他告别父母,独自一人来到武昌报考高等小学堂。在填写报名单时,他误将姓名栏当成年龄栏,写下了"十四"两个字,随即灵机一动将"十"改成"李",后面又加了个"光"字,从此便以"李四光"传名于世。1904年,李四光因学习成绩优异被选派到日本留学。因在日本受到了带有汉民族主义的反满革命思想的影响,他成为孙中山领导的同盟会中年龄最小的会员。孙中山赞赏李四光的志向:"你年纪这样小就要革命,很好,有志气。"还送给他八个字:"努力向学,蔚为国用。"

31. 文字型、减笔法(侬改农)

刘半农(1891—1934)

五四新文化运动的先驱之一、著名的文学家、语言学家、教育家刘半农,原名刘寿彭,改名刘复;初字伴侬、时用瓣秾、后改字半农,号曲庵。一个偶然的机会,醉心于通俗小说创作的刘半农在《新青年》杂志上看到胡适的《文学改良刍议》,大受震动,决定与旧文学决裂,投向新文学。1918起,刘半农开始向《新青年》杂志投稿,表达自己文学改革的愿望。署名时斟酌再三,觉得自己以前用那种香艳媚俗的笔名"半侬"十分可耻,毅然去掉了偏旁,改为"半农",以示与过去决裂。1918年1月在《新青年》杂志上发表《应用文之教授》一文时,正式署名"半农",从此"半农"成了他正式的名字。同时,他又是我国语言及摄影理论奠基人。他的《汉语字声实验录》荣获"康士坦丁语言学专奖",是我国第一个获此国际大奖的语言学家。

32. 文学型、名句法(行是知之始)

陶行知(1891—1946)

伟大的人民教育家陶行知,其父为他起名陶文濬,希望他成为有文化的人。由于他受王守仁"知行合一"思想的影响,改名为知行。1934 年,他主编《生活教育》半月刊。自己发表一篇文章,提倡要把王守仁唯心主义的"知是行之始,行是知之成",改变为"行是知之始,知是行之成",赋予唯我主义的思想,7 月,正式宣布将自己的名字由"知行"再改成行知。他的签名常常是一个葡字,即是行知行,体现了他的哲学思想和求实精神。不久,他又改名为陶衡,表示他的行知行观念不断循环往返,以致无穷,充分反映了他的思想变化轨迹,表现出他对真理孜孜不倦的追求。

33. 文学型、名句法(优胜劣汰,适者生存)

胡适(1891—1962)

国学大家,胡适原名嗣穈,上学时取名为胡洪。1905 年,15 岁的他在上海一私立澄衷学堂读书。当时,英国的赫胥黎《天演论》的中译本于 1898 年出版,风靡全国,成为中学生普遍欢迎的读物,尤其是书中的"优胜劣汰,适者生存"成为一代青少年崇拜的警句。他在《我的信仰》中说:"中国以进化论为时尚,我的名字也是一个例证。我请二哥替我取个名字的那天早上,我还记得很清楚,他只想了一刻就说:适者生存的适字怎么样,我表示同意,先用他来做笔名,最后于 1919 年就用作我的名字了。"1010 年他从上海到北京,参加清华庚款官费留美考试,他当时担心考不上有损面子,就临时用了胡适这个名字,从此就用了这个名字。

34. 文学型、诗词法(圣人陶钧万物)

叶圣陶(1894—1988)

著名教育家、作家、出版家、语言学家叶圣陶,原名叶绍钧,字秉臣。生于苏州平民家庭,家境清苦。他 12 岁入苏州长元吴公立小学时,请先生章伯寅取一个立志于爱国强国的字。章先生说:"你名绍钧,有诗曰'秉国之钧',取'秉臣'为字好。"并教育他要爱国就得先爱乡土,晓得乡土的山川史地名人伟业。1911 年 10 月 15 日,苏州在辛亥革命中光复了。次日,叶绍钧找到章伯寅先生说:"清廷已覆没,皇帝被打倒了,我不能再作臣了,请先生改一个字。"先生笑了笑说:"你名绍钧,有诗曰'圣人陶钧万物',就取'圣陶'为字吧。"这样叶绍钧满意而去。1914 年 6 月 10 日,叶绍钧在《小说丛报》第 2 期发表文言小说《玻璃窗内之画象》,署名"圣陶"。以后他又把姓"叶"与笔名"圣陶"连了起来,成为驰名于世的笔名。

35. 借喻型、动物法（鸿雁）

徐悲鸿（1895—1953）

著名国画家徐悲鸿，原名徐寿康，从小喜欢绘画，一心就想进学堂学习绘画。可是家庭贫寒，父亲根本就拿不出钱来给他付学费。他自己向别人借钱，可谁也不愿借给这个穷小子。徐悲鸿在外做苦工，一天晚上漫步街头，想起心中抱负难以施展，深感世态炎凉，情不自禁地悲痛不已，觉得自己就像鸿雁哀鸣。为了发愤自学，他毅然将自己的名字改为悲鸿。以哀鸣自勉，并自号"江南贫侠"。他从此发奋自学绘画，终成一代大师。

36. 许愿型、追求法（韬光奋斗）

邹韬奋（1895—1944）

现代著名的新闻记者、出版家邹韬奋，原名邹恩润，乳名荫书，曾用名李晋卿。韬奋是他后来主编《生活》周刊时所用的笔名。他曾对好友说："韬是韬光养晦的韬，奋是奋斗的奋。一面要韬光养晦，一面要奋斗。"他之所以选用这个笔名，意在自勉延志，这就是他改名的意义。郭沫若为上海邹韬奋故居就他的笔名题写一幅对联：

韬略终须建新国，奋飞还得读良书。

37. 纪念型、事件法（苦闷）

茅盾（1896—1981）

著名作家茅盾，原名沈德鸿，字雁冰。1927 年大革命失败后，沈雁冰由于参加革命活动，不得不离开武汉，最后到了上海，住在景云里。恰好，这时鲁迅和叶圣陶也住在这里。沈雁冰不便出门，又没有工作，生活上便出现了问题，于是就动手写起小说来。可有许多的报社都不登他的文章，于是他写文章的时候内心十分矛盾，所以他在手稿上署的笔名是"矛盾"。后来，他把写好的小说手稿给叶圣陶看，叶圣陶看后非常高兴，就决定在《小说月报》上发表。可叶圣陶认为"矛盾"是个哲学名词，不像一个人的名字，且"矛"不像是姓氏，就自作主张在"矛"字上加了一个草字头，改作"茅盾"。沈雁冰对这一改动也很满意，以后就一直以此为笔名了。当时写的这部小说，就是著名的《蚀》三部曲：《幻灭》、《动摇》和《追求》，只花了一个月的时间。茅盾常用到的笔名还有郎损、玄珠、方璧、止敬、蒲牢、形天、刑风等。

38. 纪念型、殊事法（和尚摸骨）

徐志摩（1897—1931）

现代著名诗人徐志摩，原名徐章垿，字槱森，曾经用过的笔名：南湖、诗哲、海谷、谷、大兵、云中鹤、仙鹤、删我、心手、黄狗、谔谔等。1898 年生于浙江海宁一富商家庭。少年时代，有一位叫志恢的和尚为其摸骨算命说：此人将来必成大器。其父望子成龙，自然大喜过望，1918 年送他赴美国学习银行学时，就将名字改为志摩，意思是志恢和尚摩过。徐志摩从小就受到诗书礼教的熏陶和良好的教育，自幼聪明过人；后来又留学英美，终成 20 世纪中国文坛才子，真的应验了志恢和尚的预言。

39. 许愿型、特殊法（苦行僧）

李苦禅（1899—1983）

国画大家李苦禅，原名为李英、李英杰，字励公。李英酷爱绘画，早年在北大附设的"业余画法研究会"从徐悲鸿先生学习西画。曾投入 1919 年五四爱国运动。1922 年考入国立北京美术学校西画系学习油画。由于经济拮据，就靠着晚上拉人力车挣钱维持生活，坚持学习。有一位同学看到他如此奋发苦学，非常感慨地说道：你这样清苦，还坚持学习，就像一个苦行僧，倒不如叫苦禅吧。说者无意，听者有心。李英仔细思考，根据自己的情况，也只有像和尚修行一样耐得住清苦寂寞，才能取得艺术上的成功。为了激励自己，他真的把自己名字改为了李苦禅，以表明心境和决心。于是他在艰苦中彻悟画理，刻苦学习绘画，并一直以"苦禅"之名字告戒和约束自己，终于成为现代杰出的国画艺术家。

40. 另类型、宗教法（长阿舍经）

张大千（1899—1983）

国画大师张大千，原名张正权，又名爰，字季爰，号大千，别号大千居士、下里巴人，斋名大风堂。据说其母亲怀他之时曾做一梦：明月当空，一鹤发童颜的老翁手牵一只小猿，从空中飘然而至。张母见那小猿机灵可爱，十分喜欢，老翁就将小猿送给张母。那小猿即向张母腋下钻去，张母从此怀孕，第二年便生下大千。因为猿字的异体字为猨，便取名为爰。也有一说在他二十一岁的时候，才改名爰。他从小就随擅长绘画的母亲习画。18 岁时，张大千随兄张善子赴日本留学，学习染织，兼习绘画。1919 年，他回国后，就听到其未婚妻去世的消息，悲伤之至，于是到松江禅定寺出家为僧，逸琳法师取《长阿舍经》所说"三千大千世界"，为其起法号大千。

虽然他只当了五个月的僧人,但是还俗以后仍以其法号为名,从此全身心致力于书画创作。

41. 另类型、即兴法(3 个人)

李立三(1899—1967)

无产阶级革命家李立三,原名李隆郅,曾用名李能至、李成、柏山、李明、李敏然等,还有许多曾用名。李立三的名字是在火车上偶然得之。1925 年他在上海,有一次,他和邓中夏乘火车到吴淞口去,邓说,今天晚上举行选举,但是你的名字李隆郅太文了,工人们可能难认,也不好写,还是改个比较简单的名字吧。李认为有道理,但是改什么名字好呢。邓想了想,正好看到窗户外面路边站着三个人,马上说,就叫三立吧,笔画简单,又好写又好叫又好记。李听了总感到别扭,想了想,我看还是叫立三吧。于是,一个响亮的名字产生了。但在"文化大革命"中,他受到残暴斗争。1967 年 6 月 22 日,受林彪、江青反革命集团迫害致死。

42. 纪念型、季节法(秋天),借喻型、物品法(砚台)

程砚秋(1904—1958)

京剧四大名旦之一,出生于北京一个满族贵族家庭,原名承麟,字菊侬。3 岁时,父亲去世,家道中落,为了谋生,6 岁拜了刀马旦荣蝶仙为师学戏。他曾三改艺名:11 岁登台就获得广泛的美誉,广东顺德名士罗瘿公非常欣赏他的艺术才华,有意提携,并主张为他把"承"改为汉姓"程",艺名程菊侬。13 岁时,他倒嗓了,而师傅仍然要他唱戏,他面临毁嗓甚至艺术生命夭折的危险,又是罗瘿公挺身而出,借了 7 百银元为他赎身,他再次改名。他喜欢秋菊傲霜斗雪的风格,就在原来名字基础上,改名为程砚秋,字玉霜。在罗公的扶助下,三年后,17 岁的他独创"程派"艺术风格,震动京剧舞台。1932 年元旦,他已是南京戏曲音乐院副院长,又值"而立之年",郑重登报改名为砚秋,字御霜。虽是谐音,但寓意完全不同,砚秋表示旨在学习,御霜表示要抗御社会和环境的冷酷,实践自己为国为民的志向。

43. 另类型、即兴法(字典随机)

丁玲(1904—1986)

中国当代著名的作家、社会活动家丁玲,原名蒋伟,字冰之,又名蒋炜、蒋玮、丁冰之,笔名彬芷、从喧等。1922 年她在上海平民女校读书时,废除姓氏。本想减繁就简,促进融合,结果反而招来许多麻烦。她需要不断地向人解释为什么没有姓氏的原因。久而久之,不胜其烦,只好找了一个笔画少的丁字作姓,而玲字毫无意义。她自己解释说,只是与几个同学闭着眼睛在字典上瞎摸各找一个字作为名字,结果她摸到一个玲字。丁玲名字使人联想到"叮铃铛锒"成语,而她还真的曾经以"铛锒"作为笔名。结果她的一生也真的两次铛锒入狱。一次在 1933 年 5 月,在上海被国民党特务秘密绑架,在南京被囚三年多。一次在 1970 年的"文化大革命"中,在北京监狱里关押了 5 年多,直到 1975 年被释放。

44. 纪念型、人物法(同学),另类型、即兴法(克鲁泡特金)

巴金(1904—2005)

一代文学大师巴金,原名李尧棠,字芾甘(芾 fèi,取自"蔽芾甘棠"),1926 年发表他的处女作品《灭亡》,开始起用巴金这个笔名。一般人认为是为了纪念安娜其主义者(无政府主义)巴枯宁和克鲁泡特金而取名。其实巴金有自己的解释:在法国时,因为身体不好,到沙多吉里小城去休养,在那里认识了一位北方同学,叫巴恩波,两人相处了不到一个月时间,巴金就回到了巴黎。第二年他听说巴恩波投河自杀,这个消息使他痛苦万分。1958 年 3 月,巴金在《谈〈灭亡〉》一文中说:我的笔名中的"巴"字,就是因他而联想起来的,从他那里,我才知道百家姓中有个"巴"字。笔名应有两个字组成,得再加一个字,用什么字好呢? 正颇费踌躇时,詹剑峰走了进来,见李尧棠似在思考什么,便询问原因。李尧棠如实相告,并说要找个容易记住的字。詹剑峰是个热心人,见桌子上摊着李尧棠正在翻译的克鲁泡特金的《伦理学》一书,便指指说:"就用克鲁泡特金的'金'吧。"李尧棠爽快一点头:"好,就叫'巴金',读起来顺口又好记。"随之在巴字后边写了个金字。后来,巴金成为他正式的名字。巴金笔名有 120 多个,最著名的就是这个"巴金"。

45. 文字型、减笔法(仕鎮改士其)

高士其(1905—1988)

著名科学家、科普作家和社会活动家,中国科普事业的先驱和奠基人高士其,原名高仕鎮,1925 年赴美留学,获学士学位。1928 年在实验中感染病毒造成终身残疾。1930 年回国。国民党看他是个难得的人才,就用高官厚禄拉拢他,并且在他的名字上大做文章。高士其对此断然拒绝,愤然改名为高士其。有人问他改名的原因,他说:"去掉人旁不做官,去掉金旁不为钱",他的优良品质受到人民群众的赞扬。半个世纪以来,高士其在全身瘫痪的情况下,写下了数百万字的科学小品、科学童话故事和多种形式的科普文章,引导了一批又一批青少年走上科学道路,被亲切称为"高士其爷爷"。高士其逝世后,中组部确认他为"中华民族英雄",国际小行星命名委员会也将 3704 号行星命名为"高士其星"。

46. 许愿型、平安法(当地习俗)

华罗庚(1910—1985)

世界著名数学家华罗庚,在他出生之年,其父华瑞栋已经 40 岁了。为了使宝贝儿子能够"生根",华瑞栋按照当地的习俗,将刚刚生下来的宝贝儿子轻轻地放进一个箩筐里,上面再扣上一个箩筐,目的就是消灾避难,以求吉利。他父亲说:放进箩筐辟邪,同庚同岁,就叫"罗庚"吧,箩字去竹为罗,庚指年庚,表示年龄。他的名字包含了父亲对他的美好祝愿。1930 年,他还是江苏某中学一位小事务员,看到上海《科学》杂志上,刊登了著名数学教授苏家驹一篇数学论文,发现有错,就寄去自己观点的文章,令编辑拍案叫绝。后来,也是因为这篇文章他被数学大师熊庆来发现,第二年就将他调到了清华大学。从此一颗数学新星升起。

47. 文字型、减字法(萧秉乾改萧乾)

萧乾(1910—1999)

世界闻名的记者,卓有成就的翻译家、作家,著名的中外文化交流使者,萧乾出生于北京一蒙族贫苦之家。他尚未出生父亲已经死亡,是个遗腹子,孤儿寡母寄居在叔舅家。6 岁上私塾时,家人为他取学名曾路。11 岁时半工半读,家人又为他改名萧秉乾。16 岁时他担任北新书局的练习生,曾校对过鲁迅的《野草》等,并有机会接触鲁迅、冰心、刘半农等新文学的大家。当时他年纪小,长得又瘦弱,又因为乾字一字双音,大家就叫他"小饼干",冰心直到九十多岁还亲切地叫他"小饼干"。1928 年,还差半年就要高中毕业,他却被学校以"闹学潮"的罪名开除,还上了国民党的黑名单。此时同学邀请他到汕头任教,18 岁的他第一次离开北京,便改名为萧若萍,意为漂泊的浮萍。第二年,又回到了北京,并考入燕京大学。为了不让人再将名字念成小饼干,毅然去掉"秉"字,改名为萧乾。

48. 纪念型、特征法(耳朵),文字型、拆姓法

聂耳(1912—1935)

音乐家聂耳,原名聂守信,字子义(亦作紫艺)。活泼,天真,十九岁的聂耳是个

孩子王,身边总围着歌剧社的小演员们做游戏,输了,孩子们起哄,聂耳乐颠颠地耸动着两只耳朵。大家不满足,"耳朵先生,再来一个嘛!"聂耳又"秀"了一下。他幼年时对音乐很有灵感,能够把听到的歌曲很快地哼唱出来。别人因他耳朵好使,便送他绰号"耳朵"。后来,他专业搞作曲,就干脆改名为"聂耳"。他的音乐创作生涯只有两年,却创作出许多影响至今的歌曲。

49. 许愿型、敬贤法(项羽)

常香玉(1923—2004)

著名表演艺术家常香玉,原姓张,乳名妙铃。其父亲张福仙是个有名的豫剧艺人,但可惜 22 岁时病倒,再也没有恢复。家里穷,妙铃还随她母亲讨过饭。常香玉从小受父亲影响,喜欢看戏演戏。9 岁时,妈妈和姑姑准备送她去当童养媳,但爸爸却主张送她去学戏,就在父母相持不下时,小妙铃高喊:"我不当童养媳,我要跟爸爸学唱戏。"就这样她走上学戏之路。其父除了自己教戏,还带她到郑州拜名角周海水为师,有时,父女俩随着戏班子赶庙会。为此恼怒了族长。一天,有人当众告诉张福仙:你自己唱戏是下三流,还带闺女跑江湖,丢人现眼,辱没祖宗。姓张不能唱戏,唱戏就不能姓张。其父是个硬骨头,回答说从现在起,俺闺女姓常不姓张。原来她还有一个干爸爸姓常。一不做二不休,干脆连名字也改了。想到古代西楚霸王项羽,力气大,武艺高,又是香,又是玉,名字也响亮,父亲和在场朋友都不识字,以为香玉就是项羽。不过以后她演出穆桂英、花木兰,也应了霸王的英雄豪气。

50. 纪念法、生地法(上海)

周海婴(1929—2011)

1929 年 9 月 27 日,鲁迅妻子许广平产下一男婴,鲁迅到医院看望妻子,得知妻子还没有给儿子起名,就说:因为是在上海生的,是个婴儿,就叫他海婴。这个名字读起来颇悦耳,字也通俗,且绝不会雷同。译成外国名字也简便,而且古时候的男人也有用婴字的。如果他长大后不高兴这个名字,自己随便改过也可以,横竖我自己也是另起名字的。海婴长大后,一直没有改名。

第九章　名字引起的故事

一、重名并非无风险

1. 被枪毙的"上海市长"

解放前,国民党的上海市市长吴国桢上任时,上海法院正好执行一项死刑,犯人名字与市长一模一样。为了避免误会,国民党政府煞费苦心,特命中央电影公司聚集了上海 13 个吴国桢,专门拍摄了一部新闻影片,广泛放映,以提醒国民被枪毙的吴国桢,不是市长吴国桢。

2. 叛徒与将军

原武汉军区副司令员杨秀山中将,在 1967 年武汉"七二〇"事件后被打成叛徒。原来专案组从敌伪档案中发现一个名叫杨秀山的,是湖北荆门人,1932 年叛变了,于是他们就将杨秀山关押起来,长达 5 年,最后在王震过问下才得以恢复名誉。后来查明,其实杨秀山是湖北沔阳人,自 1929 年参军后一天也没有离开过部队,更没有被捕过。

3. 两个王力

中国有两个王力,都是大名鼎鼎的人物。一是北京大学中文系教授,语言学家;一是"中央文革小组"成员。有一位文学爱好者,叫沈志德,非常景仰语言学家王力,专门写信向王教授请教诗词格律问题,为此王教授用小楷整整齐齐写了两页稿纸,一一回答。这封信被沈一直视为珍宝,精心收藏。文化大革命中,沈先生看到署名王力的文章,他心中的偶像彻底倒塌,一气之下,就将那封珍藏的信笺撕得粉碎。当他知道彼王力,而不是此王力,已经后悔莫及,痛苦不已。1986 年 5 月 3 日,《北京晚报》发表了沈先生的《怀念与忏悔》文章。

4. 新郎变成"杀人犯"

1990 年 11 月 10 日新加坡《联合早报》刊文《大陆单名多,引起麻烦多》,说某地公安人员按照通缉令逮捕一位叫萧军的杀人犯,谁知搜查的那条街道里竟有四个同名的,公安局抓了 3 位,但是真正的杀人犯早就逃之夭夭。其中一位被抓错的萧军正在办婚事,其未婚妻一看新郎被捕,一气之下服毒自杀,幸亏抢救及时才幸免大祸。

5．一万多个王淑珍

北京有公安局接到一封来自台湾的寻亲信,信中说他是国民党的空军飞行员,1949 年去了台湾,几十年没有与大陆的母亲联系了,曾经托人来找过他的母亲,可是他以前的家早已被高楼大厦所取代,没处找寻。他母亲叫王淑珍。民警一查,全北京有一万多个,如果一个个市民去核对,至少也得十年二十年。后来按照他提供的地点去找,但是这个地址是解放前的。幸好有该居民委员会主任说,当时在拆迁这里平房时,有位老太太死活抱住树不肯走,她就是怕儿子回来时找不到家。民警就顺着这个线索找到了老太太。老太太见到他儿子的来信,哭着就给警察下跪,说要不是遇到热心的民警,她这辈子就见不到他的儿子了。

二、生僻名字有烦恼

1．"趼人"成"妍人"

小说巨人、著名报人、《二十年目睹之怪现状》作者吴趼人,1891 年在上海创作和发表小说时,开始使用笔名"茧人",取作茧自缚之意。但是此名常常被人写错为"茧仁"(僵蚕)。于是又改趼人,取"百金重而趼不敢息"之意。其字又是生僻字,仍然不断被人读错或写错。

甚至连他的墓碑也是将"趼"字误刻成"研"字,直到现在还有人误称为吴研人。趼读音 Jian,义为手或脚上因长久磨擦而生的硬皮,如老趼。但是常常有人误读为 yan,或错写成为研、妍。后来他自己写过一诗:姓名从来自有真,不曾顽石证前生,古端经手无多日,底事频呼作研人。又一诗:偷向妆台揽镜照,阿依原不是妍人。

2．章太炎女儿的婚姻

章太炎有四个女儿,自己给三个女儿各起一个十分古怪的名字:

大女为章㸚(li),二女儿为章叕(chuo),缀的古字。三女儿为章㠭(zhan),展的古字。

这三个字在一般的辞典里是查不到的,因为是古文,只有《说文解字》才能查到。三个女儿长大成人,个个长得美丽,但是从来没有人到他家来提亲求婚。后来才知道好多人虽慕其色其才,但是连其名字也不认识,惟恐失败,所以谁也不敢上门提亲。章太炎专门设盛宴招待,并借这个机会向大家讲解三个女儿名字的读音和意义,终于解决了三个女儿的婚事。

3．领导不识"劼"

某机关准备提拔两个年轻人,便确定了三个候选人,材料报到上级机关,很快有了结果,最后是一名叫"刘劼"的人落榜。上报单位感觉很纳闷,在三位候选人中,刘劼应该是最佳人选,怎么恰恰是他没有通过。后来才知道其中奥秘,原来问题就出在领导怕丢面子上。刘劼的劼（读音 jié，义为慎重、稳固、勤勉）是个生僻字，一般人不认识，上级机关的几个领导也不认识这个字，所以在讨论会议上，领导们谁也不愿意在众人面前显丑，被人认为"识字有限"，于是，大家在会上谁也不愿意提到刘劼这个名字。最后刘劼也就成了这些领导爱惜"尊严"的牺牲品。

三、因为名字打官司

1. 第一起胜诉的名字官司

2009 年 6 月，贵州某大学一个大三学生赵 C，其家乡江西鹰潭市公安局月湖分局依据公安部的《姓名登记条例（初稿）》中规定：姓名不得使用或者含有下列文字、字母、数字、符号，坚持进入户籍管理系统的名字中不能有字母为由不给他换"二代证"，为此，赵 C 将公安局告上了法庭。鹰潭市月湖区法院采纳了律师的理由，作出赵 C 一审胜诉的判决。这是全国第一起因为改名字而进入行政诉讼程序的案件，判决结果必将引起社会对公民姓名权的重视。

2. 改名告状公安局

2002 年 8 月 19 日，西安市新城区人民法院受理了一起特殊的行政官司。原告是少女王秋月，她出生于 1984 年中秋节，家长在登记户口时就用了王秋月。但是十多年来，从上幼儿园一直到现在的高中，她一直用王月圆这个名字，除了家人，所有的人只知道她叫王月圆。户口簿的名字与其实际使用的名字不符合，开始给她带来了许多的不便，而且不能办理身份证。为了避免今后遇到更多的麻烦，于是王就请父亲代她到管辖区派出所申请改名。结果，申请上交了很长时间，派出所以小王的要求不符合有关规定予以拒绝。于是，她将新城区公安分局告上了法庭。她认为公安部门拒绝批准改变名字，是侵犯了她的姓名权。由于社会的关注，公安局最后也批准了小王改名的要求。小王也撤销了起诉。

3. 诉讼派出所擅改名

西安市民李志国，原名李绪新。1978 年，他 15 岁时候，在老户口簿上登记为李志国。以后一直使用这个名字。1985 年，西安市换发新户口簿并且开始使用身份证，李志国发现他的名字又变回了老名字，于是他拒绝领取身份证。但是没有身份证，给他的工作和生活带来极大的不便和麻烦，出差时会遇到疑问的目光，还必须支付额外的费用，领工资、汇款也非常不便。他多次与派出所交涉未果，于是在2002 年 8 月，提起行政诉讼，认为派出所侵犯他的姓名权利长达 17 年之久，要求依法恢复他的名字，赔偿精神损失费 5 万 5 千元。如果公安机关不能举出具体的规定、证据，证明公民改名危害户籍制度，以"惯例不允许"等托词拒绝公民改名，也是侵犯公民的姓名权。

4. 公司用父名,后人上法庭

2009 年 8 月,著名制笔艺人李福寿(户籍姓名李星三)的 5 个子女以侵犯父亲的姓名权为由,将北京市李福寿笔业有限公司告上法庭。李福寿是我国有名的制笔艺人,1966 年在"文革"中被迫害致死。以李福寿命名的笔产品工艺精良、享誉中外。1983 年,北京市制笔厂注册了"李福寿"商标,2001 年又将企业更名为"北京市李福寿笔业有限公司"。李福寿的子女们认为,公司在没有经过亲属同意的情况下,将父亲的名字用于商业目的,侵犯了父亲的姓名权,要求赔偿经济和精神损失60 万元。

四、不讲名讳有后果

1. 臣叫君字闯大祸

马超投奔刘备以后,看见刘对他甚厚,因此一时忘记了还有君臣之别,与刘说话时,直接称呼刘的字(玄德)。那个时代,臣不能称君的字,更不能称君的名,如果这样做则是犯上。马超乃一介武夫,疏于礼教,不知天高地厚,竟然狂妄称刘的字,当时,关羽听到了,非常气愤,请求处死马超,为此马超差点掉了脑袋。

2. 因讳礼金扔出门

《官场现形记》记载:有位新上任的知州,听说新知府家添了小少爷,连忙打点送礼祝贺,礼金是 64 枚金圆,还写了贺帖"喜敬六十四银元"。凑巧的是,这个知府名字就叫"银元",其老太爷名字叫六十四。帖上这 6 个字正好触犯了知府父子两代的名讳,结果银元和贺帖被扔了出门。

3. 皇帝名讳也不让

有一次,梁武帝萧衍以饼招待群臣,武帝直呼吏部尚书蔡撙的姓名,蔡竟然不予理睬。直到武帝改称蔡尚书,他才答应。武帝问他,为什么刚才不答,而现在就听见了。蔡毫不隐讳地说:"臣预为右戚,职在纳言,陛下不应以名垂唤。"弄得武帝面红耳赤。

五、名字不好酿恶果

1. 名字将人拒门外

《尹文子》记载:有个好客的老汉,买了一个家奴,取名为"善搏";又找了一条看门狗,取名为"善噬"。结果从此再也无人上门做客,整整三年,以至庭园杂草丛生。老汉十分奇怪,就拄着拐杖去询问好友,朋友告诉他:你们家里,又是善搏,又是善噬,到你们家来,又要挨打,又要被狗咬,谁还敢来。老汉这才恍然大悟,于是回家马上改掉了这两个名字。

2．相加拆字皆成祸

永乐二十二年殿试，结果状元是孙曰恭，榜眼是邢宽。可是到了发榜时，状元成了邢宽，而孙成了第三名。原来，曰和恭上下加起来是个暴字，皇帝认为不吉祥。皇帝又感觉到邢正宽和，必得人心，于是取而代之。还有一个徐鏏，才学出众。但是有人举报，认为名字不吉，鏏拆开成金和害，金与今谐音，"害今"者，岂能荣登榜首。

3．名因谐音失高职

江苏举子王国钧，同治戊辰年进士，殿试已经列入前十名，进呈御览。慈禧太后因为其名字与"亡国君"谐音，触痛了她的心事，非常恼火，于是将其扔在一边，不予理睬。这一扔就是二十多年。后来，随便给了他一个闲差，在山阳县管教育20多年。因为他才能出众，后来被选为云南某县令，但是尚未到任就死了。

4．"郊"成"交"字遭诬陷

宋仁宗时，有宋郊、宋祁两兄弟，才学闻名天下，有"两宋"之誉。宋郊任知制诰（起草诏令官吏），即将被皇帝重用提官。有一个叫李淑的人，嫉妒宋郊提升，就上报皇帝说：其姓与大宋国号相同，其名又与祭天仪式的名称一样。郊者，交也，交是替代之名，为宋交，其言不祥。宋仁宗虽然没有听取李淑的谗言，但是也感觉其名不祥，要求宋郊改名为宋庠（音祥）。大文豪欧阳修在《归田录》中专门评价此事：可以为小人之戒也。

5．三十五年为名累

刘芒的名字是其爷爷所取，他姐姐叫刘明。"芒"是光明的意思，父母认为这个名字寄托了老人家的希望，不要改。但是刘芒自从有了这个名字，一直很苦恼。读书的时候，课堂上老师一点名，就会引来哄堂大笑。好不容易捱到上班了，每次自报家门，都要不断解释，还是难免尴尬。由于名字带来的不便，刘芒先后跳了3次槽，目前是一家外贸公司的部门经理。只有面对外国客户，他才能坦然一点。这个名字还导致他至今单身，因为每次小姑娘一听见他的名字，就不敢与他多交往了。因此他下决心一定要去改名。

六、取个好名而得福

1．希周大吉得状元

《万历野获编》记载：明弘治年间，明孝宗批阅到朱希周的科举试卷，就问宰相徐文靖此名如何，宰相告诉说，这个名字对于国运大吉。因为皇帝十分迷信，即将朱希周钦定第一，于是朱希周状元及第，荣华富贵一生。

2．因为寿朋当厅长

山东举子王寿朋，于光绪二十九年科试，成绩一般。这年正值慈禧太后七十大寿,主考官见王寿朋三个字,字字吉祥,为讨慈禧太后欢心,便将王寿朋拟为第一名。慈禧太后在批阅试卷中看到"王寿朋"时,大喜,此名"王寿硕大无朋",正是吉名兆祥,于是一乐,王寿朋状元及第,而且主考官也得到了赏赐。后来,王寿朋在北洋军阀时期,还当过山东教育厅厅长。

3. 春霖挤掉朱汝珍

清朝光绪年间北方正遇大旱,波及京城附近,朝廷上下伤透脑筋。光绪三十年科试结束,原拟定领榜为朱汝珍,刘春霖不过榜眼而已。谁知上报内廷,慈禧太后一看到这个名字心中一喜,认为这个名字有"春风化雨,甘霖普降"之祥,遂改刘春霖为状元,于是中国历史上最后一名状元叫刘春霖。

4. 朱元璋以名选女婿

朱元璋做了皇帝之后,更加爱洁成癖,如果器具稍有不洁,心里就非常的不舒服,总是令人反复地擦拭。有一回,他从中考举人的名册上看到一考生姓殷,名拂,字去尘,大喜;既拂矣,又去尘,观此名字,必洁人也。于是亟遣议亲,把自己的女儿许配给了他。

5. 乾隆以名定状元

乾隆五十四年科举,那年乾隆已近八十,想得最多的就是长寿。他在翻阅廷试考卷时,看到最末一名叫胡长龄,不禁龙颜大悦,胡人果真能够长寿么,满族人正是胡人,胡人乃长龄耶? 就把此人点为状元。于是胡长龄沾了自己姓名的光,幸运地成为一名状元。

七、名字预言应吉凶

1. 天神托梦取名字

周武王的儿子叔虞是晋国的始祖,传说周武王与叔虞母亲共寝时,梦见天神对自己说:我给你的儿子取名叫虞,并把唐这个地方赐给他。儿子出生后,手上果然有一个虞字,因此给他取名为虞。后来,武王死了,周成王一次与其弟叔虞开玩笑,用桐叶做成一个玉圭的形状说:把这个封给你。周成王的文官史佚听到了,就请求成王择吉给虞加封。成王说:我刚才只是和他开玩笑而已。史佚说:天子无戏言。成王只好把唐封给叔虞,天神的预言全部应验。

2. 改名保命

我国古代著名军事家孙膑,本名孙伯灵,为孙武的后代。他与庞涓同学兵法,后被庞涓诬陷,结果遭受到双脚受刑的不幸,被剜去膝盖骨,于是人们习惯叫他孙膑。他师傅说,这个名字如果不改,就会有生命危险。后来经过他的师傅的指点,叫他将斌改为现在的膑,膑的字义为古代除去膝盖骨的酷刑,虽然膑的字义不好,但是却改变了他后半生的命运,使他化凶为吉,最后成为闻名世界的军事学家。

3. 寿联谶言黄侃死

1935年,语言训诂学家黄侃五十大寿宴会上,其师章太炎送对联一幅:韦编三绝今知命,黄卷初裁好著书。黄侃高兴地将它挂在室内。有人却神秘地指出,联中嵌有"黄绝命书"四字,为不祥之兆。黄侃一听大惊失色,忙将此联摘下。岂料没有多久,黄侃便咯血而亡,

八、侵犯名权即犯法

1. 冒名顶替判二年

2009年10月26日,湖南省邵阳市北塔区人民法院对湖南省邵东县学生王佳俊冒名顶替罗彩霞上大学事件案作出一审公开宣判,王佳俊的父亲原湖南省隆回县公安局干警王峥嵘犯伪造国家机关证件罪,数罪并罚,决定执行有期徒刑四年。被告人王峥嵘女儿王佳俊参加了2004年全国统一高考,总成绩未上本科最低控制录取线,而其同班同学罗彩霞高考总成绩上了三本最低控制录取线。被告人王峥嵘为了使女儿能够顺利读上二本大学,请他人私自刻了"邵东县公安局红土岭派出所户口专用"公章,并伪造了罗彩霞的户口迁移证等证件,从而使其女儿王佳俊冒用罗彩霞之名顺利进入贵州师范大学就读,王佳俊在毕业后用罗彩霞的名字办理了毕业证、教师证等相关证件。罗彩霞复读一年被天津师范大学录取。她在银行办理业务时,这才得知自己的姓名和身份证等信息已被王佳俊冒用,罗彩霞大学毕业时,同样无法办理毕业证、教师证等相关证件。该案在今年5月被新闻媒体披露,造成了较严重的社会影响。

2. 冒名出逃遭拘留

永康市委原常委、政法委书记朱兵冒名顶替骗取护照企图出逃,被金华市检察院刑事拘留,开除党籍、开除公职。2008年,朱兵以看望在美国读书的女儿为由,向金华市委组织部提出出国申请。由于发现朱兵与丁庆平(被立案调查)关系密切,因此未获批准。2009年初,朱兵开始策划冒名顶替骗取护照。经与永康市兰歌化学工业有限公司副总经理程外亮商议,由程外亮找一个与朱兵年龄、身高、相貌等相似的外地人冒名顶替办理护照。程外亮根据朱兵的要求,在其公司找到了江西弋阳籍的职工夏六荣。2月24日,朱兵同程外亮、夏六荣等人一同开车前往弋阳县公安局,用夏六荣的户籍资料,以前往马来西亚、新加坡旅游为由冒名申办护照,被顺利受理。3月2日,朱兵等人再次到弋阳县公安局办理往来港澳通行证,后在上饶市公安局出入境管理处审核时被识破。

九、名人取名小趣闻

1. 唐玄宗起名开玩笑

唐玄宗爱好文字游戏。三朝元老、秘书监(掌经籍图书)贺知章告老还乡,唐玄宗专门为他在宫中设宴饯行,并询问他有何要求。贺道:家有小男儿尚未取名,恳求皇上赐名,还乡后也是荣事。唐玄宗道:为道之要,莫若信,孚者信也,履信思乎顺,卿子必信顺之人也,宜名之曰"孚"。贺高兴拜谢而去,不久猛然醒悟,原来贺老家越州永兴(今浙江萧山),皇上是与我开玩笑,因为吴中人称孚为爪子,儿子名孚,我岂不成爪子之父了。

2. 李白题诗起名字

唐朝李谟外孙出生,就抱着外孙面见李白起名。这时,正好有人邀请李白喝酒,李白坐在旗亭里,大声喊叫上酒。李谟赶紧向李白送上好酒。李白已有微醉,就握毛笔在李谟外孙胸前写道:"树下人不语,不语真我好。语若及日中,烟雾谢陈宝。"李谟告辞说:"本想请求起名,你却给我一首诗,我也看不懂。"李白说:"所起之名就在诗中。"原来树下人是木子,木子,李字也。不语是莫言,谟字也。好即女子,女之子外孙也。语及日中是言午,言午许也。烟霏谢陈宝,是云出封中,乃云封也。云出封中是指汉光武帝谢宝鼎至泰山封禅时的天象祥兆。所以你外孙的名字叫许云封。后来他成为著名的笛子演奏家。

3. 孙中山为四大公子取名"国"

1989年11月11日,在台北举行的孙中山诞辰124周年纪念会上,蒋纬国披露了一件鲜为人知的往事。他说,他、蒋经国、戴安国、金定国的名字都是孙中山给他们起的。后来,蒋经国、戴安国都已去世,金定国杳无音讯。从童年起就结下的伙伴,在经历了半个多世纪的风风雨雨之后,只剩下他一人,流露出了深深的怀旧之情。蒋介石、戴季陶、金诵盘都曾是孙中山看重的部下,北伐之初,北洋军阀势力方盛,孙中山希望他的部下精诚团结,推翻军阀统治,共同完成革命大业。有一次,他召见蒋介石、戴季陶、金诵盘谈话时,提出他们应该团结得像一家人一样。戴季陶见孙中山情绪很好,就提出让孙中山为他们的孩子重新起名,孙中山高兴地答应了。几天之后,孙中山告诉他们,孩子的名字想好了,他说:"我们这一辈人,举义打天下,是为了建立共和国,那么,孩子们应该是国字辈啦,建立共和制的目的,是求得天下大同。我看,四个孩子的名,就叫'经纬安定'好了。"于是,蒋介石、戴季陶、金诵盘三人的四个孩子,按年龄排列,分别叫蒋经国、蒋纬国、戴安国、金定国了。1949年,金诵盘父子均未去台湾,留在了大陆。当蒋纬国在孙中山诞辰纪念会上怀旧的讲话经上海《新民晚报》报道后,有关部门曾多方查找过金定国,但均无结果。后来,金定国的儿媳朱秀英给报社来信,说金定国还健在,已改名叫金勉之,住在安徽合肥。人们根据这一线索,终于在合肥找到了金定国,当时金定国已经 74 岁,但身体还很好。这一消息传到台湾蒋纬国那里时,蒋纬国非常高兴,立即写信给他,并随信寄去他彩色近照一张,还在彩照上用小楷亲笔题了赠言:"定国如握,初次得获通讯,纪念万里寻亲。"金定国在向采访他的记者展示蒋纬国的彩照时,激动地说:"虽一别 43 年,兄弟的心是相通的,海峡两岸的接触日益增多,统一是每一个中国人的愿望。诚望纬国兄为此努力,我也愿尽一份微薄之力!"

十、古今改名皆有因

1. 范睢避祸改名

范睢战国魏国人,因被人诬陷,被魏国丞相魏齐派人打得皮开肉绽,几乎丧生。在朋友的帮助下,他改名为张禄,逃亡到秦国。他在七雄争霸的政治舞台上充分展示了他的才能,主张远交近攻,歼灭敌人主力。秦昭王四十一年,他终于出任秦国丞相,为秦国崛起和强盛作出了重要贡献。后来受封于应(今河南鲁山),史称应侯。

2. 觉悟社的化名

1919 年 9 月,周恩来、邓颖超在天津成立和领导了革命组织觉悟社。为了便于进行革命活动,大家用号码抽签,按所抽号码的谐音取化名。当时社员有 20 人,但代号却是 1 至 50 号。周恩来抽到 5 号,便取其谐音"伍豪"为化名,发表文章有时也署"五"。邓颖超原名邓文淑,她抽到一号,她的化名为"逸豪",当时也用"壹"作笔名。郭隆真是天津觉悟社与女界爱国同志会的发起人之一,她抽到 13 号,于是化名"石衫"、"石珊"。刘清扬,当时任天津女界爱国同志会会长,她在觉悟社抽到 25 号,化名"念吾"。谌志笃,时任天津学生联合会会长,抽到最后一个号码 50 号,就用"武陵"作为自己的化名。李毅韬,时任女界爱国同志会副会长,其号码43,于是她化名"施珊",并将自己名字改成"李峙山"。

3. 香港总督二改中国名

1987 年 4 月 9 日下午,香港第 27 任总督抵港就职,这位 52 岁新港督宣布将其原来的中文名字"魏德巍"改为"卫奕信"。不少港人认为,魏与巍是双鬼出格,魏又谐音危,非常不吉利。港府于是提出改名的建议,新港督也采纳了。据港府解释,新名字主要是粤语发音与英文名字更接近,而且又代表了信任和保卫,而奕又是神采奕奕。

参考书目

1. 《中国人名研究》,萧遥天著,新世界出版社,2007 年 6 月版。
2. 《专业姓名学》,林鸿著,中国商业出版社,2009 年 7 月版。
3. 《实用起名》,易川凿等著,广东经济出版社,2006 年 12 月版。
4. 《取名大全》,张家林主编,中国戏剧出版社,2007 年 1 月版。
5. 《起名通书》,毛上文、温芳著,中国广播电视出版社,2005 年 9 月版。
6. 《姓名工具书》,陈伟雄著,江西教育出版社,2010 年 3 月版。
7. 《姓名与中国文化》,赵瑞敏著,中国人民大学出版社,2008 年 5 月版。

www.ingramcontent.com/pod-product-compliance
Lightning Source LLC
Chambersburg PA
CBHW080552270326
41929CB00019B/3277